FORMATION À VBA Office 2013

Dominique Maniez

DUNOD

ISBN 978-2-10-058941-8

Table des matières

Apprendre à programmer 1

Partie 1 – Apprendre à programmer

Chapitre 1 – Qu'est-ce que programmer ? 3
Plusieurs niveaux de programmation 5
Les langages de programmation 6
La syntaxe 7
Les phases de conception d'un programme 7
La phase d'étude préalable 8
La phase d'analyse 8
La phase d'encodage 9
La phase de test 10
La phase de production 10
VBA : un langage de programmation pour les applications 10
Différences entre Visual Basic et VBA 11

Chapitre 2 – Enregistrer une macro 13
L'enregistreur de macro 14
Quand devez-vous enregistrer une macro ? 14
Enregistrement de votre première macro 15
Exécuter une macro 17
Où sont stockées les macros ? 18
Comment assigner un raccourci clavier à une macro ? 19
Comment associer une macro à une icône de la barre d'outils Accès rapide ? 22
Comment associer une macro à une icône du ruban ? 23
Conseils pour l'enregistrement des macros 24
Choix du nom des macros 24
Limitations de l'enregistreur de macro 26
Enregistrement d'une macro avec Excel 29

Chapitre 3 – Modifier le code des macros 33
Voir le code de la macro 33
Modifier le code de la macro 40
Virus et macros 43

Partie 2 – Le langage VBA

Chapitre 4 – Syntaxe de VBA 49
Variables 51
Constantes 55
Opérateurs 57
Mots clés 60
Instructions 62

Chapitre 5 – Variables et tableaux 65
Types de données 65
Les dates 69
Les caractères 71
Les nombres 72
Type de données Variant 73
Les erreurs de type 73
Les expressions 74
Visibilité des variables 76
Tableaux 78

Chapitre 6 – Tests conditionnels 83
Qu'est-ce qu'un test conditionnel ? 83
If Then Else 84
Traiter plus de deux choix 85
Opérateur logique dans une condition 88
Imbrication de tests conditionnels 89
Select Case 91

Chapitre 7 – Boucles 95
For Next 95
Sortir de la boucle 100
While Wend 101
Imbrication de boucle While Wend 103
Do Loop 104
Expression logique 106

Null 107
Empty 108
Gare aux boucles infinies 109
Différences entre While et Until 110

Chapitre 8 – Procédures et fonctions 113
Procédures Sub et procédure Function 114
Syntaxe d'une fonction 114
MsgBox en détail 119
MsgBox 119
Prompt 122
Buttons 125
Fonctions de Visual Basic 130
Écrire ses propres fonctions 131
Paramètres facultatifs 135

Partie 3 – Modèles d'objets

Chapitre 9 – Objets 139
Définition d'un objet 140
Objets dans Office 140
Un objet en situation 141
Écrire des fonctions pour manipuler des objets 148
L'Explorateur d'objets 148
Modification du système d'aide dans Office 2013 150

Chapitre 10 – Programmer Word 155
Objet Application 155
Objet Document 158
Objet Range 161
Objet Selection 164
Mise en pratique 168

Chapitre 11 – Programmer Excel 173
Objet Application 173
Objet Workbook 177
Objet Worksheet 179
Objet Range 181
Mise en pratique 186

Chapitre 12 – Programmer Access **191**
Collections d'Access 192
Objets d'Access 193
Objet DoCmd 194
Objet Form 197
Mise en pratique 203
Remplir une liste par programmation 203
Remplir un champ automatiquement 207

Chapitre 13 – ADO **209**
Installation d'ADO 209
Objets d'ADO 211
Objet Connection 213
Objet Recordset 214
Mise en pratique 216
Exemples pour Access 216
Exemples d'utilisation d'un fichier ACCDB sans Access 220

Chapitre 14 – Programmer Outlook **229**
Modèle d'objets 229
Objet MailItem 230
Objet MAPIFolder 233
Accès à un sous-dossier de la Boîte de réception 234
Mise en pratique 235
Envoyer un message à partir d'une BD 235
Analyser tous les messages entrants 236
Exporter les messages dans une BD 238
Exporter les contacts dans une BD 240

Chapitre 15 – Programmer PowerPoint **243**
Objet Application 243
Collection Presentations 245
Collection Slides 251
Collection Shapes 256
Mise en pratique 259

Partie 4 – Programmation VBA avancée

Chapitre 16 – Créer des formulaires 265
Exemple de UserForm pas à pas 266
Mise en pratique 279
Création du UserForm 283

Chapitre 17 – Gérer des fichiers texte 289
Objet FileSystemObject 290
Objet TextStream 291
Mise en pratique 294
Création de fichiers au format CSV 294

Chapitre 18 – Déboguer un programme 297
Erreurs de programmation 297
Erreurs de syntaxe 298
Erreurs d'exécution 299
Erreurs de logique 305
Débogage 306
Débogueur 307
Lancement du débogueur 308
Fonctionnement du débogueur 308
Visualisation des variables dans le débogueur 314
Gestion des erreurs 316

Chapitre 19 – Aller plus loin 319
Organiser les macros 319
Prendre de bonnes habitudes 320
Se documenter 323
Développer pour Office sans VBA 325

Index 327

Avant-propos

Il y a une dizaine d'années, quand j'ai écrit mon premier livre sur VBA (Visual Basic pour Applications), mon objectif était simple : *faire découvrir aux lecteurs francophones* la simplicité et la puissance de ce langage de programmation qui était à la disposition de tout utilisateur de Word et d'Excel. Sans vouloir me vanter, je crois que mon but a été atteint et c'est avec un réel plaisir que je mets à jour cet ouvrage chaque fois que sort une nouvelle version d'Office.

Si les versions d'Office se suivent et ne se ressemblent pas toutes (l'adoption du ruban a parfois été vécue douloureusement…), VBA est toujours bien présent dans la version estampillée 2013 et je souhaite démontrer à tous les utilisateurs d'Office qu'ils se privent inutilement de la richesse fonctionnelle de leur traitement de texte ou de leur tableur en ignorant la programmation. En vous apprenant à programmer Word, Excel, Access, Outlook et PowerPoint, je veux tout d'abord vous montrer que cette activité n'est pas réservée aux professionnels de l'informatique et vous faire gagner du temps dans l'exécution des tâches répétitives et fastidieuses.

À QUI S'ADRESSE CE LIVRE ?

Cet ouvrage est un livre d'initiation et il ne nécessite donc aucune connaissance préalable en programmation ; il vise par conséquent un public de débutants. Il s'adresse en priorité aux utilisateurs de la suite Office qui souhaitent apprendre la programmation afin d'améliorer leur productivité. Les personnes utilisant Office et possédant déjà une expérience de programmeur peuvent également profiter de ce livre, mais négliger la lecture des chapitres consacrés aux rudiments de la programmation. Cet ouvrage n'est pas un ouvrage de référence et il ne prétend donc pas à l'exhaustivité ; de nombreuses informations sont sciemment passées sous silence afin de clarifier le propos et de ne pas semer la confusion dans l'esprit du lecteur par un apport trop important de connaissances nouvelles.

La démarche pédagogique mise en œuvre dans ce livre est similaire à la méthode de programmation par raffinements successifs ; cette méthode reprend en fait un principe cartésien qui stipule qu'il faut commencer « par les objets les plus simples et les plus aisés à connaître, pour monter peu à peu, comme par degrés, jusqu'à la connaissance des plus composés ». La dernière partie de cet ouvrage propose à ceux qui le souhaitent, des pistes pour qu'ils puissent approfondir les sujets abordés dans ces pages ou bien explorer d'autres horizons plus complexes de la programmation sous Office.

POURQUOI APPRENDRE À PROGRAMMER OFFICE ?

La première raison est productiviste. La programmation, même à un niveau peu élevé, va vous permettre de gagner un temps précieux, surtout si vous accomplissez des tâches répétitives. En effet, l'automatisation des tâches va augmenter votre productivité, parfois dans des proportions que vous n'imaginez même pas. Outre le gain de temps, vous allez également vous affranchir des tâches pénibles et pouvoir ainsi vous consacrer à des tâches plus nobles. En définitive, vous constaterez que l'amélioration est non seulement quantitative, mais également qualitative.

La deuxième raison est qu'en programmant vous allez pouvoir bénéficier d'un logiciel sur mesure car vous allez créer tout ce qui vous manque. Les possibilités de paramétrage d'Office sont déjà importantes, mais en programmant, vous allez contrôler exactement les traitements de votre système d'information. Apprendre à programmer ouvre des horizons quasiment infinis et il est impossible d'inventorier toutes les applications pratiques. En maîtrisant les rudiments de la programmation, vous allez déjà pouvoir inventer des commandes et des fonctions qui n'existent pas dans le logiciel (par exemple des fonctions d'Excel qui vous manquent). Vous allez aussi pouvoir contrôler la validité des informations qui sont saisies dans Excel ou Access. Dans tous ces logiciels, il est extrêmement facile de saisir des données mais dès que l'on veut exercer un contrôle minimal sur les informations qui sont saisies, il faut avoir recours à la programmation. Et si l'on réfléchit bien, on s'aperçoit qu'il est inutile de traiter des données par de savants calculs si l'on n'a pas pris la précaution de s'assurer de la validité de ces informations. De la même manière, si vous développez des modèles qui doivent être utilisés par d'autres, la programmation vous aidera à définir des écrans d'aide spécifiques ou bien des formulaires de saisie personnalisés qui faciliteront la tâche de ceux qui doivent entrer les informations.

La dernière raison est d'ordre intellectuel. Apprendre à programmer, c'est devenir acteur du processus informatique. Quand on programme, on est moins passif devant sa machine et on acquiert une meilleure connaissance du fonctionnement matériel et logiciel de l'ordinateur. En même temps, on acquiert certains types de raisonnements logiques qui peuvent servir dans d'autres domaines que celui de la programmation.

Après avoir lu cet ouvrage :

- vous aurez une bonne idée de ce qu'est la programmation ;
- vous maîtriserez les concepts de base de la programmation ;
- vous saurez écrire de petits programmes sous Office ;
- vous pourrez vous lancer dans l'apprentissage d'un langage de programmation plus puissant.

Importance des exemples de code

Il est impossible de concevoir un ouvrage traitant de la programmation Office sans de nombreux exemples de code car, si l'on apprend à programmer en programmant, on étudie également la programmation en examinant le code de programmes écrits par d'autres. Imprimer le code de tous les exemples au sein de cet ouvrage ne serait guère raisonnable car cela prendrait une place considérable ; il est d'autre part prouvé que la recopie d'un listing imprimé engendre de nombreuses erreurs de retranscriptions. C'est pour cette raison que ne sont imprimés dans ce livre que de courts exemples ou bien des extraits de programmes plus longs. Il est absolument nécessaire que vous vous procuriez la totalité des exemples de code de cet ouvrage qui sont disponibles sur *www.dunod.com* à la page dédiée à l'ouvrage, ou bien sur mon site personnel *www.cosi.fr* dans la rubrique Code des ouvrages.

UN OUVRAGE VRAIMENT CONÇU POUR LES DÉBUTANTS

C'est peut-être parce que je n'arrivais pas à trouver les livres que j'avais envie de lire que je me suis mis à en écrire. Cela ne veut pas dire que mes livres sont meilleurs que les autres, mais tout simplement qu'ils correspondent mieux à mon mode d'apprentissage.

Quand j'ai commencé à apprendre à programmer au début des années 1980, j'ai dévoré des dizaines de livres sur le sujet. Après toutes ces années passées à lire cette littérature technique sur la programmation, je suis arrivé à la conclusion qu'il n'existait pas véritablement d'ouvrage conçu pour les débutants qui n'y connaissent rien du tout, les livres de programmation étant avant tout conçus pour les informaticiens. Comme mon credo est que tout le monde peut programmer et que la programmation ne doit surtout pas être réservée aux informaticiens, il existe un véritable problème pour les gens qui ne sont pas informaticiens et qui souhaitent néanmoins s'initier à la programmation. Ce livre s'adresse à ces personnes qui veulent découvrir les joies (et les peines) de la programmation avec Office. Cet objectif implique que la pédagogie mise en œuvre dans cet ouvrage prenne véritablement en compte le manque d'expérience du lecteur. Je ne prendrai qu'un seul exemple qui illustre bien cette différence de traitement pédagogique ; dans les livres de programmation, il est nécessaire d'apprendre la syntaxe (c'est-à-dire la grammaire) du langage de programmation étudié. En général, tous les livres commencent par décrire la syntaxe formelle, puis prennent des exemples. Nous sommes persuadés que cette méthode ne fonctionne pas avec des débutants qui ne sont pas habitués au formalisme de la description de la syntaxe du langage. Nous pensons au contraire qu'il faut commencer par les exemples et éventuellement passer au formalisme, après avoir étudié de nombreux exemples.

POURQUOI APPRENDRE LA PROGRAMMATION DE CINQ LOGICIELS EN MÊME TEMPS ?

Dans les premières versions d'Office, chaque logiciel de la suite avait son propre langage et les langages de programmation étaient donc incompatibles entre eux ; ainsi, par exemple, Word Basic n'était pas compatible avec Access Basic. Avec l'avènement d'Office 2000, Microsoft a réalisé un effort considérable d'harmonisation et VBA est maintenant l'unique langage de programmation de la suite. Cela signifie que quand j'apprends à programmer Word, je sais programmer à la fois Excel, Access, Outlook et PowerPoint. L'unicité de ce langage est un progrès énorme et c'est pour cette raison qu'il serait dommage de se limiter à l'apprentissage de la programmation d'un seul logiciel quand il est si facile de passer d'un logiciel à l'autre.

Le fait qu'Office propose un même langage pour toutes ses applications est réellement un avantage déterminant et nous pensons qu'il va inciter plus d'un utilisateur à se lancer dans l'aventure de l'apprentissage de la programmation VBA.

COMMENT APPRENDRE À PROGRAMMER OFFICE ?

Au risque de rappeler une évidence, pour apprendre à programmer Office, il faut déjà apprendre Office. Cette vérité première mérite d'être répétée tant on a vu d'utilisateurs se lancer dans l'apprentissage de la programmation sans maîtriser les fonctionnalités élémentaires de Word (par exemple, les styles, les modèles ou bien encore les tableaux), d'Excel (écriture d'une formule, adresse relative ou absolue, etc.) ou d'Access (création de tables, de requêtes ou de formulaires). Si vous pensez que vos connaissances d'Office sont imparfaites, vous devrez donc au préalable les approfondir.

Une fois que ces connaissances sont acquises, il faut apprendre le langage de programmation VBA et le modèle d'objets des applications Office. Nous emploierons ici souvent l'analogie avec l'apprentissage des langues vivantes et l'ambition de ce livre est donc de vous enseigner la syntaxe (le langage VBA) et le vocabulaire (le modèle d'objets) de chacun des logiciels de la suite afin que vous puissiez écrire vous-même rapidement des programmes.

Il existe cependant une difficulté importante quand on veut apprendre une langue étrangère : par où commencer ? La tâche est immense et la logique voudrait qu'avant de s'exprimer on commence par maîtriser la grammaire et le vocabulaire. Mais cette approche pédagogique est bien peu efficace et chacun d'entre nous se rend compte que l'on n'apprend bien une langue qu'en la pratiquant, la théorie ne pouvant venir que dans un deuxième temps.

Nous allons donc apprendre à programmer en programmant et nous étudierons la théorie seulement quand nous en aurons réellement besoin.

QUELLE VERSION D'OFFICE FAUT-IL UTILISER AVEC CE LIVRE ?

Tous les exemples de cet ouvrage ont été conçus et testés avec la version 2013 d'Office sous Windows 8. Il est possible qu'ils fonctionnent également avec les versions précédentes, mais nous ne pouvons le garantir.

PARTIE 1

Apprendre à programmer

1

Qu'est-ce que programmer ?

L'ambition de ce livre est de démontrer que la programmation, abordée en douceur et avec pédagogie, n'est pas l'apanage des professionnels de l'informatique ; en effet, n'importe qui maîtrisant les bases de la logique peut apprendre aisément à programmer. Cette entreprise est à la portée de tous et cet ouvrage prétend démythifier la programmation, en montrant tout d'abord que cette discipline de l'informatique repose sur des techniques que chacun utilise dans la vie courante. Cela signifie que, comme Monsieur Jourdain faisait de la prose sans le savoir, vous avez déjà programmé, même si vous l'ignorez.

Nous définirons tout d'abord la programmation comme l'art d'écrire des programmes et nous dirons qu'un programme est une suite d'instructions. Le *Grand Robert* donne cette définition plus complète : « *Ensemble ordonné des opérations nécessaires et suffisantes pour obtenir un résultat ; dispositif permettant à un mécanisme d'effectuer ces opérations.* »

Cette définition introduit la notion importante de résultat ; on programme toujours un ordinateur pour aboutir à un résultat.

On peut donc dire que lorsque vous écrivez une suite d'instructions, vous rédigez un programme. En fait, la réalisation en séquence d'une liste d'instructions est une opération assez banale dans la vie quotidienne et quand on réalise une recette de cuisine, on exécute un programme. Voici une recette facile que les adeptes du régime Dukan ne renieront certainement pas :

Rillettes aux deux saumons

Découper grossièrement en petits dés un pavé de saumon cru de 200 g et faites-le mariner au réfrigérateur pendant 4 heures dans de l'aneth, du sel, du poivre et le jus d'un citron vert. Mélanger la préparation toutes les heures.
Une fois le saumon cru mariné, ajouter 200 g de saumon fumé et mixer le tout. Rajouter 400 g de fromage blanc à 0 % de matière grasse ainsi qu'une cuillère à soupe de moutarde à l'ancienne et un peu de vinaigre balsamique.
Afin de rendre la préparation plus ferme, rajouter 5 cuillers à soupe de son d'avoine et bien mélanger, puis mettre au réfrigérateur pendant deux heures.
Rectifier l'assaisonnement en cas de besoin et rajouter éventuellement de la ciboulette, du persil et des câpres.
Servir sur du pain grillé ou des galettes aux sons de blé et d'avoine.

Dans cette recette de cuisine qui est à la portée de tous, on trouve en fait une bonne partie des concepts de la programmation que nous étudierons tout au long de cet ouvrage, comme les boucles, les tests conditionnels et les fonctions.

Si vous n'êtes pas très porté sur la cuisine et que cet exemple ne vous dit pas grand-chose, vous avez sans doute déjà réalisé le montage d'un meuble en kit ; cette opération s'apparente également à la réalisation d'un programme informatique. Si vous commencez à réfléchir à certaines opérations de la vie quotidienne, vous vous rendrez alors compte qu'il existe de nombreuses activités où l'on doit reproduire en séquence toute une série d'actions afin d'aboutir à un résultat. Prendre son petit-déjeuner le matin ou bien se laver les dents sont en général des activités qui sont parfaitement codifiées et que vous accomplissez tous les jours sans vous poser de questions. Pourtant, au sens informatique du terme, il s'agit de programmes que vous exécutez. Programmer consiste à écrire le scénario complet de ces activités pour arriver à un résultat toujours identique ; dans le cas du petit-déjeuner, le but est d'ingérer des aliments qui apporteront suffisamment de calories pour vous permettre de tenir le coup jusqu'au repas de midi. Exécuter un programme consiste à effectuer les unes après les autres les différentes instructions d'un scénario qui bien entendu n'a pas besoin d'être écrit dans la vie courante : prendre le tube de dentifrice, ouvrir le tube, étaler la pâte sur la brosse à dents, refermer le tube, etc.

Grâce à ces exemples extraits de la vie quotidienne, on constate facilement que la logique et les concepts de la programmation nous sont en fait très familiers. Il n'y a donc pas lieu de redouter la programmation informatique car nous en possédons la plupart de ces mécanismes ; les seules choses qui vont changer sont le but que l'on va assigner au programme et le langage qui va permettre de décrire le déroulement des opérations à exécuter.

PLUSIEURS NIVEAUX DE PROGRAMMATION

De la même manière qu'il existe des recettes de cuisine plus ou moins compliquées, il existe plusieurs niveaux de programmation. On peut considérer que le premier niveau de programmation dans Office consiste ni plus, ni moins, à paramétrer le logiciel afin qu'il réponde à nos exigences particulières. Ainsi, le simple fait de renseigner la boîte de dialogue des options de Word est une programmation basique dans la mesure où l'on va donner des instructions à Word pour qu'il se comporte de la manière souhaitée (par exemple, afficher les codes de champ). De la même manière, la réorganisation du ruban est aussi une forme élémentaire de programmation.

Le deuxième niveau est l'automatisation de certaines tâches répétitives grâce à la sauvegarde des opérations accomplies les unes à la suite des autres : on parle alors de **macro-commandes** (ou macros). Il existe certains logiciels (notamment Word et Excel) qui permettent d'enregistrer la séquence des opérations que vous êtes en train de réaliser et qui vous autorisent ensuite à rejouer cette séquence quand vous le désirez. C'est un peu le principe du magnétoscope : vous enregistrez et vous rejouez autant de fois que vous le voulez et quand vous le voulez.

Le troisième niveau est l'écriture de fonctions qui sont absentes du logiciel que vous utilisez, que ce soit le système d'exploitation ou bien un des logiciels de la suite Office. Imaginons que vous ayez souvent besoin dans Excel de convertir des valeurs exprimées en minutes en valeurs exprimées en heures ; ainsi la valeur « 230 » devra être convertie en « 3 heures et 50 minutes ». À ma connaissance, une telle fonction n'existe pas dans Excel et vous pouvez, à l'aide du langage de programmation d'Office, écrire votre propre fonction de conversion et faire en sorte que votre programme devienne une nouvelle fonction intégrée d'Excel.

Le dernier niveau est l'écriture de programmes complets prenant en charge une tâche complexe, par exemple un logiciel de facturation. Le programme prend en compte tous les aspects d'une application : l'interface utilisateur (les boîtes de dialogue et les formulaires de saisie), les calculs et les impressions.

Un programme consiste donc en une séquence d'instructions nécessaires pour atteindre un but. Avant d'écrire un programme, il faut toujours déterminer précisément le but à atteindre et chacun comprendra que plus l'objectif est complexe, plus le programme sera long et difficile à écrire.

LES LANGAGES DE PROGRAMMATION

La recette de cuisine citée plus haut est rédigée en langage naturel alors que les programmes informatiques s'écrivent à l'aide de langages de programmation. De la même manière que les langues vivantes sont censées obéir à des règles de grammaire, les langages de programmation suivent des règles que l'on nomme **syntaxe**. Alors que les langues naturelles tolèrent assez bien les approximations (tout le monde comprend la phrase « J'ai même pas eu peur » malgré l'absence de la négation), les langages informatiques sont beaucoup plus puristes et pointilleux, si bien que la moindre omission d'une virgule, d'une parenthèse ou bien d'un point sera immédiatement sanctionnée. Le caractère strict de la syntaxe d'un langage informatique est parfois mal vécu par les apprentis programmeurs ; il faut bien comprendre que l'ordinateur, à la différence d'un être humain, ne peut pas interpréter les mots qui manquent et les phrases mal construites. L'architecture binaire d'un ordinateur a pour conséquence qu'un programme est syntaxiquement correct ou incorrect et qu'il ne peut pas y avoir de juste milieu. Un programme peut donc planter, c'est-à-dire s'arrêter brutalement, parce que vous avez oublié un point-virgule dans le code.

Définition

On appelle **code** ou **code source**, voire **source**, l'ensemble des lignes d'un programme, et **encoder** ou **coder**, le fait de transcrire les actions à exécuter dans un langage informatique.

LA SYNTAXE

Le code d'un programme est composé de phrases élémentaires appelées lignes d'instruction. Chaque ligne d'instruction doit exécuter une action comme l'affichage d'un message à l'écran, l'addition de deux nombres, la lecture d'une valeur stockée dans un fichier, etc. Chaque langage de programmation possède sa propre syntaxe, c'est-à-dire ses propres règles d'écriture. Les lignes d'un programme doivent être écrites avec le vocabulaire du langage de programmation qui comprend un nombre de mots fini. Comme dans une langue naturelle, il existe dans un langage de programmation plusieurs catégories de mots (verbe, adjectif, conjonction de coordination, etc.) et nous apprendrons, au fur et à mesure de notre progression, ces différents types de mots.

Comme un énoncé humain, une instruction peut être ambiguë et il convient à tout prix d'éviter les ambiguïtés. Ainsi, le résultat de l'instruction qui effectue le calcul suivant :

```
x = 2 + 3 * 4
```

paraît incertain car on ne sait pas si *x* vaut 20 (on a additionné puis multiplié) ou 14 (on a multiplié puis additionné). La simple utilisation de parenthèses lèvera, dans le cas présent, l'ambiguïté.

Remarque

En réalité, la plupart des langages de programmation considéreront qu'il n'y a pas d'ambiguïté dans cette formule de calcul car l'opérateur de la multiplication est prioritaire sur celui de l'addition. Les opérateurs mathématiques (+, -, * et /) ont un degré de priorité les uns par rapport aux autres qui détermine l'ordre dans lequel les opérations mathématiques sont effectuées.

LES PHASES DE CONCEPTION D'UN PROGRAMME

Quel que soit le langage employé pour écrire un programme, il existe une méthodologie pour le rédiger. On a l'habitude de décomposer l'écriture d'un programme en différentes phases.

La phase d'étude préalable

S'il fallait résumer cette première étape par une maxime, nous proposerions : « Réfléchir avant d'agir ! ». En effet, avant d'écrire un programme quelconque, la première des choses à faire est d'éteindre son ordinateur et de réfléchir. On peut notamment commencer par se poser les questions suivantes :

- Quel est l'objectif de ce programme ?
- N'est-il pas plus rapide de réaliser cet objectif manuellement ?
- Cet objectif a-t-il réellement un intérêt ?
- Ce programme n'existe-t-il pas déjà sous une autre forme ?
- Ce programme est-il réalisable ?
- La réalisation de ce programme n'est-elle pas trop coûteuse ?

Bien évidemment, il existe de nombreux cas où vous pourrez écrire un programme sans vous poser toutes ces questions. Ainsi, quand vous voudrez rédiger un programme très simple pour automatiser une tâche précise qui n'est pas complexe, vous pourrez foncer bille en tête. En revanche, dès que le projet de programmation devient un peu plus ambitieux, il vaut vraiment mieux se poser des questions avant de programmer. Cette manière de faire s'apparente (ou devrait s'apparenter) à la pratique des informaticiens professionnels. En tant qu'amateur, vous pensez peut-être pouvoir vous dispenser de toute cette rigueur qui est l'apanage du professionnel, mais vous auriez tort d'agir de la sorte. On peut programmer en dilettante tout en adoptant une démarche professionnelle ; cela n'est pas contradictoire ! En fait, la programmation est une discipline exigeante et si l'on ne respecte pas un minimum les règles du jeu, on risque de ne pas arriver au but que l'on s'était assigné, ce qui engendrera déconvenues et frustrations. De très nombreux projets informatiques ne sont pas menés jusqu'au bout car on a négligé la phase de définition de l'objectif du logiciel. Si cette description n'est pas assez complète, tout l'édifice risque d'être compromis. Ne perdez jamais de vue que l'on ne programme pas pour programmer, mais toujours pour atteindre un but. Quand un architecte dessine les plans d'une maison, il doit avoir une idée précise de ce que souhaite son client.

La phase d'analyse

Une fois que l'on a l'assurance que le projet de programmation est réalisable, il faut réfléchir à la structuration du programme. L'informatique étant la science du traitement automatisé de l'information, un programme n'est jamais qu'un processus de transformation d'informations. Il convient donc d'inventorier toutes les informations dont le programme a besoin au départ et toutes les informations dont il aura besoin en sortie. Quand on possède toutes ces données, il faut décrire les algorithmes qui permettront de transformer les informations disponibles en entrée en résultats.

Définition

Un **algorithme** est l'ensemble des règles opératoires qui permettent d'effectuer un traitement de données ; ce procédé décrit formellement toutes les étapes d'un calcul qui doit fonctionner dans tous les cas de figure.

Par exemple, voici l'algorithme pour trouver si un nombre entier est pair :

- Diviser le nombre entier par 2,
- Si le reste de la division est 0, le nombre est pair,
- Sinon, le nombre est impair.

On peut alors décrire tout le déroulement du programme dans un langage quasi naturel que l'on appellera pseudo-code. Voici un exemple de pseudo-code qui permet d'appliquer un tarif réduit pour les mineurs :

- Demander à l'utilisateur sa date de naissance,
- Si l'utilisateur a moins de 18 ans,
- Diviser le prix par deux,
- Sinon appliquer le prix normal.

La phase d'encodage

Une fois que l'analyse est terminée, il faut transcrire le pseudo-code dans un langage de programmation. Les phases d'étude et d'analyse sont indépendantes de tout langage de programmation et le choix de ce dernier peut se faire au moment de l'encodage. Plus la phase d'analyse a été poussée, plus l'encodage sera simple. La plupart des problèmes de programmation proviennent d'une analyse trop succincte, voire d'une absence totale d'analyse.

La phase de test

Quand l'encodage est achevé, il faut tester le programme car il est excessivement rare qu'un programme, sauf s'il est très court et extrêmement simple, fonctionne correctement du premier coup. Les causes d'erreur sont multiples et les tests permettent de les mettre en évidence ; il faut alors revenir en arrière et retourner, en fonction de la gravité de l'erreur, à la phase d'analyse (erreur de conception) ou d'encodage (erreur de programmation).

La phase de production

Une fois que le programme paraît exempt d'erreurs (ce n'est malheureusement souvent qu'une illusion...), on peut envisager de le diffuser auprès des utilisateurs.

Le cycle de vie du logiciel n'est pas pour autant terminé car il est fort probable que certains utilisateurs trouvent des bugs (erreurs de programmation) qui n'auront pas été détectés lors des phases de tests ou bien que d'autres utilisateurs demandent au programmeur des améliorations ou de nouvelles fonctionnalités. Il faudra alors se relancer dans une analyse, voire repartir de zéro si les modifications souhaitées sont trop importantes...

VBA : UN LANGAGE DE PROGRAMMATION POUR LES APPLICATIONS

VBA est l'acronyme de Visual Basic pour Applications et vous rencontrerez parfois la dénomination Visual Basic Edition Application qui est tombée en désuétude. Il s'agit donc d'une version de Visual Basic pour les applications. Le langage de programmation **Basic** est un langage assez ancien qui a été créé en 1965 ; langage d'initiation (Basic signifie *Beginner's All-purpose Symbolic Instruction Code*), il a connu d'innombrables versions sur la plupart des systèmes d'exploitation. Pour Bill Gates, il s'agit pourtant d'un langage fétiche car c'est le premier programme qu'il a écrit et commercialisé avec son ami Paul Allen. Il s'agissait à l'époque d'une version de Basic pour un ordinateur baptisé Altair. Lorsque nos deux compères créèrent Microsoft et proposèrent leur système d'exploitation à IBM, une version du langage Basic était bien évidemment proposée dans le package. Chacun connaît la suite de l'histoire...

Avec l'avènement de Windows, les interfaces utilisateur sont devenues graphiques et Microsoft se devait de faire évoluer son Basic : c'est ainsi que Microsoft Basic est devenu Visual Basic. Simple et visuelle, cette nouvelle version du langage obtint un succès formidable et aujourd'hui, Visual Basic est un langage de programmation encore très utilisé. Mais le rêve de Bill Gates était véritablement d'imposer ce langage à tous les produits que commercialisait Microsoft. On a donc vu apparaître en 1993 une version minimale de Visual Basic dans Excel et cette version fut appelée VBA. Puis ce fut le tour de Project et d'Access d'accueillir VBA ; dans le cas d'Access, VBA venait remplacer Access Basic. En 1996, sortit la version 4 de Visual Basic et VBA remplaça Word Basic. Une année plus tard, la version 5 de Visual Basic vit le jour et chaque application de la suite Office 97 (à l'exception d'Outlook) incorporait désormais une version de VBA, même si de légères différences entre les applications subsistaient encore. En 1998, Microsoft livra Visual Basic 6 et c'est cette dernière version qui est présente dans Office 2000, Office XP, Office 2003 et Office 2007. Office 2010 a accueilli la version 7 de VBA et c'est la version 7.1 qui tourne dans Office 2013.

Différences entre Visual Basic et VBA

La principale différence entre Visual Basic et VBA réside dans le fait que VBA a besoin d'une application hôte pour pouvoir exécuter ses programmes. Les applications hôtes de VBA sont essentiellement les applications de la suite Office, mais d'autres programmes, comme Autocad, peuvent être programmés à l'aide de VBA. Si vous écrivez une macro en VBA pour Word, vous devez absolument posséder Word pour faire tourner votre programme.

En revanche, si vous écrivez un programme en Visual Basic, vous pouvez le compiler afin de produire un fichier exécutable autonome qui pourra être lancé sur un ordinateur qui ne dispose pas de Visual Basic.

À cette différence près, les deux langages sont extrêmement proches et il est particulièrement aisé de passer de l'un à l'autre.

Compilation

Quand un programme est compilé (à l'aide d'un **compilateur**), son code source (les instructions du programme) est transformé en code machine et on obtient au final un programme exécutable (avec une extension .EXE). Les programmes écrits en VBA ne peuvent pas être compilés ; on dit qu'ils sont interprétés (à l'aide d'un **interpréteur**). Chaque application Office possède un interpréteur VBA qui permet d'exécuter les programmes écrits en VBA. Les programmes interprétés s'exécutent moins rapidement que les programmes compilés.

CONCLUSION

Un programme doit avoir un but bien déterminé et la programmation consistera à écrire les instructions permettant de réaliser un objectif. Avant de commencer à programmer, il faut bien réfléchir à la structure du programme et inventorier les informations qui sont manipulées par le programme. Apprendre à programmer, c'est apprendre un langage de programmation qui est composé d'un vocabulaire (une liste de mots finie dont on peut consulter chaque définition dans l'aide en ligne) et d'une syntaxe (la manière d'agencer les mots). Programmer n'est pas difficile si l'on a l'esprit un tant soit peu logique et si l'on respecte rigoureusement la syntaxe du langage de programmation que l'on utilise, car la moindre erreur de syntaxe peut bloquer le programme.

VBA (Visual Basic pour Applications) est le langage de programmation d'Office. Toutes les applications Office (sauf OneNote) intègrent un interpréteur VBA qui permet d'exécuter des programmes écrits dans ce langage.

2

Enregistrer une macro

La documentation de Word définit une macro comme une série de commandes et d'instructions regroupées au sein d'une même commande afin d'exécuter automatiquement une tâche. Pour Excel, une macro est une série de commandes et de fonctions stockées dans un module Visual Basic, qui peut être exécutée chaque fois qu'on doit accomplir cette tâche. Nous allons voir dans ce chapitre qu'il est très simple d'écrire ses premières macros en utilisant l'enregistreur de macro.

Il y a une vingtaine d'années, Microsoft inventa pour ses logiciels Word et Multiplan (l'ancêtre d'Excel) le concept de macro-commande. Il s'agissait de la possibilité de mémoriser les touches frappées au clavier, les options sélectionnées et les commandes exécutées afin de les réutiliser plus tard. L'utilisateur avait donc la possibilité d'enregistrer une suite de commandes du logiciel pour automatiser les actions les plus répétitives. Mais l'écriture de macro-commandes était assez complexe et le mini langage de programmation qui accompagnait Word et Multiplan était assez pauvre.

Aujourd'hui, avec Office, les choses ont considérablement évolué et de la même manière que l'on ne parle plus de micro-informatique, mais de micro, les macro-commandes sont devenues les macros. L'utilisateur de la suite Office dispose à présent d'un langage de programmation puissant et complet, VBA, qui est doté d'un environnement digne des langages utilisés par les informaticiens professionnels.

L'ENREGISTREUR DE MACRO

Word et Excel disposent d'un enregistreur de macro qui, à la manière d'un magnétophone, peut enregistrer vos actions dans le logiciel et rejouer à volonté ce que vous avez exécuté.

Remarque

Les autres logiciels de la suite Office (Access, PowerPoint, Outlook, etc.) ne possèdent pas d'enregistreur de macro et le code VBA ne peut donc pas être généré automatiquement. En revanche, il existe dans Access un type d'objet nommé macro qui permet de stocker séquentiellement une série d'actions à accomplir ; cependant, les macros de ce type n'utilisent pas le langage VBA.

Quand devez-vous enregistrer une macro ?

Chaque fois que vous réalisez une tâche répétitive dans Word ou Excel, vous devez vous poser la question de l'intérêt d'une macro. Il n'est nul besoin que la tâche à accomplir soit excessivement longue ; il suffit simplement que vous l'accomplissiez souvent. Si, par exemple, vous devez tous les jours imprimer la dixième page d'un document, vous pouvez enregistrer une macro qui automatisera cette tâche. Même si le temps gagné est en l'occurrence minime (une dizaine de secondes), vous devez systématiser cette démarche qui vous permettra au final d'économiser un temps appréciable.

En écrivant des macros, vous allez travailler plus intelligemment et puis vous gagnerez en efficacité car, quand une macro fonctionne bien, elle fonctionne bien tout le temps.

A *contrario*, il ne sert à rien d'enregistrer une macro pour une tâche que vous n'accomplissez qu'une seule fois ou de manière très épisodique. Même si le fait d'enregistrer une macro n'est pas complexe et ne prend que quelques secondes en plus, il est inutile de le faire si vous n'avez pas l'occasion d'exploiter la macro enregistrée.

Conseil

Si vous effectuez souvent la même mise en forme sous Word (par exemple, une modification de la police, un changement de la taille de la police et une mise en gras), il est préférable de créer un style plutôt que d'enregistrer une macro. Si jamais le style défini ne vous convient plus, une seule modification du style suffira à changer automatiquement toutes les occurrences de ce style dans l'ensemble du document. En revanche, avec une macro, il faudrait non seulement modifier la macro, mais l'exécuter à nouveau sur tout le document pour chaque occurrence du style. En pareil cas, une commande de recherche et de remplacement serait d'ailleurs plus efficace.

Enregistrement de votre première macro

Imaginez, par exemple, que vous deviez souvent remettre en forme des documents Word dans lesquels l'utilisateur n'a pas cru bon de saisir un espace insécable avant le caractère deux-points. Pour ce faire, une simple commande de recherche et de remplacement fait l'affaire et cette opération n'est pas très longue, mais si elle doit se répéter souvent, elle deviendra vite fastidieuse. Nous allons voir comment nous pouvons facilement l'automatiser grâce à une macro.

Remarque

Dans un document de traitement de texte, vous devez saisir un espace insécable avant les caractères deux-points, point-virgule, point d'interrogation, point d'exclamation, ainsi qu'entre les mots qui forment un groupe qui ne doit pas être coupé, comme dans « Louis XVI » ou bien encore les dates et les nombres. Pour visualiser les espaces et les espaces insécables d'un document Word, utilisez la commande Afficher tout qui se trouve dans le groupe Paragraphe de l'onglet Accueil (symbole de la pompe à essence, le raccourci clavier étant CTRL + Majuscule + 8).

Pour faire l'exercice, lancez Word et cliquez dans l'**onglet Développeur** sur la commande **Enregistrer une macro**.

Astuce

Si l'onglet Développeur ne figure pas sur le ruban de Word, utilisez la commande Fichier→Options→Personnaliser le ruban et cochez la case Développeur dans la liste Onglets principaux.

Une boîte de dialogue semblable à celle-ci apparaît :

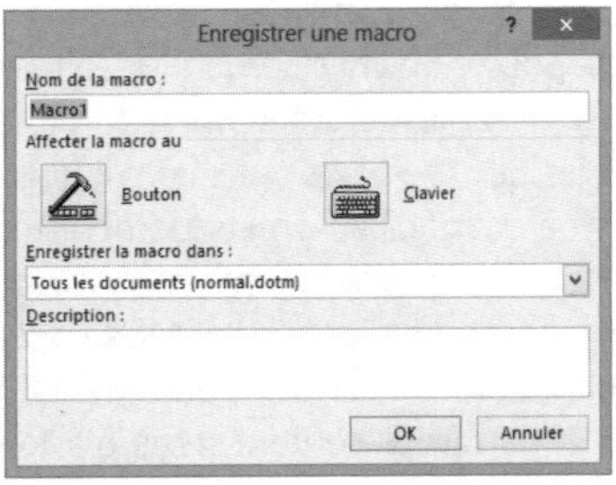

Figure 2.1 – Boîte de dialogue Enregistrer une macro

À la place du nom macro1, saisissez remplacedp (nous reviendrons plus tard sur les autres options de cette boîte de dialogue) et cliquez sur le bouton OK. Le pointeur de votre souris a été modifié et symbolise à présent une cassette audio. Cela signifie que Word est prêt à enregistrer tous vos faits et gestes. Le groupe **Code de l'onglet Développeur** a également été modifié : le bouton Enregistrer une macro s'est transformé en **Arrêter l'enregistrement** et le bouton **Suspendre l'enregistrement** est désormais actif. Si vous cliquez sur ce bouton, vos actions ne seront plus enregistrées.

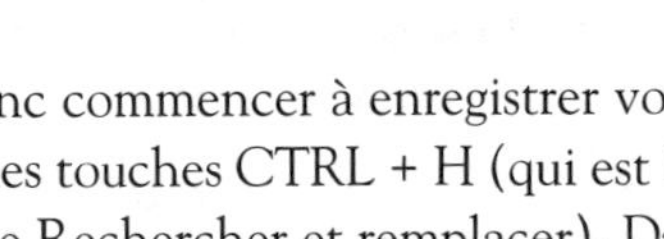

Figure 2.2 – Groupe Code de l'onglet Développeur pendant l'enregistrement d'une macro

Vous pouvez donc commencer à enregistrer votre macro. Pour notre exemple, saisissez les touches CTRL + H (qui est le raccourci clavier de la boîte de dialogue Rechercher et remplacer). Dans le champ **Rechercher**, saisissez un espace suivi du caractère deux-points et dans le champ **Remplacer**, saisissez un espace insécable (CTRL + Majuscule + Espace) suivi du caractère deux points.

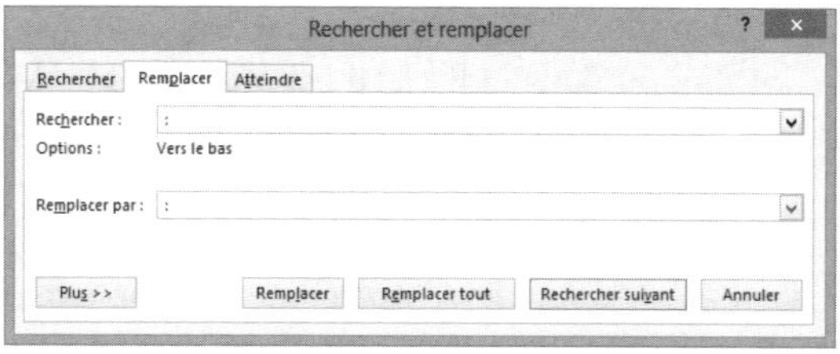

Figure 2.3 – Enregistrement d'une macro réalisant une opération de recherche et de remplacement

Quand la saisie des caractères à rechercher et à remplacer est terminée, cliquez sur le bouton **Remplacer tout**, puis fermez la boîte de dialogue **Rechercher et remplacer**. Pour finir, cliquez sur le bouton **Arrêter l'enregistrement** (groupe Code de l'onglet Développeur) afin d'arrêter la séquence d'enregistrement.

Enregistrez votre document sous le nom REMPLACE.DOCX. Notre macro est pour l'instant modeste, mais nous allons l'améliorer au fil de ces pages.

EXÉCUTER UNE MACRO

La première des choses à vérifier est de savoir si l'enregistrement s'est correctement déroulé et si le fait de rejouer la macro produit bien l'effet escompté. Pour ce faire, cliquez sur le bouton **Macros** de l'onglet Développeur (notez que le raccourci clavier de cette commande est ALT + F8) pour faire apparaître la boîte de dialogue suivante :

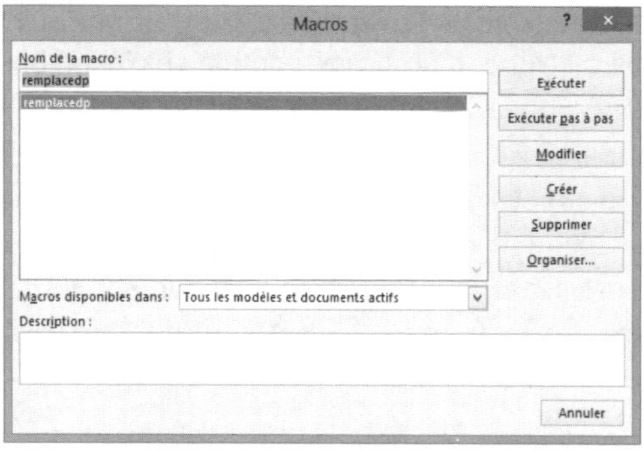

Figure 2.4 – Boîte de dialogue permettant d'exécuter les macros enregistrées

Si vous avez bien réalisé l'exercice précédent, une macro du nom de remplacedp doit figurer dans la liste (il est possible que des macros, installées automatiquement par d'autres logiciels, figurent également dans cette liste). Pour exécuter la macro remplacedp, sélectionnez son nom puis cliquez sur le bouton Exécuter. Normalement, la macro effectue l'opération de recherche et de remplacement pour laquelle elle a été prévue. Afin de voir si la macro fonctionne bien, effectuez le test sur un document qui comprend bien des caractères deux-points non précédés d'un espace insécable.

OÙ SONT STOCKÉES LES MACROS ?

Quand vous démarrez l'enregistreur de macro, la boîte de dialogue Enregistrer une macro vous demande où vous voulez enregistrer la macro. La liste déroulante **Enregistrer la macro dans** contient deux possibilités :

- Tous les documents (normal.dotm)
- <nom du document actif> (document)

Si vous choisissez l'option par défaut (stockage de la macro dans Normal.dotm), la macro sera accessible dans tous les documents Word que vous allez créer par la suite. En effet, Normal.dotm est ce que l'on appelle un modèle global et tous les documents que vous créez dans Word sont basés sur Normal.dotm, à moins que vous ne précisiez un autre modèle.

Remarque

Le fichier Normal.dotm qui se situe normalement dans C:\Users\<nom utilisateur>\AppData\Roaming\Microsoft\Templates, est une archive ZIP composée de fichiers XML et d'un fichier nommé vbaProject.bin qui contient le code des macros.

Si vous choisissez l'autre option, la macro sera enregistrée dans le document actif et vous ne pourrez l'exécuter qu'à partir de ce document, c'est-à-dire, seulement quand il sera ouvert (vous noterez que si vous choisissez d'enregistrer la macro dans le document actif, celui-ci n'aura pas l'extension .DOCX, mais .DOCM qui est l'extension des fichiers Word contenant des macros).

Dans ces conditions, le choix de l'emplacement des macros est important et vous privilégierez l'enregistrement dans Normal.dotm pour toutes vos macros génériques et dans tous les autres cas, l'enregistrement dans le document actif. De toutes les façons, ce choix n'est pas définitif et il est possible de déplacer ou de copier des macros.

Vous pouvez également bénéficier d'une troisième option pour le choix de l'emplacement des macros :

- Documents basés sur <nom du modèle>

En effet, si le document à partir duquel vous enregistrez une macro a été créé à partir d'un modèle utilisateur (par exemple Brochure.dot qui est un modèle livré avec Word), vous avez la possibilité de créer votre macro dans ce modèle de telle sorte que tous les documents créés à partir de ce modèle hériteront de cette macro.

Rappel sur les modèles

Un modèle est un document qui sert à produire d'autres documents. Chaque document Word est basé sur un modèle (un moule) ; quand on crée un nouveau document sans préciser de modèle, le document est basé par défaut sur le modèle intitulé Normal.dot (dot étant l'extension des modèles de document, le « t » de « dot » signifiant *template* qui est le nom anglais pour modèle). Si on veut préciser un modèle particulier, il faut utiliser la commande Fichier→Nouveau et choisir parmi les nombreux modèles proposés par Word ou bien parmi ceux que l'on a créés.
Un modèle peut contenir différents éléments comme des styles ou des macros dont héritera tout document qui sera basé sur ce modèle.
À partir de la version Word 2007, les modèles ont pour extension dotx ou bien dotm, s'ils contiennent des macros.

COMMENT ASSIGNER UN RACCOURCI CLAVIER À UNE MACRO ?

Nous avons vu que le fait d'appuyer sur ALT + F8 faisait apparaître la liste des macros disponibles. Il est souvent plus rapide, afin d'exécuter une macro, de lui assigner un raccourci clavier. Pour ce faire, choisissez la commande Fichier→Options→**Personnaliser le ruban** et cliquez sur le bouton **Personnaliser...** de la zone **Raccourcis clavier** qui affiche l'écran suivant :

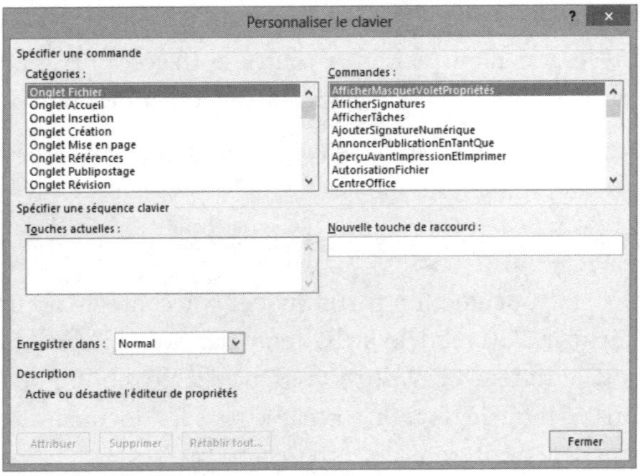

Figure 2.5 – Assignation d'un raccourci clavier à une macro

Faites défiler la liste **Catégories** pour sélectionner l'item **Macros**, puis choisissez dans la liste de droite la macro à laquelle vous voulez assigner un raccourci clavier.

Vous devez alors choisir un raccourci clavier : pour ce faire, positionnez-vous dans la zone **Nouvelle touche de raccourci** et saisissez un raccourci. Dans la mesure où notre macro effectue une opération de remplacement, il serait intéressant, d'un point de vue mnémotechnique, de l'associer au raccourci CTRL + R. Cependant, en fonction de la version de Word que vous utilisez, il est possible que la combinaison de touches soit déjà attribuée. Ainsi, dans Word 2013, la combinaison CTRL + R est attribuée à la commande Retrait.

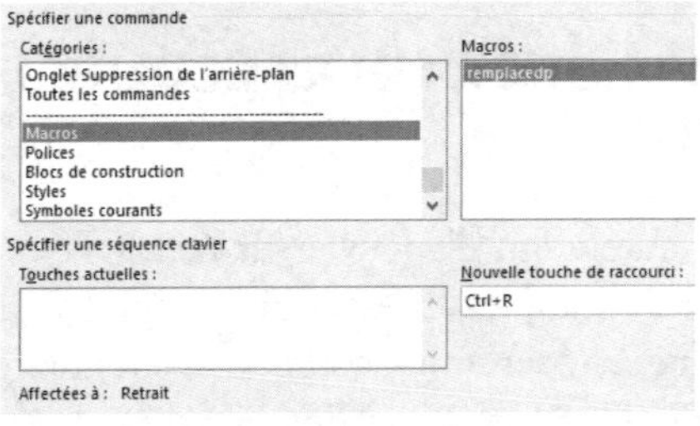

Figure 2.6 – Le raccourci clavier est déjà affecté à une commande de Word

En testant d'autres combinaisons de touches, vous allez vous apercevoir que de très nombreux raccourcis sont déjà programmés dans Word.

Astuce

Si vous souhaitez connaître la liste de tous les **raccourcis clavier** de Word, appuyez sur la combinaison de touches ALT + F8 pour faire afficher la boîte de dialogue Macros. Dans la zone **Macros disponibles dans**, sélectionnez **Commandes Word**, puis exécutez la macro nommée **ListerCommandes**. Dans la boîte de dialogue Liste des commandes, sélectionnez l'option **Configuration actuelle du clavier** et cliquez sur le bouton **OK**. Word crée un nouveau document contenant la liste de tous les raccourcis clavier affectés.

Vous devez donc chercher une combinaison de touche qui n'est pas attribuée, même s'il est toujours possible d'affecter votre macro à une combinaison à laquelle une commande a déjà été attribuée. S'il est déconseillé de réaffecter les commandes classiques comme CTRL + C, il n'est pas déraisonnable de réattribuer une combinaison telle que CTRL + K qui est affectée à la commande InsertionLienHypertexte si vous n'utilisez jamais ce raccourci.

Vous pouvez aussi utiliser la touche ALT dans votre combinaison ; dans notre exemple, nous décidons d'attribuer le raccourci ALT + R à notre macro de remplacement dans la mesure où cette combinaison n'est pas attribuée.

Dans la liste déroulante **Catégories**, cliquez sur **Macros** puis, dans la liste **Macros**, sélectionnez **remplacedp**. Cliquez enfin sur le bouton **Attribuer**.

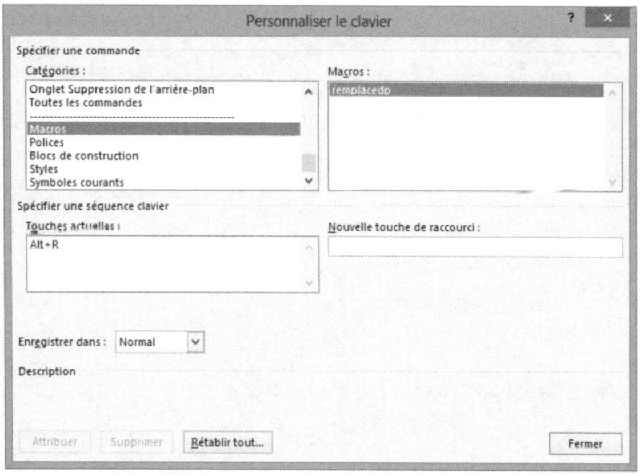

Figure 2.7 – Affectation d'un raccourci clavier à une macro

Cliquez sur le bouton **Fermer** de la boîte de dialogue **Personnaliser le clavier**. Cliquez sur le bouton OK de la boîte de dialogue **Options Word**.

À présent, quand vous appuyez sur ALT + R, vous déclenchez l'exécution de la macro remplacedp.

Astuce

Si vous avez assigné un grand nombre de raccourcis clavier à des macros, vous pouvez en obtenir une liste en choisissant la commande Fichier→Imprimer. Dans la zone Paramètres, au lieu d'imprimer toutes les pages du document, choisissez l'option **Affectation de touches**.

COMMENT ASSOCIER UNE MACRO À UNE ICÔNE DE LA BARRE D'OUTILS ACCÈS RAPIDE ?

Les interfaces étant devenues graphiques, les utilisateurs sont devenus friands de boutons divers et variés et il est possible de déclencher une macro en cliquant sur un bouton. Pour associer notre macro à un bouton de la barre d'accès rapide, il faut d'abord exécuter la commande Fichier→Options→Barre d'outils Accès rapide. Dans la liste déroulante **Choisir les commandes dans les catégories suivantes**, choisissez **Macros** puis sélectionnez Normal.NewMacros.remplacedp.

Cliquez ensuite sur le bouton **Ajouter** pour faire passer la macro dans le volet de droite Personnaliser la barre d'outils Accès rapide.

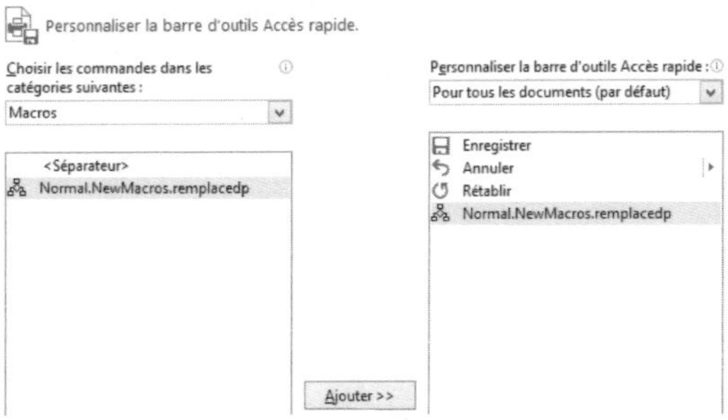

Figure 2.8 – Association d'une macro à une icône de la barre d'outils Accès rapide

Vous pouvez modifier l'icône du bouton, ainsi que son nom, en cliquant sur **Modifier**. Après avoir validé par OK, l'icône que vous avez choisie se retrouve dans la barre d'outils Accès rapide et vous pouvez exécuter la macro d'un clic de souris.

COMMENT ASSOCIER UNE MACRO À UNE ICÔNE DU RUBAN ?

De la même manière que l'on peut insérer une macro sur la barre d'outils Accès rapide, il est très simple avec Office 2013 de modifier le ruban pour y insérer les macros que l'on a programmées. Pour associer notre macro à un bouton du ruban, il faut d'abord exécuter la commande Fichier →Options→**Personnaliser le ruban**. Dans la liste déroulante **Choisir les commandes dans les catégories suivantes**, choisissez **Macros** puis sélectionnez Normal.NewMacros.remplacedp.

Vous ne pouvez ajouter votre macro qu'à un groupe personnalisé. Si vous n'avez pas encore personnalisé le ruban, c'est le moment de vous lancer. Vous pouvez créer un groupe à partir d'un onglet existant du ruban ou bien à partir d'un onglet que vous aurez vous-même créé. La création des onglets et des groupes personnalisés est extrêmement intuitive et vous ne devez pas craindre de façonner le ruban à votre manière de travailler.

Cliquez ensuite sur le bouton **Ajouter** pour faire passer la macro dans le volet de droite Personnaliser le ruban. Vous pouvez modifier l'icône du bouton, ainsi que son nom, en cliquant sur **Renommer**. Après avoir validé par OK, l'icône que vous avez choisie se retrouve dans le groupe du ruban que vous avez sélectionné et vous pouvez exécuter la macro d'un clic de souris.

Dans notre exemple (figure 2.9), nous avons choisi d'associer la macro remplacedp à un groupe personnalisé (Remplacements) d'un onglet personnalisé (Commandes) et nous avons renommé cette macro Espace insécable. Vous pouvez ainsi facilement reconfigurer totalement l'interface du ruban et vous ne devez en aucune façon vous en priver.

N'ayez pas peur de faire de nombreux tests afin de déterminer la configuration qui vous convient le mieux. Vous pouvez déplacer des icônes, en rajouter, en supprimer et créer vos propres commandes.

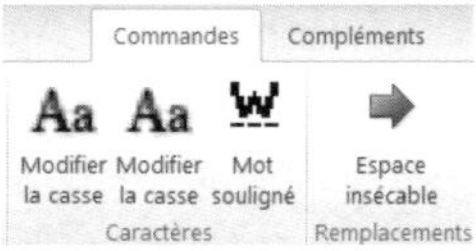

Figure 2.9 – Icône d'une macro figurant dans un groupe personnalisé

CONSEILS POUR L'ENREGISTREMENT DES MACROS

Enregistrer des macros, comme vous avez pu le voir, est extrêmement simple puisqu'il suffit de faire ce que vous avez déjà l'habitude de faire, à savoir utiliser votre logiciel ; il convient cependant de prendre certaines précautions, notamment parce que l'enregistreur de macro enregistre tout. Cela signifie qu'il enregistrera également toutes les erreurs que vous commettrez. Par exemple, si vous faites une erreur de frappe et que vous la corrigez, le code de la macro contiendra l'erreur de frappe et sa correction. Cela n'est pas très grave en soi, mais peut arriver à surcharger le code de la macro si les erreurs sont trop nombreuses et, par voie de conséquence, ralentir son exécution.

Le premier conseil à suivre est donc de préparer son scénario avant l'enregistrement d'une macro. De la même manière que lorsque vous dictez votre annonce à votre répondeur-enregistreur, il est plus prudent d'écrire le texte de votre annonce au préalable, il vaut mieux avoir une idée assez précise de l'ordre de l'accomplissement des actions que vous souhaitez enregistrer. Dans cette perspective, il n'est peut-être pas inutile de faire quelques répétitions avant la prise finale.

Si l'enregistrement d'une macro est très long, le risque de commettre des erreurs s'accroîtra et il est donc judicieux de décomposer l'enregistrement de la macro en plusieurs séquences. Il sera ultérieurement facile de combiner les différentes parties de la macro pour n'en faire qu'une seule (nous verrons comment faire cela au prochain chapitre).

CHOIX DU NOM DES MACROS

Une autre recommandation a trait au nom des macros : vous avez pu voir que Word propose par défaut comme nom de macro Macro1. Il est assez difficile d'imaginer un nom moins expressif que celui-ci et vous devez donc vous empresser de le changer. En effet, quand vous aurez écrit trois macros, vous vous y retrouverez sans peine. En revanche, quand vous en aurez créé plus d'une centaine, il sera beaucoup moins évident de faire le tri et vous avez donc tout intérêt à donner à vos macros des noms qui indiquent leur objet. Il existe plusieurs écueils dans le choix du nom d'une macro, comme nous allons le voir.

Premièrement, il existe des règles de pure forme pour l'attribution d'un nom à une macro ; en voici une liste quasi exhaustive :

- un nom ne peut pas dépasser 255 caractères ;
- un nom ne doit pas commencer par un chiffre ;
- un nom ne doit pas contenir les caractères tels qu'un espace, un point (.), un point d'exclamation (!), un point-virgule (;), un point d'interrogation (?) ou les caractères @, &, $, #, ^, %, ', +, =, `, {, (, [, },),] ou le symbole de l'euro ;
- Visual Basic ne faisant pas la différence entre les majuscules et les minuscules, les noms de macros test et TEST seront considérés comme équivalents. En revanche les noms éditioncouper et EditionCouper ne sont pas considérés comme équivalents.

Conseil

D'une manière générale, évitez les caractères ésotériques dans les noms de vos macros et limitez-vous aux chiffres, aux lettres et à la barre de soulignement. Vous pouvez cependant vous autoriser les lettres accentuées comme é, è, ê, etc.

Vous noterez également qu'il existe en quelque sorte des noms réservés car Word possède des **macros prédéfinies**. En effet, chaque commande que l'on peut activer par un menu a un nom de macro qui lui est déjà attribué. Ainsi la commande Copier a pour nom EditionCopier. Si vous enregistrez une nouvelle macro et que vous l'appelez EditionCopier (ou bien editioncopier ou bien encore Editioncopier), le code de cette macro sera alors exécuté quand vous emploierez la commande Copier. Ceci est fort gênant car vous pouvez ainsi modifier totalement le comportement de Word. Il y a donc lieu d'éviter au maximum l'emploi de tels noms pour vos macros à moins que vous ne souhaitiez redéfinir les commandes internes de Word, ce qui n'est guère conseillé. Pour connaître la liste des commandes internes de Word, appuyez sur ALT + F8 pour afficher la boîte de dialogue Macros ; dans la zone Macros disponibles dans, sélectionnez Commandes Word. Consultez cette liste avant de choisir le nom de votre macro afin de ne pas redéfinir de commande par inadvertance ou bien adoptez la convention énoncée ci-dessous.

Comme vous allez forcément côtoyer des macros écrites par d'autres programmeurs, notamment celles incluses dans cet ouvrage, mais également du code que vous récupérerez dans des magazines ou bien sur Internet, il y a des risques importants que certaines de ces macros comportent le même nom que les vôtres. Pour éviter cela, il existe une solution simple qui consiste à préfixer toutes vos macros par un identificateur qui peut être vos initiales suivies du caractère de soulignement. Vous pouvez toujours tomber sur un homonyme qui adopte la même convention que vous, mais le risque est peu élevé.

Enfin, nous vous conseillons vivement lorsque vous enregistrez une macro de bien remplir le champ Description qui est mis à votre disposition. Ce commentaire vous permettra ultérieurement de mieux vous y retrouver dans toutes vos macros.

LIMITATIONS DE L'ENREGISTREUR DE MACRO

Nous avons vu plus haut que l'enregistreur de macro enregistrait tout, y compris vos erreurs. Cela n'est pas tout à fait exact dans la mesure où certaines actions ne peuvent pas être enregistrées. Ainsi, la principale limite concerne l'utilisation de la souris. Si vous choisissez une commande à l'aide de la souris, vous n'aurez aucun problème ; en revanche, si vous voulez sélectionner du texte, déplacer le point d'insertion, couper, copier ou déplacer du texte à l'aide de la souris, aucune de ces actions ne sera enregistrée car la souris reste inactive pendant l'enregistrement d'une macro (pour la même raison, les menus contextuels associés au clic droit de la souris sont inactifs).

Pour enregistrer ces actions, la seule solution consiste à utiliser le clavier et nous vous indiquons dans le tableau 2.1 les raccourcis clavier les plus importants qui remplacent l'utilisation de la souris.

L'enregistreur de macro possède d'autres limitations, mais elles se rencontrent plus rarement.

Tableau 2.1 – Principaux raccourcis clavier

Actions de déplacement du point d'insertion	
D'un mot vers la gauche	CTRL+GAUCHE
D'un mot vers la droite	CTRL+DROITE
D'un paragraphe vers le haut	CTRL+HAUT
D'un paragraphe vers le bas	CTRL+BAS
En haut de la fenêtre	ALT+CTRL+PG.PRÉC
En bas de la fenêtre	ALT+CTRL+PG.SUIV
En haut de la page suivante	CTRL+PG.SUIV
En haut de la page précédente	CTRL+PG.PRÉC
À la fin d'un document	CTRL+FIN
Au début d'un document	CTRL+ORIGINE
À l'emplacement occupé par le point d'insertion lors de la dernière fermeture du document	MAJ+F5
Actions d'extension de la sélection	
D'un caractère vers la droite	MAJ+DROITE
D'un caractère vers la gauche	MAJ+GAUCHE
À la fin d'un mot	CTRL+MAJ+DROITE
Au début d'un mot	CTRL+MAJ+GAUCHE
À la fin d'une ligne	MAJ+FIN
Au début d'une ligne	MAJ+ORIGINE
D'une ligne vers le bas	MAJ+BAS
D'une ligne vers le haut	MAJ+HAUT
À la fin d'un paragraphe	CTRL+MAJ+BAS
Au début d'un paragraphe	CTRL+MAJ+HAUT
D'un écran vers le bas	MAJ+PG.SUIV
D'un écran vers le haut	MAJ+PG.PRÉC
Au début du document	CTRL+MAJ+ORIGINE

Actions d'extension de la sélection	
À la fin d'un document	CTRL+MAJ+FIN
À la fin d'une fenêtre	ALT+CTRL+MAJ+PG.SUIV
Au document tout entier	CTRL+A
À un bloc de texte vertical	CTRL+MAJ+F8, puis utilisez les touches de direction ; appuyez sur ECHAP pour annuler le mode de sélection
À un endroit déterminé du document	F8+touches de direction ; appuyez sur ECHAP pour annuler le mode de sélection
Actions de déplacement dans un tableau	
À la cellule suivante d'une ligne	TABULATION
À la cellule précédente d'une ligne	MAJ+TABULATION
À la première cellule d'une ligne	ALT+ORIGINE
À la dernière cellule d'une ligne	ALT+FIN
À la première cellule d'une colonne	ALT+PG.PRÉC
À la dernière cellule d'une colonne	ALT+PG.SUIV
À la ligne précédente	HAUT
À la ligne suivante	BAS
Actions de sélection dans un tableau	
Sélectionner le contenu de la cellule suivante	TABULATION
Sélectionner le contenu de la cellule précédente	MAJ+TABULATION
Étendre une sélection aux cellules avoisinantes	Maintenez la touche MAJ enfoncée et appuyez plusieurs fois sur une touche de direction
Sélectionner une colonne	Se déplacer dans la cellule en haut ou en bas de la colonne. Maintenez la touche MAJ enfoncée et appuyez plusieurs fois sur la touche HAUT ou BAS
Étendre une sélection (ou un bloc)	CTRL+MAJ+F8, puis utilisez les touches de direction ; appuyez sur ECHAP pour annuler le mode de sélection

Actions de sélection dans un tableau	
Sélectionner l'intégralité d'un tableau	ALT+5 sur le pavé numérique (VERR. NUM étant désactivé)

ENREGISTREMENT D'UNE MACRO AVEC EXCEL

Le processus d'enregistrement d'une macro avec Excel est similaire à celui de Word. Il diffère seulement en quelques points que nous allons détailler. Pour activer l'enregistrement, il faut cliquer sur le bouton **Enregistrer une macro** de l'onglet **Développeur**.

Astuce

Si l'onglet Développeur ne figure pas sur le ruban d'Excel, utilisez la commande Fichier→Options→Personnaliser le ruban et cochez la case Développeur dans la liste Onglets principaux.

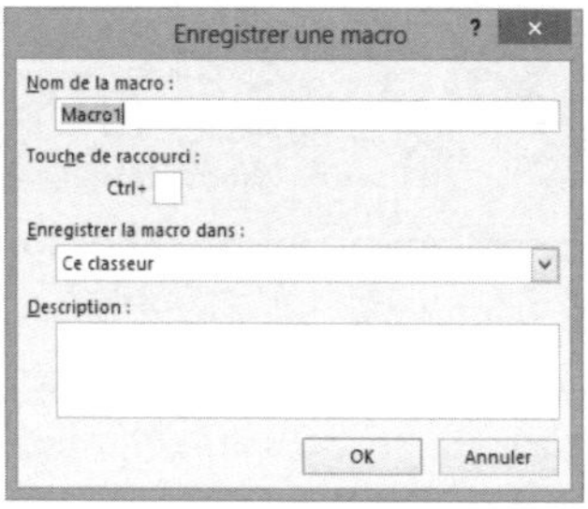

Figure 2.10 – Enregistrement d'une macro avec Excel

Les recommandations concernant le nom de la macro et sa description sont identiques à celles que nous avons déjà énoncées. Le champ **Touche de raccourci** permet de programmer la touche CTRL pour lui associer la macro. Vous noterez qu'Excel fait ici la différence entre les majuscules et les minuscules : CTRL + K sera donc considéré comme différent de CTRL + k.

Vous avez la possibilité d'enregistrer la macro dans trois emplacements différents :

- le classeur de macros personnelles,
- un nouveau classeur,
- le classeur actif.

Classeur de macros personnelles

Le classeur de macros personnelles est un fichier spécial baptisé Personal. XLSB qui se trouve dans le répertoire de démarrage d'Excel (le plus souvent, il s'agit du répertoire C:\Users\<nom utilisateur>\AppData\Roaming\Microsoft\Excel\XLSTART). Ce fichier est donc chargé automatiquement au démarrage d'Excel et ses macros sont disponibles pour tous les autres classeurs. Personal.XLSB est donc l'équivalent du fichier NORMAL.DOTM de Word. Si vous tenez à examiner le contenu de ce fichier, il suffit de choisir la commande Afficher du groupe Fenêtre de l'onglet Affichage et de sélectionner PERSONAL.XLSB dans la boîte de dialogue Afficher.

Il peut être utile de visualiser ce fichier si vous souhaitez y stocker autre chose que des macros personnelles, par exemple des données. Pour supprimer l'affichage de ce classeur, choisissez la commande Masquer du groupe Fenêtre.

Si vous enregistrez des macros dans le classeur de macros personnelles, n'oubliez pas de sauvegarder ce fichier quand vous quittez Excel. La boîte de dialogue illustrée à la figure 2.11 vous le rappellera.

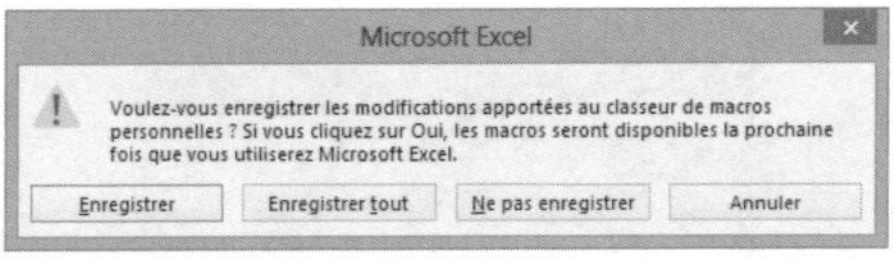

Figure 2.11 – Enregistrement du classeur de macros personnelles

Dès que vous avez validé la saisie de la boîte de dialogue Enregistrer une macro en cliquant sur le bouton OK, le bouton Enregistrer une macro du groupe Code de l'onglet Développeur se transforme en Arrêter l'enregistrement. Vous noterez au passage qu'à la différence de Word, vous ne pouvez pas mettre l'enregistrement en pause.

Vous remarquerez également la présence d'un bouton en dessous nommé **Utilisez les références relatives** qui permet de choisir entre des adresses absolues ou relatives de cellules.

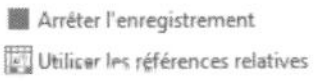

Figure 2.12 – Utilisation des références relatives
lors de l'enregistrement d'une macro Excel

Prenons un exemple simple pour bien voir cette différence qui est très importante. Ouvrez une nouvelle feuille de calcul et demandez à enregistrer une macro que vous appellerez jours_semaine. Le pointeur de cellule étant en A1, démarrez l'enregistrement et accomplissez les actions suivantes :

- Sélectionnez la cellule B3.
- Saisissez Lundi.
- Déplacez-vous en C3 puis saisissez Mardi.
- Déplacez-vous en D3 puis saisissez Mercredi.
- Déplacez-vous en E3 puis saisissez Jeudi.
- Déplacez-vous en F3 puis saisissez Vendredi.
- Déplacez-vous en B4.
- Arrêtez l'enregistrement de la macro.

Par défaut, l'enregistreur de macro prend en compte des cellules absolues et si vous exécutez la macro sur une autre feuille, la saisie des jours commencera toujours dans la cellule B3.

Ouvrez une nouvelle feuille de calcul et recommencez exactement l'enregistrement de la macro précédente, mais cette fois-ci, avant de sélectionner la cellule B3, cliquez sur l'icône qui vous permet de travailler en utilisant les références relatives.

Une fois l'enregistrement arrêté, positionnez le pointeur de cellules en C10 et exécutez la macro : cette fois-ci, la saisie des jours commencera en D12 puisqu'Excel a enregistré la saisie des jours relativement ; B3 étant situé deux lignes en dessous et une colonne à droite par rapport à A1, il est normal que la saisie commence en D12 si le pointeur est situé en C10.

Cette différence est extrêmement importante et il est capital que vous décidiez à l'avance si vous voulez procéder à un enregistrement en mode absolu (mode par défaut) ou en mode relatif.

Il est possible de cliquer sur l'icône Utiliser les références relatives en cours d'enregistrement, mais nous vous le déconseillons car le résultat est souvent déroutant.

CONCLUSION

L'enregistreur de macro représente le moyen le plus simple pour générer rapidement un programme sans avoir à écrire une seule ligne de code. Il s'agit d'un outil puissant dont seuls Word et Excel sont dotés. L'enregistreur de macro est également un fantastique outil d'apprentissage car une fois que le code aura été généré, vous aurez tout le loisir de l'examiner pour voir comment il est structuré. Dans un second temps, quand vous en saurez plus, vous pourrez modifier les programmes générés par l'enregistreur afin de les améliorer. Même quand vous posséderez bien les bases du langage VBA, l'enregistreur de macro de Word et d'Excel sera souvent un excellent moyen de vérifier la syntaxe d'une commande ; ainsi, plutôt que de vous plonger dans la documentation, il sera beaucoup plus simple de faire enregistrer la commande que vous souhaitez mettre en œuvre et d'aller ensuite décortiquer le programme dans l'éditeur. Dans le chapitre suivant, nous allons justement apprendre à visualiser et à modifier les macros que nous venons de créer.

3

Modifier le code des macros

L'enregistreur de macro procure un moyen rapide et efficace de générer des programmes sans avoir à écrire une seule ligne de code. Il comporte cependant des limites et il devient vite indispensable de modifier le code qui a été généré. Dans ce chapitre, nous allons tout d'abord apprendre à visualiser le code puis à le modifier pour le compléter et l'améliorer.

Nous reprendrons l'exemple de la macro de remplacement réalisée dans le chapitre précédent. Si vous avez bien suivi la leçon, cette macro doit à présent se trouver dans le modèle global de Word Normal.dotm.

Nous vous conseillons à ce sujet de faire une copie de sauvegarde de ce fichier-là et de la conserver en un lieu sûr car il peut se révéler assez dangereux de travailler directement sur les modèles globaux de Word ou d'Excel. C'est pour cette raison que nous ferons tous les exercices dans des fichiers indépendants de manière à ne pas modifier des fichiers dont l'altération pourrait avoir des conséquences fâcheuses pour la bonne marche d'Office. Si vous ne l'avez pas encore fait, c'est le moment d'installer les fichiers du livre sur votre disque dur (pour ce faire, reportez-vous à l'avant-propos de cet ouvrage).

VOIR LE CODE DE LA MACRO

Vous allez maintenant exécuter Word pour visualiser le code de la macro que vous avez enregistrée dans le chapitre 2. Dans la mesure où vous avez enregistré la macro dans le modèle Normal.dotm, ce n'est pas la peine d'ouvrir le fichier REMPLACE.DOCX, car le simple fait d'ouvrir Word charge le modèle global et met à notre disposition l'ensemble des macros qui y sont stockées.

On visualise le code des macros dans un programme spécial appelé éditeur de code. Pour appeler ce programme, cliquez sur l'onglet **Développeur** puis sur l'icône **Visual Basic**, ce qui fait apparaître l'écran suivant :

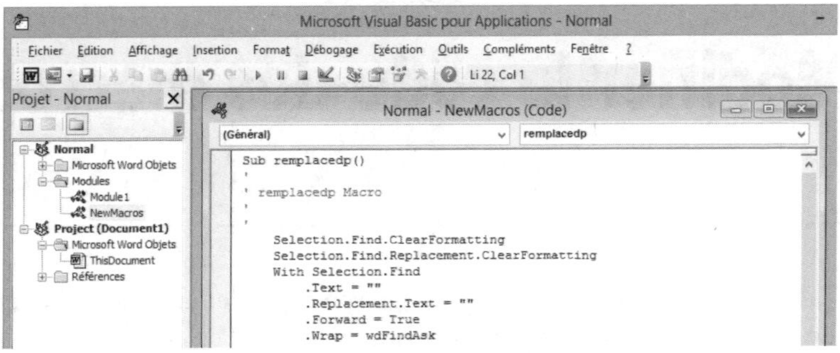

Figure 3.1 – Fenêtre de l'éditeur de code Visual Basic

Astuce

Le raccourci clavier pour faire apparaître l'éditeur Visual Basic est ALT + F11.

Il est fort probable que votre écran ne ressemble pas exactement à celui qui est illustré à la figure 3.1, mais cela n'est pas important pour l'instant.

La fenêtre **Microsoft Visual Basic pour Applications** est un éditeur pour VBA, c'est-à-dire un mini traitement de texte qui va vous servir à écrire vos programmes Word, Excel, Access, PowerPoint ou Outlook puisque ces cinq applications partagent le même langage. Autant vous le dire tout de suite, l'éditeur de programmes est un logiciel puissant et il peut vite se montrer déroutant pour le néophyte tant il recèle de commandes et d'options. La complexité réside également dans le nombre de fenêtres et de barres d'outils qui peuvent venir encombrer l'écran et le rendre confus. Très riche, l'éditeur Visual Basic est souvent un casse-tête pour le débutant qui ne sait pas par où commencer, les concepts nouveaux émergeant de toutes parts. L'étude exhaustive de toutes les fonctionnalités de cet éditeur est bien évidemment impossible dans le cadre de cet ouvrage et nous nous concentrerons sur les fonctions vraiment essentielles de ce qu'on appelle un **environnement de développement intégré (EDI)**.

Pour y voir plus clair, commencez par fermer toutes les fenêtres de l'éditeur afin de ne garder que la barre de titre, la barre de menus et la barre d'outils. Vous noterez au passage que l'interface utilisateur de l'éditeur ne comporte pas de ruban, comme les autres programmes de la suite Office.

Pour réaliser cela, fermez individuellement toutes les fenêtres ouvertes en cliquant sur la case de fermeture de chaque fenêtre.

Choisissez ensuite la commande Affichage→**Explorateur de projets** qui fait apparaître la fenêtre suivante :

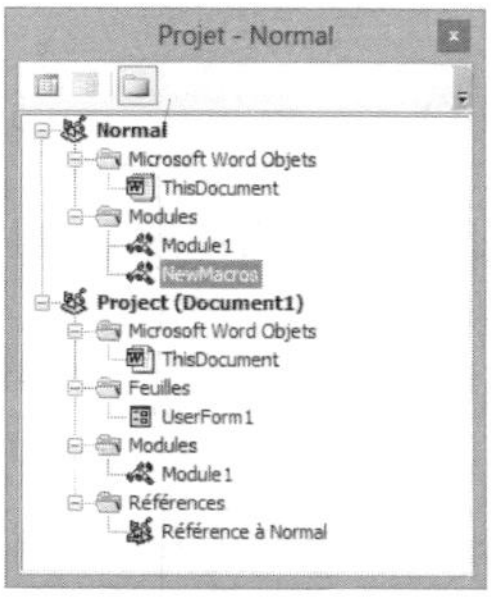

Figure 3.2 – Explorateur de projets

Comme son nom l'indique, l'Explorateur de projets permet de visualiser les différents éléments constitutifs d'un projet. La documentation électronique d'Office est assez succincte sur la notion de **projet** qu'elle définit comme un jeu de modules… En fait, il faut comprendre qu'un projet est un ensemble qui regroupe tous les éléments rajoutés à l'application hôte (Word, Excel, Access, PowerPoint ou Outlook) pour créer un programme. Ces éléments ne sont pas identiques d'une application à l'autre et l'Explorateur de projets d'un fichier Excel sera différent de celui d'une base de données Access.

Les éléments constitutifs d'un projet sont principalement les documents eux-mêmes (Word ou Excel), des programmes écrits en Visual Basic (appelés modules) ou des formulaires. Un projet dépend toujours d'un document (fichier Word, fichier Excel, fichier PowerPoint ou base de données Access) et comme Word, Excel et PowerPoint permettent de charger plusieurs documents à la fois, cela explique qu'il puisse y avoir plusieurs projets au sein de l'Explorateur de projets. Il y a en fait au moins autant de projets qu'il y a de documents chargés. Vous noterez que si vous travaillez à la fois sur des documents Word, Excel et Power-

Point, chaque application dispose de sa propre fenêtre Microsoft Visual Basic pour Applications. Chaque projet présent dans l'Explorateur est représenté par une icône et en cliquant sur le signe plus (+) à gauche de ce symbole, on découvre la liste des éléments du projet.

Remarque

Certains projets sont chargés automatiquement et il s'agit notamment du projet Normal pour les documents Word et du projet Personal.xlsb pour les documents Excel. Vous pouvez également trouver dans l'Explorateur de projets des modèles d'applications tiers qui sont nécessaires au fonctionnement de ces compléments. En général, ces modèles sont protégés et leur accès est interdit.

Dans notre document Word, il existe trois catégories (Microsoft Word Objets, Modules et Références). Retenez bien que ces catégories dépendent du type de l'application (Word, Excel, Access, PowerPoint ou Outlook) et qu'au sein d'une même application il peut y avoir différents sous-ensembles, en fonction des objets contenus dans le document.

Dans notre exemple, l'objet Microsoft Word a pour nom **ThisDocument** et il s'agit d'un nom générique pour désigner le document Word lui-même.

Le deuxième sous-ensemble, Modules, contient les programmes, qu'ils aient été écrits directement dans l'éditeur ou bien qu'ils aient été générés grâce à l'enregistreur de macro. Le module **NewMacros** est un module spécial qui renferme toutes les macros qui ont été générées par l'enregistreur.

La dernière catégorie, **Références**, contient une référence à Normal. DOTM, étant donné que tous les documents Word sont basés par défaut sur ce modèle.

La fenêtre **Code** contient donc le code de la macro que nous avons enregistrée dans le chapitre précédent et nous allons maintenant examiner ce programme plus attentivement. Si vous faites un double clic sur l'objet NewMacros, vous affichez la fenêtre Code.

```
Selection.Find.ClearFormatting
Selection.Find.Replacement.ClearFormatting
With Selection.Find
    .Text = " :"
    .Replacement.Text = " :"
    .Forward = True
    .Wrap = wdFindContinue
    .Format = False
    .MatchCase = False
    .MatchWholeWord = False
    .MatchWildcards = False
    .MatchSoundsLike = False
    .MatchAllWordForms = False
End With
Selection.Find.Execute Replace:=wdReplaceAll
```

Figure 3.3 – Code de la macro enregistrée

Ce programme est composé de 21 lignes que nous allons décortiquer ; chaque ligne logique du programme représente une action qui est exécutée séquentiellement.

```
Sub remplacedp()
```

La première ligne comporte le titre de notre macro précédé du mot `Sub`. Ce terme, qui est l'abréviation de Subroutine (sous-programme), indique qu'il s'agit du début du programme. Le nom de notre macro est suivi d'une paire de parenthèses, ce qui constitue une convention d'écriture.

```
'
' remplacedp Macro
'
'
```

Les quatre lignes suivantes commencent toutes par une apostrophe et sont de couleur verte. L'apostrophe indique qu'il s'agit d'un **commentaire** ; un commentaire est une ligne qui n'est pas exécutée et qui fournit des renseignements sur le programme. Les commentaires sont extrêmement importants et la plupart des débutants négligent cette faculté qui leur est offerte. Vous devez **absolument** documenter vos programmes et nous reviendrons plus tard sur l'art et la manière d'écrire des commentaires. Ces lignes ont été écrites par l'enregistreur de macro et la troisième ligne de commentaire est le contenu de la zone Description de la boîte de dialogue **Enregistrer une macro**. Si vous n'avez rien saisi lors de l'enregistrement de la macro, cette ligne est donc vide. Prenez la bonne habitude de toujours remplir une description quand vous enregistrez une macro. Au minimum, décrivez le rôle de la macro ; dans notre exemple, un commentaire valide pourrait être : Remplace la suite de caractères espace + deux-points par la suite de caractères espace insécable + deux-points.

```
    Selection.Find.ClearFormatting
    Selection.Find.Replacement.ClearFormatting
```

Ces deux lignes indiquent à Word de supprimer les options de mise en forme des champs de la boîte de dialogue **Rechercher et remplacer** et correspondent à l'utilisation du bouton **Sans attributs**.

```
    With Selection.Find
        .Text = " :"
        .Replacement.Text = " :"
        .Forward = True
        .Wrap = wdFindContinue
        .Format = False
        .MatchCase = False
        .MatchWholeWord = False
        .MatchWildcards = False
        .MatchSoundsLike = False
        .MatchAllWordForms = False
    End With
```

Le bloc délimité par `With... End With` permet de définir les options de la boîte de dialogue **Rechercher et remplacer**. Même si l'on n'est pas particulièrement anglophone, on devine que `Text` correspond à la suite de caractères à rechercher et `Replacement.Text` à la suite de caractères qui serviront pour le remplacement. Alors que l'on n'a saisi que deux paramètres dans la boîte de dialogue, on peut s'étonner du fait que la macro comporte dix lignes dont chacune d'entre elle définit une option. En réalité, quand on laisse une option à vide, l'enregistreur de macros écrit cependant une ligne pour signifier que l'option n'a pas été cochée si bien que la mention `False` (qui signifie faux en anglais) apparaît pour toutes les options que nous n'avons pas cochées. Ainsi, la commande `MatchCase = False` signifie tout simplement que l'on n'a pas coché la case **Respecter la casse**.

Il faut donc bien reconnaître que l'enregistreur de macros est parfois bavard et génère un code qui est inutilement long. Dans ces conditions, il faut faire le ménage manuellement et supprimer les lignes de code qui ne servent pas le but recherché. Pour le débutant, cette tâche n'est pas toujours aisée et il aura tendance à laisser le code tel quel, même si le programme devient moins aisé à lire puisqu'il est noyé dans des lignes de code qui n'ont pas grand rapport avec l'objectif du programme.

```
    Selection.Find.Execute Replace:=wdReplaceAll
```

La dernière ligne du programme correspond au clic de l'utilisateur sur le bouton **Remplacer tout**.

Conseil

Vous avez tout intérêt à vous familiariser avec la terminologie anglaise informatique ; il est ainsi utile de savoir que *row* signifie ligne, que *workbook* signifie classeur, etc. En effet, le code VBA est truffé de mots anglais et leur compréhension, même minimale, vous facilitera la tâche.

La dernière ligne indique la fin du programme :

```
End Sub
```

Arrivé à ce point, chacun s'aperçoit bien, même s'il n'a jamais programmé, que ce programme est la simple transcription des actions réalisées dans le chapitre précédent que l'enregistreur a fidèlement mémorisées. Si l'on analyse ce programme, on se rend compte qu'il n'y a en fait que trois actions différentes :

- remise à zéro des options,
- définition des options,
- exécution de la commande de remplacement.

Nous avons employé indifféremment les termes de commande ou d'instruction pour désigner chacune de ces actions, mais il convient en fait de préciser cette terminologie. Le langage Visual Basic qui est employé pour écrire ce programme distingue plusieurs catégories de commandes et notamment les **instructions**, comme `Sub`, et les **méthodes**, comme `Selection.Find.Execute Replace`.

Les instructions se reconnaissent facilement dans un programme car elles s'inscrivent en bleu dans l'éditeur.

Les méthodes ne sont pas à proprement parler des commandes Visual Basic, mais elles permettent de réaliser des actions sur les objets de Word. Insérer un tableau, supprimer un paragraphe ou imprimer un document sont des exemples de méthodes qui agissent sur des objets de Word. En fait, ces méthodes sont des éléments du **modèle d'objets** de Word (le chapitre 9 est consacré à l'explicitation de ce concept). Pour apprendre à programmer Word, il vous faudra apprendre le modèle d'objets de Word. La principale difficulté de l'apprentissage de la programmation Office consiste à maîtriser les différents modèles d'objets de chaque application.

MODIFIER LE CODE DE LA MACRO

Afin de tester les possibilités de l'éditeur de programmes, nous allons améliorer ce programme de remplacement en supprimant les lignes inutiles et en lui rajoutant des fonctionnalités.

Comme nous l'avons déjà mentionné, l'enregistreur de macros est bavard et il enregistre parfois des lignes de code qui n'ont pas beaucoup d'intérêt. Dans notre exemple, nous allons simplifier le code dans les lignes où les options de la boîte de dialogue **Rechercher et remplacer** sont définies, à savoir :

```
.Text = " :"
.Replacement.Text = " :"
.Forward = True
.Wrap = wdFindContinue
.Format = False
.MatchCase = False
.MatchWholeWord = False
.MatchWildcards = False
.MatchSoundsLike = False
.MatchAllWordForms = False
```

La première chose à faire consiste à bien identifier le rôle de chaque ligne. Si les deux premières lignes sont assez simples, il faut bien reconnaître que le rôle de l'option `MatchSoundsLike` n'est pas évident à saisir quand on n'est pas programmeur. En pareil cas, il ne faut pas hésiter à faire appel à l'**aide en ligne** de l'éditeur Visual Basic. Cette dernière n'est pas toujours un modèle de clarté, mais elle vous dépannera bien souvent. Pour invoquer l'assistance de Word, sélectionnez le mot `MatchSoundsLike` (en faisant par exemple un double clic) et appuyez sur la touche de fonction F1. Aussitôt, le système d'aide affiche une fenêtre dans laquelle figurent des explications au sujet de cette propriété.

À la lecture de l'aide en ligne, on comprend que cette propriété correspond au paramètre **Recherche phonétique** (qui n'est valable que pour les textes en anglais) de la boîte de dialogue **Rechercher et remplacer**. Pour le type de remplacement auquel nous avons affaire, il est clair que ce paramètre n'a aucun intérêt et peut donc être éliminé.

Il en ira de même pour les paramètres suivants :

- `.Forward = True` (option Rechercher vers le bas ; inutile puisque l'on remplace tout) ;
- `.Wrap = wdFindContinue` (autorise la recherche au début du texte quand la fin a été atteinte) ;

- `.Format = False` (pas d'attributs de formatage) ;
- `.MatchCase = False` (option Respecter la casse) ;
- `.MatchWholeWord = False` (option Mot entier) ;
- `.MatchWildcards = False` (option Utiliser les caractères génériques) ;
- `.MatchAllWordForms = False` (option Rechercher toutes les formes du mot).

On peut donc alléger notre programme en **supprimant ces lignes du code**. Pour ce faire, sélectionnez ces lignes dans l'éditeur de programmes et appuyez sur la touche Suppr.

Notre programme raccourci ressemble désormais à :

```
Sub remplacedp()
'
' remplacedp Macro
'
'
    Selection.Find.ClearFormatting
    Selection.Find.Replacement.ClearFormatting
    With Selection.Find
        .Text = " :"
        .Replacement.Text = " :"
    End With
    Selection.Find.Execute Replace:=wdReplaceAll
End Sub
```

Afin de faire les choses proprement, nous allons **rajouter quelques commentaires** :

```
Sub remplacedpcourt()
' Remplace la suite de caractères espace + deux-points
' par espace insécable + deux-points
    Selection.Find.ClearFormatting
    Selection.Find.Replacement.ClearFormatting
    With Selection.Find
        .Text = " :" ' texte à rechercher
        .Replacement.Text = " :" ' texte de remplacement
    End With
    Selection.Find.Execute Replace:=wdReplaceAll
' on remplace sur tout le texte
End Sub
```

Comme vous pouvez le constater, les commentaires peuvent constituer une ligne de code à part entière ou bien débuter à la fin d'une ligne de code existante. Dans ce cas, il suffit de saisir une apostrophe au bout de la ligne suivi du texte du commentaire. L'ajout de commentaires ainsi que la suppression des lignes de code inutiles rend notre programme plus lisible. Nous pouvons à présent envisager d'améliorer notre programme en lui ajoutant d'autres fonctionnalités ; en effet, l'absence d'espace insécable est préjudiciable non seulement devant le caractère deux-points, mais également devant toutes les autres ponctuations doubles, comme le point d'interrogation, le point d'exclamation et le point-virgule. Il serait donc très pratique d'effectuer tous ces remplacements au sein d'un même programme. Comme vous allez le constater, il n'y a rien de plus simple : il suffit de faire quelques copier-coller et de remplacer dans le code le caractère à remplacer pour obtenir une macro qui va faciliter la vie de ceux qui ont à remettre en forme des textes.

Voici la nouvelle version de notre macro qui effectue désormais quatre types de remplacements :

```
Sub remplacements_typo()
' Effectue des remplacements typographiques
    Selection.Find.ClearFormatting
    Selection.Find.Replacement.ClearFormatting
' Remplacement des deux-points
    With Selection.Find
        .Text = " :"
        .Replacement.Text = " :"
    End With
    Selection.Find.Execute Replace:=wdReplaceAll
' Remplacement du point-virgule
    With Selection.Find
        .Text = " ;"
        .Replacement.Text = " ;"
    End With
    Selection.Find.Execute Replace:=wdReplaceAll
' Remplacement du point d'exclamation
    With Selection.Find
        .Text = " !"
        .Replacement.Text = " !"
    End With
    Selection.Find.Execute Replace:=wdReplaceAll
' Remplacement du point d'interrogation
    With Selection.Find
        .Text = " ?"
        .Replacement.Text = " ?"
    End With
    Selection.Find.Execute Replace:=wdReplaceAll
End Sub
```

Nous avons modifié les commentaires pour bien isoler la partie du code qui est responsable de chaque type de remplacement.

VIRUS ET MACROS

Avec la généralisation d'Internet qui permet leur propagation rapide, les virus informatiques sont devenus une plaie quotidienne ; il appartient donc à chacun de se prémunir contre ce fléau afin de protéger son ordinateur et, par voie de conséquence, d'empêcher la contamination des autres utilisateurs. Les virus sont avant tout des programmes dont leur auteur a des intentions malveillantes ; dans la mesure où les macros sont également des programmes, rien n'empêche un programmeur d'écrire un virus qui s'exécute à l'intérieur d'une macro. Devant la simplicité du langage VBA, on a donc vu apparaître toute une série de virus macro qui se nichaient au sein de fichiers Word ou Excel. Le virus Melissa reste sans doute le meilleur exemple du virus programmé en VBA. Il faut bien reconnaître que Microsoft a mis beaucoup de temps à se préoccuper du problème de la sécurité des macros et les premières versions d'Office intégrant VBA n'étaient pas spécialement bien protégées contre les virus macro.

Les choses ont heureusement changé et l'utilisateur d'Office 2013 a désormais le choix entre quatre attitudes :

- Désactiver toutes les macros sans notification.
- Désactiver toutes les macros avec notification.
- Désactiver toutes les macros à l'exception des macros signées numériquement.
- Activer toutes les macros.

La première option est la plus sûre, mais l'intérêt des macros devient limité car il est impossible de les exécuter…

La deuxième option est celle que nous recommandons : la présence de macros dans les fichiers Office est signalée lors de l'ouverture d'un fichier par un message d'avertissement qui s'affiche sous le ruban. L'utilisateur a alors le choix d'activer les macros ou de ne pas le faire.

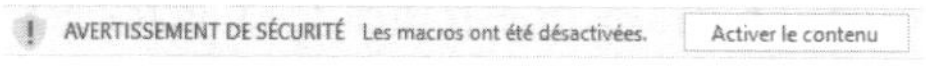

Figure 3.4 – Alerte de sécurité

La conduite à tenir en la matière est assez simple : vous devez vous méfier des macros provenant d'une origine inconnue ou de la présence de macros dans un fichier qui n'est pas censé en contenir. Dans ce cas-là, ne cliquez pas sur le bouton Activer le contenu. Quand les macros sont désactivées, il est toujours possible d'examiner leur code ; en cas de doute sur une macro, vous pouvez, dans un premier temps, ne pas l'activer puis expertiser son code tranquillement. Quand l'examen du code de la macro vous aura montré son caractère inoffensif, vous pourrez alors activer la macro. Bien évidemment, nous vous garantissons l'innocuité des macros contenues dans les fichiers qui accompagnent cet ouvrage et vous pouvez les activer sans crainte.

Quand vous téléchargez à partir d'Internet des fichiers Office contenant des macros, vous devez agir en deux temps : vous devez d'abord activer la modification si vous souhaitez éditer le fichier et vous devez ensuite prendre une décision sur l'activation des macros. Comme je l'ai écrit précédemment, n'activez pas des macros quand vous avez un doute sur leur dangerosité.

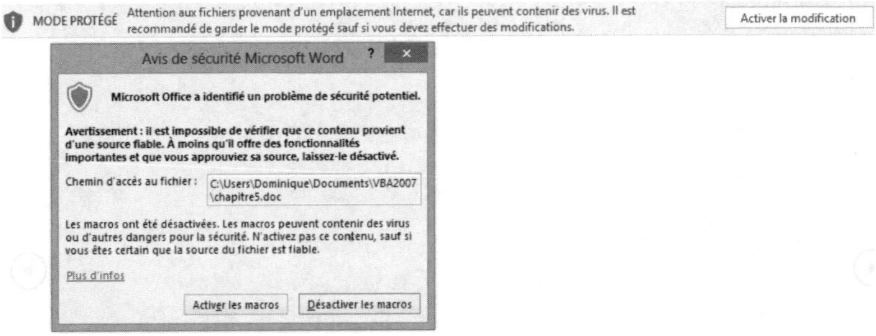

Figure 3.5 – Alerte de sécurité pour un fichier téléchargé sur Internet

La troisième option est également très sûre, mais elle est en pratique réservée aux professionnels. En effet, toutes les macros des fichiers Office sont désactivées lors de leur ouverture, hormis les macros signées numériquement à l'aide d'un **certificat numérique** (comme ceux que l'on emploie pour signer numériquement un courrier électronique ou sa déclaration d'impôts) qui doit être acquis auprès d'une **autorité de certification**.

La dernière option qui active toutes les macros est bien entendu à proscrire. Il est extrêmement dangereux de choisir cette option car le simple fait d'ouvrir un document pourrait contaminer votre ordinateur, étant donné que certaines macros peuvent se déclencher à l'ouverture d'un fichier.

Pour paramétrer le niveau de sécurité des macros, vous devez cliquer sur le bouton **Sécurité des macros** du groupe Code de l'onglet Développeur et déterminer le niveau de sécurité qui vous convient le mieux. Comme nous l'avons déjà souligné, dans la pratique, seule la deuxième option de sécurité est efficace. En effet, la quatrième option laisse la porte ouverte à tous les virus potentiels. La première option de sécurité est trop restrictive et ne laisserait même pas la possibilité d'utiliser les macros livrées avec cet ouvrage dans la mesure où elles ne sont pas signées numériquement.

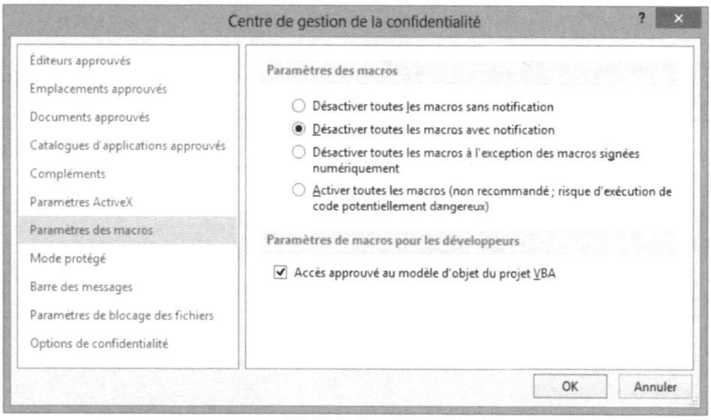

Figure 3.6 – Choix du niveau de sécurité des macros

CONCLUSION

Si vous ne comprenez pas toutes les subtilités du programme que vous avez généré avec l'enregistreur de macro et la manière dont nous l'avons transformé, cela n'a pour l'instant aucune importance. En effet, les nouvelles notions abordées dans ce chapitre sont très nombreuses et toutes ne peuvent pas être expliquées en détail. Les chapitres suivants vont approfondir les concepts fondamentaux du langage VBA. Vous devez à présent savoir comment visualiser et modifier le code d'une macro dans l'éditeur Visual Basic pour Applications. Vous avez pu constater que nous sommes partis d'une macro enregistrée et que par raffinements successifs, nous sommes arrivés à rendre notre macro plus lisible et plus efficace. Nous poursuivrons cette démarche qui permet de bien décomposer les problèmes.

PARTIE 2

Le langage VBA

4

Syntaxe de VBA

Pour pouvoir progresser dans l'étude de la programmation Office, il faut se résoudre à apprendre la grammaire du langage et nous allons donc dans ce chapitre, étudier les bases du langage VBA. Au risque de me répéter, la programmation ne demande pas un grand savoir mathématique, mais simplement le respect de quelques règles formelles et un minimum de logique. L'apprentissage de la syntaxe d'un langage de programmation est souvent un peu aride et décourage parfois les meilleures volontés. Aussi tenterons-nous d'être le plus clair possible et d'en dire le minimum. Il suffit sans doute de se persuader qu'il s'agit là d'un passage obligé et d'admettre que l'on ne peut pas parler une langue sans faire un peu de grammaire. Mais vous apprendrez également la syntaxe de VBA en lisant des programmes et c'est pour cette raison qu'il est important de pouvoir accéder à des recueils de programmes, Internet étant en la matière une ressource incontournable.

Chaque ligne d'un programme est composée d'éléments du langage Visual Basic. À la manière d'une phrase, une ligne de programme, qu'on appelle aussi instruction, doit être complète et syntaxiquement correcte.

Notez également que les bons programmes doivent contenir des commentaires (lignes commençant par une apostrophe) qui, bien évidemment, ne sont pas des lignes exécutables.

Lignes physiques et lignes logiques

Certaines lignes de programmes peuvent être relativement longues et ne sont donc pas affichées en totalité à l'écran, si bien qu'elles nécessitent l'utilisation des barres de défilement horizontales pour les visualiser, ce qui n'est guère pratique. Vous avez cependant la possibilité de découper vos lignes de programme à l'aide du **caractère de soulignement** (_) afin d'améliorer la **lisibilité** de vos programmes. Un caractère de soulignement précédé d'un espace indique que la ligne de programme se poursuit sur la ligne suivante. On peut découper une ligne à peu près n'importe où, la seule règle étant que l'on ne peut pas séparer les chaînes de caractères, c'est-à-dire les expressions encadrées par des guillemets ou des apostrophes (par exemple, "Jeudi" ou 'Vendredi'). Il vaut mieux essayer cependant de découper logiquement les lignes d'un programme. Le générateur de macro utilise aussi les caractères de soulignement pour découper les lignes trop longues, mais il découpe souvent de manière arbitraire. Ainsi, une commande d'insertion d'un tableau dans Word est découpée de la manière suivante :

```
ActiveDocument.Tables.Add Range:=Selection.Range, NumRows:=5, NumColumns:= _
        3, DefaultTableBehavior:=wdWord9TableBehavior, AutoFitBehavior:= _
        wdAutoFitFixed
```

Ces trois lignes physiques ne forment donc qu'une seule ligne logique, mais il serait encore beaucoup plus lisible, pour bien mettre en évidence les options de cette commande (tableau de 5 lignes et 3 colonnes), d'écrire cette ligne de code de la façon suivante :

```
ActiveDocument.Tables.Add Range:=Selection.Range, _
NumRows:=5, _
NumColumns:= _3, _
DefaultTableBehavior:=wdWord9TableBehavior, _
AutoFitBehavior:= _wdAutoFitFixed
```

Les éléments du langage, que l'on peut comparer à des catégories grammaticales, comme les noms, les verbes ou les adjectifs, servent à écrire des phrases complètes. Nous allons étudier les principaux éléments du langage VBA, notamment :

- les variables,
- les constantes,
- les opérateurs,
- les commandes,
- les fonctions,
- les mots clés.

VARIABLES

L'informatique étant la science du traitement automatique de l'information, il n'y a rien d'étonnant à ce qu'un programme manipule des informations. On peut d'ailleurs résumer l'essentiel des tâches d'un programme dans les phases suivantes :

- acquisition de l'information,
- traitement de l'information,
- restitution de l'information traitée.

L'acquisition de l'information peut se faire de manière multiple : saisie au clavier, lecture d'un fichier, saisie optique à l'aide d'un lecteur de codes à barres, etc. Le traitement de l'information peut également revêtir des formes très diverses et les exemples sont infinis : calcul arithmétique, traduction dans une langue étrangère, transposition d'une sonate dans une tonalité différente, suppression de l'effet yeux rouges sur une photographie numérique... La restitution de l'information peut se faire à l'écran, sur du papier, par le biais des haut-parleurs ou bien encore dans un fichier. Tous ces exemples montrent bien que le matériau de base est l'information et un programmeur passe donc son temps à jongler avec des informations. Si l'on veut travailler avec des informations, il faut bien trouver un lieu où l'on puisse les entreposer, de la même manière que si vous devez rédiger une note de synthèse d'un rapport, il faut bien que vous puissiez poser les pages du rapport sur votre bureau. Dans un programme, une variable est un emplacement de stockage de l'information. Plus un programme manipule des informations, plus il contiendra de variables. Dans la pratique, les informations ne sont pas stockées dans des variables, mais dans la mémoire vive de l'ordinateur et une variable n'est jamais qu'un nom facile à retenir qui désignera l'emplacement de stockage dans la mémoire de la machine. Ces emplacements, que l'on appelle aussi adresses, sont désignés par un numéro en hexadécimal (nombre en base 16) et vous conviendrez qu'il est infiniment plus facile quand on veut additionner deux nombres d'écrire :

```
PrixHT + TVA
```

plutôt que :

```
FFA12BF + FFA129A
```

Une variable est donc un nom qui va nous servir à manipuler des informations. La variable ne contient pas les informations mais elle pointe vers un emplacement numéroté qui renferme les informations. Le nom de la variable doit être significatif et il est censé nous cacher la complexité de l'organisation de la mémoire interne de l'ordinateur. Pensez aussi à une autre analogie : quand vous allez chez le médecin, ce dernier vous appelle par votre nom mais quand il va télétransmettre votre feuille de soins, c'est votre numéro de sécurité sociale qu'il va envoyer.

Pour qu'une variable existe, il faut commencer par lui donner un nom. Ce nom obéit aux mêmes règles que celles que nous avons énoncées pour les macros et les noms suivants sont par conséquent des **noms de variables** valides :

- CA1999
- Consommation_annuelle
- Prénom
- Date_échéance

En revanche, les noms qui suivent ne respectent pas les conventions d'attribution des noms :

- 2000CA (commence par un chiffre)
- Adresse@internet (contient un caractère interdit)
- Prix HT (contient un espace)

Il faut noter que de nombreux programmeurs se refusent à utiliser des noms de variables comportant des lettres accentuées. Il y a principalement deux raisons à cela : la première est que cette possibilité est assez récente et qu'elle était interdite dans les premières versions du Basic. L'autre raison est que Visual Basic ne fait pas la différence entre les minuscules et les majuscules ; ainsi les noms de variables suivants seront tous considérés comme identiques : PRENOM, prenom, Prenom, PreNom. Mais Visual Basic (en abrégé VB) fait la différence entre les deux variables prenom et prénom, ce qui peut créer des confusions.

Une fois que le nom de la variable a été choisi, il faut déclarer l'existence de la variable au programme, ce que l'on fait grâce à la commande `Dim`.

Ainsi l'instruction suivante :

```
Dim jour
```

déclare une variable nommée jour.

`Dim` est l'abréviation de Dimension ; cette commande réalise en fait deux opérations en une seule : elle crée la déclaration de la variable (elle déclare la naissance de la variable, comme quand on déclare une naissance sur un registre d'état civil) et réserve en même temps un emplacement dans la mémoire de l'ordinateur en lui accordant une certaine place, d'où l'idée de dimensionnement.

Quand la variable est déclarée, on peut l'utiliser et la première des choses à faire consiste à attribuer une valeur à la variable. On désigne aussi cette opération sous le nom d'**affectation**. Ainsi la commande suivante affecte la valeur 50 à la variable prix :

```
prix = 50
```

Vous en conclurez aisément que le signe égal (=) est l'opérateur d'affectation des variables.

On peut se passer de déclarer une variable avant de l'utiliser ; si l'on se contente d'écrire :

```
Euro = 6.55957
```

au lieu de :

```
Dim Euro
Euro = 6.55957
```

la variable sera **déclarée implicitement** par Visual Basic la première fois où il rencontrera son nom.

Conseil

Nous vous déconseillons fortement d'utiliser la déclaration implicite des variables dans vos programmes car cette méthode (qui n'en est pas une) vous apportera plus d'ennuis qu'elle ne vous fera gagner du temps. En effet, le fait de déclarer toutes ses variables avant de les utiliser vous force à un minimum d'organisation qui sera salutaire pour la bonne marche de vos programmes.

Si vous vous connaissez bien et sentez que vous n'aurez pas la rigueur nécessaire pour déclarer explicitement toutes vos variables avant de les utiliser, Visual Basic a prévu une option pour ceux qui manquent de courage. Il suffit de choisir dans l'éditeur Visual Basic la commande Outils→Options et de cocher la case **Déclaration des variables obligatoire** (figure 4.1).

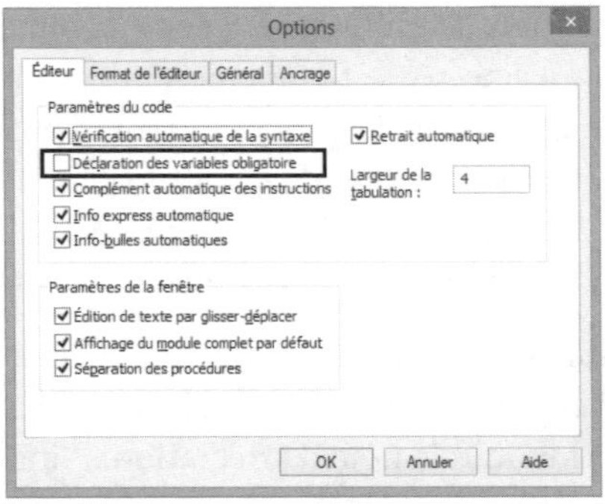

Figure 4.1 – Cette option vous forcera à déclarer toutes vos variables

Cela a pour effet de vous obliger à déclarer explicitement (avec l'instruction `Dim`) toutes les variables que vous utilisez dans un programme ; si vous cochez cette case, l'instruction `Option Explicit` sera automatiquement ajoutée à tous vos programmes. Même si cela peut vous paraître contraignant, l'immense avantage sera que toute erreur dans l'écriture du nom d'une variable sera automatiquement détectée. L'expérience prouve qu'une bonne partie des erreurs d'un programme sont dues à des fautes de frappe et notamment à des variables mal orthographiées. Avec l'option de déclaration explicite des variables, toute erreur dans l'écriture d'une variable sera détectée comme une variable non déclarée et, par voie de conséquence, signalée au programmeur (figure 4.2).

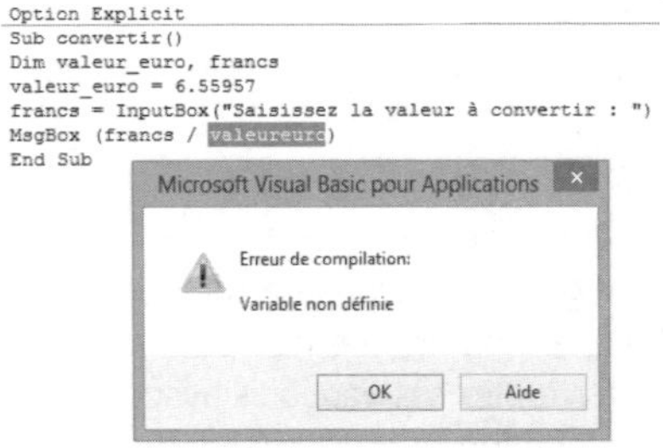

Figure 4.2 – L'éditeur de programmes signale les variables mal orthographiées

Au final, cette rigueur vous fait gagner du temps car vous pouvez corriger ce type d'erreur tout de suite. Dans l'exemple illustré par la copie d'écran, l'erreur n'aurait été détectée qu'à l'exécution du programme, et non pas pendant son écriture, si nous n'avions pas rendu la déclaration des variables obligatoire. En effet, VBA aurait alors considéré que `valeur_euro` et `valeureuro` étaient deux variables différentes et aurait divisé la somme à convertir par zéro, étant donné qu'aucune valeur n'avait été affectée à valeureuro.

Au cours d'un programme, le contenu de la variable peut changer à la suite de l'affectation d'une nouvelle valeur à la variable. C'est d'ailleurs pour cela qu'on appelle une variable, une variable… Toute nouvelle affectation d'une valeur à une variable écrase l'ancien contenu de la variable, exactement comme cela se passe avec le presse-papiers où le fait de copier ou de couper efface le précédent contenu du presse-papiers.

```
Dim Valeur
Valeur = 4
Valeur = Valeur * Valeur
Valeur = Valeur / 2
```

À la dernière ligne de ce programme, la variable Valeur vaut 8.

Les variables sont extrêmement importantes dans un programme et il convient d'attacher un soin tout particulier à leur déclaration ainsi qu'au choix de leur nom. Le prochain chapitre complète l'étude des variables.

CONSTANTES

Une constante est une variable dont on ne peut pas changer le contenu. Une constante peut être une chaîne de caractères (du texte), un nombre ou bien encore une date. Une constante possède un nom, et une fois qu'elle a été définie, on peut l'employer dans un programme à la place de la valeur qu'elle représente. On déclare une constante à l'aide de la commande Const, comme dans l'exemple ci-dessous :

```
Const Euro = 6.55957
```

Quand la constante est déclarée, on peut l'utiliser dans le programme, ce qui en améliore la lisibilité :

```
Const TauxTva = 1.196
PrixHT = 100
PrixTTC = PrixHT * TauxTva
```

L'immense avantage de cette solution est que si vous employez 100 fois dans votre programme le taux de TVA à 19,60 %, vous n'aurez à modifier qu'une seule ligne de programme si le taux change ; il vous suffira alors de changer la définition de la constante. Quand vous programmez et que vous utilisez des informations dont la valeur n'est pas modifiée au cours de l'exécution du programme, il est donc préférable de définir et d'utiliser des constantes. Voici quelques exemples de données que l'on a intérêt à gérer comme des constantes :

- Taux de TVA.
- Bornes inférieure et supérieure d'une plage de valeurs.
- Constantes mathématiques (Pi, par exemple).
- Dates de début et de clôture d'exercice fiscal.

D'une manière générale, il faut toujours éviter de coder en dur dans un programme. On appelle **coder en dur** la pratique qui consiste à saisir la valeur (numérique, caractère ou date) directement dans le programme, plutôt que d'utiliser une variable ou une constante.

Voilà un exemple de codage en dur :

```
Dim revenus As Double, CSG As Double
CSG = revenus * 0.075
```

Si vous avez codé votre programme de cette manière-là, le jour où le taux de recouvrement de la CSG changera, il vous faudra relire tout votre programme pour modifier chaque ligne où ce taux apparaît.

Une solution plus élégante et plus efficace consiste à écrire le programme suivant :

```
Dim revenus As Double, CSG As Double
Const TauxCSG = 0.075
CSG = revenus * TauxCSG
```

Visual Basic lui-même comprend un très grand nombre de constantes et la plupart des fonctions qui acceptent des paramètres numériques possèdent également des constantes qu'il vaut mieux utiliser pour des raisons évidentes de lisibilité. Les constantes peuvent remplacer les valeurs réelles partout dans votre code.

Par exemple, la fonction `Weekday` qui renvoie le jour de la semaine d'une date communique cette information sous la forme d'un numéro de 1 à 7. Visual Basic définit automatiquement des constantes pour chacun des jours de la semaine et pour peu que l'on connaisse les noms des jours de la semaine en anglais, vous avouerez que `vbThursday` est un nom un peu plus parlant que 5. Le tableau 4.1 illustre les constantes des jours de la semaine définies par Visual Basic.

Tableau 4.1 – Constantes des jours de la semaine

Constante	Valeur	Description
vbSunday	1	Dimanche
vbMonday	2	Lundi
vbTuesday	3	Mardi
vbWednesday	4	Mercredi
vbThursday	5	Jeudi
vbFriday	6	Vendredi
vbSaturday	7	Samedi

La plupart des constantes définies par Visual Basic sont préfixées par les lettres en minuscules vb et nous vous conseillons d'utiliser au maximum ces **constantes**. Vous trouverez dans l'aide en ligne la totalité de ces constantes (à la rubrique Office 2013 > Référence du langage Visual Basic pour Applications pour Office 2013 > Référence du langage Visual Basic > Constantes).

OPÉRATEURS

Le terme opérateur est emprunté aux mathématiques et chacun sait ce que c'est puisque tout le monde a déjà utilisé l'opérateur de l'addition. Un opérateur est donc un symbole permettant une opération sur des données ; il existe plusieurs types d'opérateurs en fonction du type des données qui sont traitées. On distingue communément les opérateurs mathématiques, les opérateurs de comparaison et les opérateurs logiques.

Vous trouverez dans le tableau 4.2 une liste des principaux opérateurs de Visual Basic.

Si certains de ces opérateurs vous sont inconnus, reportez-vous à l'aide en ligne.

Tableau 4.2 – Opérateurs de Visual Basic

Opérateur	Signification
&	Provoque la concaténation de deux chaînes de caractères (ajoute la deuxième chaîne à la première)
*	Multiplie deux nombres
+	Ajoute deux nombres
-	Soustrait deux nombres ou inverse le signe d'un nombre
/	Divise deux nombres
\	Divise deux nombres en renvoyant un résultat entier
^	Élève un nombre à une puissance
=	Affecte une valeur à une variable ou bien compare deux valeurs entre elles
<	Opérateur de comparaison inférieur à
<=	Opérateur de comparaison inférieur ou égal à
>	Opérateur de comparaison supérieur à
>=	Opérateur de comparaison supérieur ou égal à
<>	Opérateur de comparaison différent de
And	Établit une conjonction logique entre deux expressions (ET logique)
Like	Compare deux chaînes de caractères
Mod	Renvoie un entier qui est le reste de la division de deux nombres (appelé aussi modulo)
Not	Établit la négation logique d'une expression
Or	Établit une disjonction logique entre deux expressions (OU logique)
Xor	Établit une exclusion logique entre deux expressions

Lorsqu'une formule contient plusieurs opérateurs, chaque opérateur est évalué (c'est-à-dire que l'opération est réalisée) dans un ordre prédéfini qu'on appelle **priorité des opérateurs**.

Dans les formules qui contiennent des opérateurs de différentes catégories, les opérateurs sont évalués dans l'ordre suivant : opérateurs arithmétiques, puis opérateurs de comparaison et enfin opérateurs logiques.

Les opérateurs de comparaison ont la même priorité ; c'est-à-dire qu'ils sont évalués dans leur ordre d'apparition, de gauche à droite. Les opérateurs arithmétiques et logiques sont évalués dans l'ordre de priorité qui est énoncé dans le tableau 4.3 (de la priorité la plus élevée à la priorité la plus basse).

Tableau 4.3 – Ordre de priorité des opérateurs

Arithmétique	Comparaison	Logique
Élévation à une puissance (**^**)	Égalité (**=**)	**Not**
Négation (**–**)	Inégalité (**<>**)	**And**
Multiplication et division (*****, **/**)	Infériorité (**<**)	**Or**
Division d'entiers (****)	Supériorité (**>**)	**Xor**
Modulo arithmétique (**Mod**)	Infériorité ou égalité (**<=**)	
Addition et soustraction (**+**, **–**)	Supériorité ou égalité (**>=**)	
Concaténation de chaînes (**&**)	**Like**	

Ainsi, pour un programmeur VBA, l'opération `3 * 2 + 5` ne revêt aucun caractère ambigu car l'ordre de priorité des opérateurs implique que la multiplication doit être réalisée avant l'addition.

Lorsqu'une même expression comprend une multiplication et une division, chaque opération est évaluée dans l'ordre d'apparition, de gauche à droite. Il en va de même des expressions contenant une addition et une soustraction. L'utilisation de parenthèses permet de modifier l'ordre de priorité afin qu'un élément d'une formule soit évalué avant les autres. Les opérations situées à l'intérieur de parenthèses sont toujours traitées avant les autres. La priorité des opérateurs s'applique cependant à l'intérieur des parenthèses.

Astuce

Si vous n'êtes pas certain de bien maîtriser l'ordre de priorité des opérateurs, utilisez des parenthèses pour lever toute ambiguïté. Au pire, vos parenthèses seront inutiles, mais vous gagnerez bien souvent en lisibilité.

L'opérateur de concaténation de chaînes (&) n'est pas un opérateur arithmétique, mais sa priorité est inférieure à celle des opérateurs arithmétiques et supérieure à celle des opérateurs de comparaison.

L'opérateur **Like**, qui a la même priorité que les opérateurs de comparaison, est en réalité un opérateur de comparaison avec des critères spéciaux.

MOTS CLÉS

Les mots clés sont les mots ou les symboles qui sont définis dans le langage Visual Basic. Il s'agit en quelque sorte du vocabulaire de base de VBA. Parmi les catégories de mots clés, on peut citer les instructions, les fonctions ou les opérateurs. Quand vous choisissez le nom d'une variable (on appelle cela un **identificateur**, c'est-à-dire un nom qui identifie), il est préférable que ce nom ne soit pas celui d'un mot clé. Même si cela n'est pas interdit, il vaut mieux, pour des raisons de lisibilité, ne pas utiliser le nom d'une fonction pour nommer une variable. Ainsi, l'instruction suivante est syntaxiquement valide, mais peu recommandée (SQR est le nom d'une fonction qui calcule la racine carrée) :

```
Dim Sqr As Double
```

C'est pour cette raison qu'il est préférable de connaître la liste des mots clés du langage, même si on en ignore la signification exacte.

Vous trouverez dans le tableau 4.4 une liste de mots clés particuliers de Visual Basic ; ces mots clés sont classés à part dans la documentation de Visual Basic car ils appartiennent à plusieurs catégories et peuvent être employés dans plusieurs contextes (c'est le cas, par exemple, de `Date` qui peut être un type de données, une fonction ou une instruction) ou représentent une valeur particulière (c'est le cas de `True`, `False`, `Null` et `Empty`).

Tableau 4.4 – Mots clés de Visual Basic

As	Binary	ByRef	ByVal
Date	Else	Empty	Error
False	For	Friend	Get
Input	Is	Len	Let
Lock	Me	Mid	New
Next	Nothing	Null	On
Option	Optional	ParamArray	Print

Private	Property	PtrSafe	Public
Resume	Seek	Set	Static
Step	String	Then	Time
To	True	WithEvents	

Il existe cependant une catégorie de mots spéciaux qu'on appelle **mots réservés**. Il est strictement interdit d'utiliser ces mots en tant qu'identificateurs. Ainsi le fait de déclarer une variable du nom « Option » provoque une erreur dans l'éditeur Visual Basic.

Le tableau 4.5 donne la liste des mots réservés de Visual Basic.

Tableau 4.5 – Mots réservés

And	Any	As	Boolean
Byte	ByVal	Call	Case
Close	Const	Currency	Date
Decimal	Double	Debug	Declare
Dim	Do	Each	Else
Elseif	End	Endif	Erase
Eqv	Exit	False	For
Function	Get	Global	GoSub
GoTo	If	Imp	Integer
Let	Like	Local	Long
Loop	Lset	Me	New
Next	Not	Nothing	Null
On	Open	Option	PsetOr
Private	Public	ReDim	Rem
Resume	Return	RSet	Set
Single	Static	Stop	String
Sub	To	True	Type
Typeof	Until	Variant	Wend
While	With	Xor	

INSTRUCTIONS

Visual Basic compte un peu moins de 80 instructions (ou commandes). Nous avons déjà étudié la commande `Dim` qui permet de déclarer une variable. Nous examinerons au fil de cet ouvrage les commandes les plus importantes et vous vous apercevrez bien vite qu'elles n'excèdent pas la vingtaine. Il faut pourtant connaître le nom de toutes les commandes, ne serait-ce que pour éviter de les employer comme nom de variable. Le tableau 4.6 inventorie toutes les commandes de Visual Basic.

Tableau 4.6 – Commandes de VBA

AppActivate	Beep	Call
ChDir	ChDrive	Close
Const	Date	Declare
Deftype	DeleteSetting	Dim
Do...Loop	End	Enum
Erase	Error	Event
Exit	FileCopy	For Each...Next
For...Next	Function	Get
GoSub...Return	GoTo	If...Then...Else
Implements	Input #	Kill
Let	Line Input #	Load
Lock	LSet	Mid
MidB	MkDir	Name
On Error	On...GoSub	On...GoTo
Open	Option Base	Option Compare
Option Explicit	Option Private	Print #
Private	Property Get	Property Let
Property Set	Public	Put
RaiseEvent	Randomize	ReDim
Rem	Reset	Resume
RmDir	RSet	SaveSetting

Seek	Select Case	SendKeys
Set	SetAttr	Static
Stop	Sub	Time
Type	Unload	While...Wend
Width #	With	Write #

CONCLUSION

Nous venons de passer en revue les principaux éléments du langage VBA et vous devez à présent mieux comprendre les différentes catégories grammaticales du langage. Si on tente de catégoriser le langage Visual Basic, on s'aperçoit qu'il existe en fait trois types d'instructions :

- les instructions de déclaration qui déclarent une variable ou une constante,
- les instructions d'affectation qui attribuent une valeur à une variable ou à une constante,
- les instructions exécutables qui modifient le déroulement d'un programme ou bien exécutent une fonction.

Dans les chapitres qui suivent, nous allons approfondir certaines notions du langage VBA, notamment les variables, les tests, les boucles, les procédures et les fonctions.

5

Variables et tableaux

Dans ce chapitre, nous allons approfondir la notion de variable et notamment aborder le concept fondamental de type de données. Ensuite nous étudierons une caractéristique importante des variables : leur visibilité. Puis nous examinerons les tableaux qui sont des variables un peu particulières qui rendent d'éminents services quand on programme.

TYPES DE DONNÉES

Pendant toute notre enfance, nos instituteurs nous ont répété (à juste titre) qu'il ne fallait pas additionner des choux et des carottes. Cette règle est valable aussi en informatique pour les variables. Soit le programme suivant :

```
Sub erreur_type()
Dim age
Dim prenom
Dim c
age = 20
prenom = "Dominique"
c = age + prenom
End Sub
```

Ce programme déclare trois variables nommées `age`, `prenom` et `c`, puis affecte une valeur à `age` et à `prenom` ; enfin, il affecte une valeur à la variable c en lui assignant le résultat de l'addition des variables `age` et `prenom`. Si l'on exécute ce programme, on obtient le message suivant (figure 5.1) :

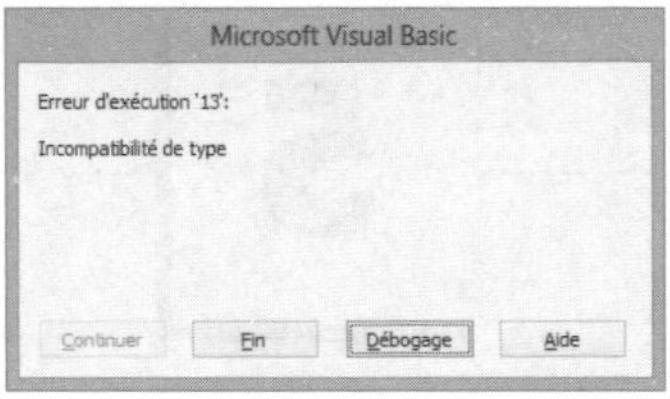

Figure 5.1 – Le programme contient une erreur de type

Le message est assez clair et il signifie que l'on ne doit pas additionner un prénom et un âge ; le programme ne sait pas ajouter le nombre 20 au prénom Dominique et cela n'a aucun sens pour lui. Ce message d'erreur attire notre attention sur la notion de type de données. Nous avons dit précédemment qu'un programme manipulait des informations, mais il faut reconnaître que la notion d'information est très vague. Pourtant, chacun fait spontanément des différences entre certains types d'informations. Ainsi, la distinction entre données textuelles et données numériques est communément admise car les types de traitement auxquels on peut soumettre ces données ne sont pas identiques. On peut diviser deux nombres et mettre un texte en majuscules, mais pas l'inverse. Afin de faciliter le traitement des données, les langages de programmation possèdent des catégories d'information que l'on appelle types de données. Un type de données subdivise donc l'information en différentes catégories et il convient, chaque fois que l'on souhaite déclarer l'existence d'une variable, de préciser également son type de données. Le nombre de types de données pris en charge varie d'un langage de programmation à l'autre.

Le tableau 5.1 indique les types de données gérés par Visual Basic ainsi que la plage d'informations gérée par chaque type.

Tableau 5.1 – Types de données en Visual Basic

Type de données	Plage
Boolean	True et False
Byte	Nombre de 8 bits (1 octet) non signé, compris entre 0 et 255
Currency	Nombres de 64 bits (8 octets) au format entier, avec un décalage de 10 000 afin d'obtenir un nombre à virgule fixe comprenant 15 chiffres à gauche du séparateur décimal et 4 chiffres à droite. Cette représentation offre une plage comprise entre -922 337 203 685 477,5808 et 922 337 203 685 477,580

Type de données	Plage
Date	Nombres à virgule flottante de 64 bits (8 octets) représentant des dates comprises entre le 1er janvier 100 et le 31 décembre 9999, et des heures allant de 0:00:00 à 23:59:59
Decimal	Entiers de 96 bits (12 octets), signés, décalés d'une puissance de 10 variable. Le facteur de décalage (puissance de 10), qui définit le nombre de chiffres situés à droite du séparateur décimal, est compris entre 0 et 28. Avec un décalage de 0 (pas de décimales), la valeur maximale est +/-79 228 162 514 264 337 593 543 950 335. Avec 28 décimales, la valeur maximale est +/-7,9228162514264337593 543950335 et la valeur minimale différente de zéro est +/-0,0000000000000000000000000001
Double	Nombres à virgule flottante de 64 bits (8 octets) dont la valeur est comprise entre -1,79769313486231E308 et -4,94065645841247E-324 pour les nombres négatifs et entre 4,94065645841247E-324 et 1,79769313486231E308 pour les positifs
Integer	Nombres de 16 bits (2 octets) dont la valeur est comprise entre -32 768 et 32 767
Long	Nombres signés de 32 bits (4 octets) dont la valeur est comprise entre -2 147 483 648 et 2 147 483 647
LongLong	Nombres signés 64 bits (8 octets) dans une plage de valeurs allant de -9 223 372 036 854 775 808 à 9 223 372 036 854 775 807
LongPtr	Nombres signés 32 bits (4 octets) dans une plage de valeurs allant de -2 147 483 648 à 2 147 483 647 sur des systèmes 32 bits, et en tant que nombres signés 64 bits (8 octets) dans une plage de valeurs allant de -9 223 372 036 854 775 808 à 9 223 372 036 854 775 807 sur des systèmes 64 bits
Object	Adresses 32 bits (4 octets) qui font référence à des objets
Single	Nombres à virgule flottante de 32 bits (4 octets) dont la valeur est comprise entre -3,402823E38 et -1,401298E-45 pour les nombres négatifs et entre 1,401298E-45 et 3,402823E38 pour les positifs
String	Chaînes de caractères de longueur variable pouvant contenir environ 2 milliards (2^{31}) de caractères
Variant	Type de données spécial pouvant contenir des données de toutes sortes

Remarque

Les types de données LongLong et LongPtr ont été introduits dans Office 2010 pour prendre en compte la version 64 bits d'Office 2010. Dans le cadre de cet ouvrage, nous n'évoquerons pas les différences entre les versions 32 bits et 64 bits d'Office 2013.

Pour préciser le type de données d'une variable, il faut faire suivre le nom de la variable du mot clé `As` et préciser ensuite le type de données, comme dans l'exemple suivant :

```
Dim premier As Variant
Dim jour As Integer
```

Il est possible de grouper les déclarations de variables sur une seule et même ligne, mais le programme perd en lisibilité :

```
Dim premier As Variant, jour As Integer
```

Parmi les types de données que nous venons de lister, certains types sont très souvent employés et nous allons nous y attarder. En fait, si l'on examine ces types de données, on s'aperçoit qu'il existe un type pour gérer les dates, un type pour gérer les caractères, une dizaine de types pour gérer les nombres et un type fourre-tout. Nous laissons de côté, pour l'instant, le type Object, sur lequel nous reviendrons.

Comment exécuter les programmes ?

Au fur et à mesure de l'apprentissage de VBA, vous allez être amené à exécuter les programmes que vous aurez écrits. Nous avons déjà vu comment associer un raccourci clavier ou une icône à une macro (chapitre 2). Vous pouvez aussi, quand vous travaillez avec Word ou Excel, utiliser la commande Macros de l'onglet Développeur pour faire afficher la liste des macros disponibles ; dans cette boîte de dialogue, sélectionnez la macro dont vous voulez lancer l'exécution et cliquez sur le bouton **Exécuter**.
Bien souvent, vous voudrez également tester un petit programme de quelques lignes pour voir son comportement (vous voulez, par exemple, recopier un listing de code de cet ouvrage et étudier la manière dont il fonctionne). Il suffit alors de vous placer dans l'éditeur Visual Basic et d'afficher la fenêtre de code. Saisissez ensuite votre programme en n'oubliant pas de le délimiter par les mots clés **Sub** et **End Sub**. Pour exécuter votre programme, il suffit de placer le curseur à l'intérieur du code et d'appuyer sur la touche de fonction F5.

Les dates

Les dates sont gérées en Visual Basic comme dans Excel, c'est-à-dire qu'elles sont stockées en mémoire sous la forme de nombres. Pour vous en persuader, écrivez dans l'éditeur le petit programme suivant :

```
Sub datetest()
Dim x As Date
x = 1
' La fonction MsgBox affiche une boîte de dialogue
MsgBox (x)
End Sub
```

Si on exécute ce programme, on obtient la réponse suivante : 31/12/1899.

Conseil

Quand un des exemples de cet ouvrage fait moins d'une dizaine de lignes de code, n'hésitez pas à le saisir dans la fenêtre de code de l'éditeur de programmes et à l'exécuter. En agissant de la sorte, vous vous familiarisez rapidement avec l'environnement de développement intégré.

Heureusement, Visual Basic convertit automatiquement le format interne de date en un format beaucoup plus lisible par les êtres humains ; ce n'est donc pas 1 qui est affiché, mais le 30 décembre 1899. Il faut cependant garder à l'esprit que les dates sont des nombres. Cette propriété est d'ailleurs très pratique quand on veut faire certains calculs. Si un fournisseur autorise les paiements à 90 jours, il suffit pour connaître la date d'échéance de calculer `Date + 90`.

Essayez la formule suivante dans un programme :

```
MsgBox (Date + 90)
```

Vous verrez que la boîte de dialogue affiche la date système augmentée de 90 jours.

Voici un autre petit programme pour bien vous montrer que les dates sont gérées comme des nombres ; ce programme affiche le nombre affecté à la date du jour :

```
Sub datetest2()
Dim vardate As Date
Dim varnum As Long
vardate = Date
' Initialise vardate avec la date du jour
```

```
varnum = vardate
' Stocke dans varnum le numéro du jour de la date système
MsgBox (varnum)
' Affiche ce numéro
End Sub
```

Dans la mesure où `varnum` est une variable de type numérique, elle contient le nombre de jours écoulés depuis le 30/12/1899 ; il n'y a donc pas de conversion automatique du nombre en date et c'est bien un nombre qui s'affiche.

Vous devez également retenir que les nombres entiers négatifs représentent des dates antérieures au 30 décembre 1899.

Si un nombre décimal représente une date, les valeurs situées à gauche du séparateur décimal représentent la date, tandis que celles situées à droite correspondent à l'heure. Minuit est représenté par 0 et midi, par 0,5. Ainsi l'exécution du programme suivant :

```
Dim x As Date
x = 41240.5
MsgBox (x)
```

affichera **27/11/2012 12:00:00**.

Tout cela est très clair mais une question se pose : quand on veut affecter une valeur à une variable de date, est-il nécessaire de lui fournir un nombre ? Bien évidemment, la réponse est négative. Les variables de type `Date` acceptent d'être initialisées (**initialiser** signifie donner une valeur initiale à une variable) par des valeurs qu'on appelle **littérales**, c'est-à-dire des dates écrites en clair. Par exemple pour affecter la valeur du 1er janvier 2002 à la variable `PassageEuro`, vous pouvez utiliser la méthode suivante :

```
Dim PassageEuro As Date
PassageEuro = #1/1/2002#
```

Comme vous l'aurez remarqué, les dates au format littéral doivent être encadrées par le symbole dièse.

Le **format littéral de date** que vous devez utiliser dépend des options régionales qui sont définies dans le Panneau de configuration (onglet Date, Format de date court).

De toutes les manières, si vous saisissez dans l'éditeur de programmes, le littéral `#01/01/02#`, l'éditeur convertit automatiquement cette date au format `#1/1/2002#`. Il fera de même si vous entrez la date au format américain :

```
PassageEuro = #January 1, 2002#
```

Il est également possible de saisir les dates avec d'autres formes de littéraux, comme par exemple :

```
PassageEuro = "1 janvier 2002"
```

ou bien même encore :

```
PassageEuro = "1 janvier 02"
```

Nous vous conseillons toutefois d'utiliser le format standard, à savoir #JJ/MM/AAAA#.

Les caractères

Les données de type caractère sont appelées **chaînes de caractères**, parfois **string** (nom anglais qui signifie chaîne) ou bien encore **texte**. Ces informations, qui sont délimitées par le caractère guillemet ("), peuvent contenir du texte de n'importe quelle longueur. Une chaîne de caractères peut contenir un seul caractère, comme un millier de caractères. Elle peut même être vide, c'est-à-dire ne contenir aucun caractère. Voici quelques exemples d'initialisation de variables caractères :

```
Dim prenom As String
Dim citation As String
Dim insee As String
Dim adresse As String
Dim vide As String
prenom = "Marcel"
citation = "Longtemps, je me suis couché de bonne heure."
insee = "2721070094075"
adresse = "36 quai des Orfèvres"
vide = "" ' il n'y a aucun espace entre les deux guillemets
```

Comme vous pouvez le voir, une chaîne de caractères ne contient pas que des lettres et peut renfermer des chiffres ou un mélange des deux. La variable insee qui stocke un numéro de sécurité sociale n'est composée que de chiffres, mais on la considère comme une chaîne de caractères et non pas comme un nombre. Pour savoir si une donnée qui ne comporte que des chiffres doit être déclarée comme une variable caractère ou bien comme une variable numérique, il suffit de se poser la question suivante : doit-on faire des calculs avec cette information ? Il est fort peu probable qu'on doive additionner des numéros de sécurité sociale ou bien des numéros de téléphone et quand vous aurez à manipuler ce genre d'informations, vous les initialiserez donc en tant que variable de type `String`.

Les nombres

Nous avons vu qu'il existe une dizaine de types différents pour gérer les nombres (nous incluons le type `Boolean` dans les types numériques). Cette pléthore est de nature à perturber les apprentis programmeurs car s'il faut passer en revue chaque type de données numérique pour savoir lequel choisir quand on veut définir une variable, on risque de se perdre dans des questions métaphysiques. En fait, il faut comprendre la raison de cette abondance ; au début de l'histoire de l'informatique, la mémoire était rare et excessivement coûteuse. Il fallait alors économiser chaque bit de mémoire vive et si on désirait manipuler un nombre de 8 bits (de 0 à 255), il fallait donc réserver 8 bits dans la mémoire et pas un de plus. De là vient cette quantité de types de données numériques différents. Aujourd'hui, la donne a beaucoup changé et on n'en est plus vraiment à quelques octets près ; cependant, pour des raisons de compatibilité, on a gardé tous les types de données. En pratique, vous utiliserez seulement deux ou trois types de données numériques et notamment le type `Boolean` pour les variables binaires, le type Integer pour les petits entiers et le type `Double` pour les entiers longs ou les nombres décimaux.

Vous noterez d'ailleurs que dans un exemple précédent de déclaration d'une variable qui sert à stocker le numéro du jour d'une date, nous avons défini la variable jour avec le type de données `Integer` ; cela ne se justifie pas car une déclaration en tant que `Byte` aurait amplement suffi dans la mesure où il n'y a pas plus de 31 jours dans un mois. Comme vos programmes ne font pour l'instant que quelques dizaines de lignes, il faut bien admettre que ce type de gaspillage est sans conséquence sur la rapidité de vos macros, mais pourquoi ne pas prendre tout de suite de bonnes habitudes et œuvrer pour le développement durable en ne consommant que le strict minimum de mémoire nécessaire ?

Voici quelques exemples d'initialisation de variables :

```
Dim i As Byte
Dim entier As Integer
Dim euro As Double
Dim majeur As Boolean
i = 100
entier = 32000
euro = 6.55957
majeur = True
```

Même si nous vous avons incité à économiser la mémoire lors de la déclaration de vos variables, il ne faut pas non plus tomber dans l'excès inverse et être trop chiche. En effet, si vous visez trop juste, vous obtiendrez des erreurs. Ainsi, les deux lignes suivantes provoquent une erreur d'exécution n° 6 (dépassement de capacité) :

```
Dim i As Byte
i = 256
```

L'**erreur de dépassement de capacité** indique que vous avez dépassé la plage autorisée pour le type de données que vous avez déclaré. Le type `Byte` définit une plage de valeurs de 0 à 255 ; 256 étant en dehors de cette plage, il se produit une erreur.

Type de données Variant

Le type de données `Variant` est attribué à toutes les variables qui ne sont pas explicitement déclarées à l'aide de l'instruction `Dim` ou bien à celles qui sont déclarées avec `Dim` sans précision de type. Il s'agit donc d'un type de variable par défaut, mais la particularité est que le type `Variant` peut contenir des données de n'importe quel autre type et on peut ainsi dire que `Variant` est sans type. Il est donc clair que si vous avez du mal à maîtriser les notions de types de données, `Variant` est pour vous la solution miracle. Dans la pratique, `Variant` réalise pour vous, en arrière-plan, tout le travail de typage des variables et essaye de déterminer au mieux le type des variables que vous utilisez. Mais ce qui peut apparaître comme une simplification du travail du programmeur comporte néanmoins des inconvénients. Le principal inconvénient est que le travail que vous ne faites pas, Visual Basic doit le faire à votre place et cela peut avoir des conséquences sur la vitesse d'exécution des programmes. L'autre problème est que si vous n'utilisez que des variables de type `Variant` dans votre programme, la lisibilité de ce dernier va diminuer. Il faut donc utiliser les variables `Variant` à bon escient et il est préférable, chaque fois que cela est possible, d'utiliser un autre type de données. Si vous voulez tester rapidement un programme, ce style de variable fourre-tout peut se révéler très pratique, mais il ne faut surtout pas en abuser.

Les erreurs de type

Attribuer le bon type de données à une variable est très important car cela va conditionner les traitements qu'on va pouvoir lui faire subir.

Une des principales sources d'erreur des néophytes provient en effet des erreurs de type. Comme nous l'avons vu précédemment, essayer d'additionner un nombre et une chaîne de caractères provoque une erreur de type. En revanche, si on additionne deux nombres, il n'y aura pas de problème ; de même si on ajoute deux chaînes de caractères, elles seront mises bout à bout et n'en formeront plus qu'une (on appelle cela une **concaténation**). L'autre erreur de type classique survient quand vous fournissez un paramètre qui a un type différent de celui qui est attendu. Prenons un exemple : la fonction Sqr (pour Square root) renvoie la racine carrée d'un nombre qu'on lui passe comme paramètre. Ainsi, le programme suivant produira une erreur de type :

```
Dim chaine As String
chaine = "neuf"
MsgBox (Sqr(chaine))
End Sub
```

Mais assez curieusement, l'exemple suivant affichera la valeur 3 (qui est bien la racine carrée de 9) :

```
Dim chaine As String
chaine = "9"
MsgBox (Sqr(chaine))
End Sub
```

On remarquera que Visual Basic est donc très tolérant (les puristes diront même qu'il est laxiste !) et qu'il fait tout pour nous arranger. La variable chaine est bien une variable de type caractère, mais comme elle ne contient que des chiffres, Visual Basic l'interprète comme un nombre étant donné que la fonction Sqr attend une donnée numérique. Nous vous conseillons, afin de prendre de bonnes habitudes, de ne pas trop céder à la facilité et de bien faire attention aux types de vos variables. Pour éviter les erreurs de type, il est souvent nécessaire de convertir un type de données en un autre type de données. Visual Basic dispose pour cela de toute une panoplie de fonctions de conversion de type.

Les expressions

Le concept d'expression est malheureusement assez flou et Microsoft le définit comme une combinaison de mots clés, d'opérateurs, de variables et de constantes générant une chaîne, un nombre ou un objet. Cette définition ne nous avance guère et nous définirons une expression comme une suite d'éléments du langage Visual Basic à laquelle on peut attribuer un type de données. On parlera ainsi d'expression numérique, d'expression de chaîne (ou expression caractère), d'expression de date ou bien encore d'expression logique (ou booléenne).

Déterminer le type d'une expression n'est pas toujours évident si l'expression est extraite de son contexte. Ainsi, on ne peut pas dire quel est le type de l'expression suivante :

A + B

On peut juste dire qu'il s'agit d'une expression puisque la formule contient des variables et un opérateur, mais tant que l'on ne connaît pas le contenu des variables A et B, on ne peut savoir le type de cette expression. Le plus simple pour appréhender le concept d'expression est sans doute d'examiner quelques exemples.

Expressions numériques

Il s'agit d'une formule dont le résultat doit obligatoirement être un nombre. Voici des exemples d'expressions numériques :

```
7
159.45
123 + 45
Sqr (25)
Int((99 * Rnd) + 1)
```

Expressions de type caractère

Il s'agit d'une formule dont le résultat doit obligatoirement être une chaîne de caractères. Voici des exemples d'expressions de chaîne :

```
"Dominique"
"Dominique" & " " & "MANIEZ"
Mid("2721171054079", 4, 2)
"00" + Right(Str(Val(Chr(Asc("7")))), 1)
```

Expressions de date

Il s'agit d'une formule dont le résultat peut être interprété comme une date. Il peut s'agir d'une date, de nombres ayant l'aspect de dates, de chaînes ressemblant à des dates et de dates renvoyées par des fonctions. Une expression de date ne peut contenir que des combinaisons de chiffres et de chaînes représentant une date comprise entre le 1er janvier 100 et le 31 décembre 9999. Voici des exemples d'expressions de date :

```
Date
Date + 30
```

```
DateSerial(2002, 1, 1)
CDate("15/05/1987") + 10
```

Expressions logiques

Il s'agit d'une formule dont le résultat doit obligatoirement être vrai (`True`) ou faux (`False`). Voici des exemples d'expressions logiques :

```
True
False
X = 2
x > nbjours
```

Les expressions logiques sont le type même d'expression des conditions qui servent lors des tests conditionnels `If Then` (voir le chapitre 6) ou bien dans les boucles `Do Loop` (voir le chapitre 7).

VISIBILITÉ DES VARIABLES

Le concept de visibilité des variables (on parle également de **portée**) n'est pas évident à saisir pour un débutant. Si vous ne réalisez que de courtes macros autonomes, vous n'en aurez d'ailleurs absolument pas besoin. Il n'est cependant pas inutile de dévoiler les grandes lignes de la notion de visibilité des variables car c'est un problème que vous rencontrerez très certainement dans votre apprentissage de VBA si vous réalisez des programmes moyennement complexes. De quoi s'agit-il ? Quand vous utilisez une variable dans une macro, tout se passe bien, mais il arrivera forcément un jour où vous serez obligé de concevoir un programme qui se compose de plusieurs macros ou d'une macro et d'un formulaire. La question qui se pose est alors la suivante : une variable d'une macro est-elle visible dans une autre macro ? On peut formuler la question autrement : est-ce qu'une macro peut accéder (en lecture ou en écriture) à la valeur d'une variable qui a été définie dans une autre macro ? Considérons l'exemple suivant qui se compose de deux macros :

```
Sub Macro1()
Dim prenom
prenom = "Dominique"
End Sub

Sub Macro2()
Dim nom
```

```
nom = "Maniez"
MsgBox (prenom + " " + nom)
End Sub
```

La première macro, Macro1, se contente de déclarer et d'initialiser la variable prenom. La deuxième macro, Macro2, déclare et initialise la variable nom puis utilise la fonction `MsgBox` qui permet d'afficher une boîte de dialogue. On pourrait penser que la fonction affiche le prénom suivi du nom, mais en fait, il n'en est rien.

Si vous recopiez ces deux macros dans l'éditeur de programmes et exécutez Macro1 puis Macro2, il ne s'affichera que la variable nom. La raison en est assez simple : les variables n'ont qu'une portée locale, ce qui signifie qu'elles ne sont visibles qu'à l'intérieur de la macro dans laquelle elles ont été déclarées. La variable prenom ne peut donc être vue que dans Macro1. Dans Macro2, quand la fonction `MsgBox` veut afficher la valeur de la variable prenom, il ne s'agit pas de la variable déclarée dans Macro1. En effet, Macro2 considère que prenom est une nouvelle variable qui est déclarée de manière implicite et qui n'a aucune valeur. Il est donc parfaitement normal que seul le nom soit affiché puisque la variable prenom est vide.

Pour que la macro Macro2 puisse afficher la variable `prenom` déclarée dans Macro1, il faut modifier la visibilité de la variable prenom. Pour ce faire, il faut placer la déclaration de la variable dans un endroit spécial du programme : la **section Déclarations**. Au sommet de la fenêtre de code, il y a deux listes déroulantes ; dans la liste déroulante de droite, il y a la liste de toutes les macros du module, un module étant un élément de l'éditeur Visual Basic qui regroupe des macros. Cette liste déroulante permet d'accéder rapidement au code d'une macro particulière quand un module comporte de nombreuses macros.

Le premier élément de cette liste a pour nom (Déclarations). Il ne s'agit pas du nom d'une macro, mais de l'emplacement dans lequel vous allez pouvoir déclarer les variables que vous voulez utiliser dans toutes les macros du module.

Pour saisir une variable dans cet emplacement, cliquez sur la liste déroulante de droite et choisissez l'élément (Déclaration). Dans la fenêtre de code, saisissez l'instruction `Dim` suivie du nom de la variable (figure 5.2).

```
(Général)                    (Déclarations)
Option Explicit
Dim prenom
Sub Macro1()
prenom = "Dominique"
End Sub
Sub Macro2()
Dim nom
nom = "Maniez"
MsgBox (prenom + " " + nom)
End Sub
```

Figure 5.2 – Création d'une variable dans la section Déclarations

Si vous exécutez à nouveau Macro1 (positionnez-vous dans le code et appuyez sur la touche de fonction F5) puis Macro2, vous verrez que cette fois-ci le prénom et le nom sont affichés.

La portée de la variable prenom a été modifiée : elle est désormais visible dans l'ensemble des macros du module. Si vous souhaitez que la variable soit également visible dans les autres modules (vous pouvez en effet créer autant de modules que vous le voulez dans un même document), il faut remplacer l'instruction `Dim` par le mot clé `Public`.

Conseil

On pourrait être tenté, afin d'anticiper les problèmes de visibilité des variables, de déclarer toutes les variables dont on a besoin dans l'ensemble des macros d'un module dans la section Déclarations. De la sorte, chaque variable pourrait être visible depuis n'importe quelle macro. Si vous avez un grand nombre de variables, cette solution n'est guère envisageable car vous risquez de créer plus de problèmes que vous n'en résolvez. En effet, le fait qu'une variable ne soit visible qu'à l'intérieur de la macro dans laquelle elle a été déclarée n'est pas toujours un problème ; elle est ainsi protégée contre les éléments extérieurs et cela peut se révéler utile dans certains cas. Il ne faut donc inclure dans la section des déclarations que les variables qui entrent en jeu dans plusieurs macros.

TABLEAUX

Au fur et à mesure que vous allez apprendre à programmer, vous vous trouverez dans des situations où vous allez utiliser des variables qui représentent des données similaires. Vous pouvez ainsi vouloir stocker les noms des jours de la semaine dans des variables, comme dans l'exemple (on a ici déclaré les variables de manière implicite ce qui n'est pas bien, mais on est un peu pressé...) :

```
jour1 = "lundi"
jour2 = "mardi"
jour3 = "mercredi"
jour4 = "jeudi"
jour5 = "vendredi"
jour6 = "samedi"
jour7 = "dimanche"
```

De la même manière, on pourrait aussi déclarer les noms des élèves d'une classe, les jours de l'année, les noms des joueurs d'une équipe de frisbee, etc.

Cette façon de procéder, même si elle est correcte, n'est pas très efficace car elle va empêcher tout traitement automatique de la liste (des jours, des élèves, des joueurs, etc.). Il existe donc en Visual Basic une autre structure de données qui permet de résoudre ce genre de problèmes : les tableaux.

Ne confondez pas les tableaux qui sont des variables avec les tableaux Word ou les tableaux Excel. On utilise le même terme en français, mais les réalités sont bien différentes. Dans le contexte de la programmation, tableau traduit le terme anglais *array* qui signifie aussi matrice.

Un tableau est une liste de données qui représentent un même type d'informations. On appelle éléments les données qui composent la liste. Comme les variables, les tableaux ont un nom qui sert à les manipuler. Pour différencier chaque élément d'un tableau, on leur attribue un numéro que l'on nomme indice. Le nom d'un élément d'un tableau est composé du nom du tableau suivi de son numéro d'indice. Si l'on veut transformer le code précédent pour utiliser un tableau à la place des 7 variables individuelles, cela donne le résultat suivant :

```
Dim jours(6) As String
jours(0) = "lundi"
jours(1) = "mardi"
jours(2) = "mercredi"
jours(3) = "jeudi"
jours(4) = "vendredi"
jours(5) = "samedi"
jours(6) = "dimanche"
```

Vous pouvez alors constater plusieurs choses :

- On déclare un tableau avec l'instruction `Dim` (comme pour les variables).

- Le nombre d'éléments (moins 1) du tableau est inscrit entre parenthèses après le nom du tableau.
- On peut attribuer un type de données au tableau.
- La numérotation des éléments du tableau commence à zéro.

Pour utiliser un élément de tableau, il suffit d'indiquer son indice, comme dans l'exemple suivant :

```
MsgBox jours(3) ' Affiche jeudi
```

L'avantage de ce système est que l'on peut utiliser une variable à la place de l'indice de l'élément :

```
numjour = 4
MsgBox jours(numjour) 'Affiche vendredi
```

Cette possibilité va permettre, notamment grâce à des boucles (voir le chapitre 7), de traiter automatiquement l'ensemble des éléments d'une liste.

Remarque

Vous trouverez parfois, dans la littérature informatique, les tableaux désignés sous l'appellation de variables indicées. Cela signifie tout simplement qu'il s'agit de variables munies d'un numéro (un indice).

Dans l'exemple que nous avons pris, nous connaissons *a priori* le nombre des éléments du tableau (en l'occurrence 7). Il arrivera souvent que vous ayez à manipuler des tableaux dont vous ne connaissez pas à l'avance le nombre d'éléments. Il faut alors déclarer un **tableau dynamique** dont vous pourrez modifier la taille à l'aide de l'instruction `Redim` (redimensionner). On déclare un tableau dynamique en ne précisant pas le nombre d'éléments lors de la déclaration (les parenthèses sont vides).

Vous pouvez redimensionner autant de fois que vous le souhaitez un tableau dynamique, comme l'illustre l'exemple suivant :

```
Dim notes() As Byte
ReDim notes(2)
notes(0) = 15
notes(1) = 12
notes(2) = 17
ReDim Preserve notes(4)
notes(3) = 8
notes(4) = 16
```

Vous remarquerez l'utilisation du mot clé `Preserve` qui permet de redimensionner un tableau existant tout en conservant les valeurs qu'il contient.

CONCLUSION

Il est rigoureusement impossible d'écrire des macros sans utiliser des variables. C'est la raison pour laquelle il convient de bien comprendre leur fonctionnement (déclaration, type de données, portée). Les tableaux qui sont un type de variable spécial facilitent beaucoup la vie des programmeurs et il faut au moins apprendre à maîtriser les rudiments des tableaux à une seule dimension (certains tableaux peuvent en effet avoir plusieurs dimensions, mais pour des raisons de simplification, nous préférons ne pas aborder ce sujet). N'hésitez pas à vous lancer et à écrire de petits programmes qui déclarent et manipulent des variables afin de mieux comprendre leur fonctionnement. Même si ces petits programmes ne marchent pas du premier coup et n'ont pour l'instant pas une grande utilité, vous ne risquez absolument rien à essayer de les créer.

6

Tests conditionnels

Si la vie n'est pas toujours un long fleuve tranquille, il en va de même de certains programmes. En effet, le déroulement séquentiel des instructions n'est qu'exceptionnel car, comme dans la vraie vie, il survient très souvent des complications, des obstacles et des problèmes qui viennent bouleverser la linéarité des choses. On est par conséquent obligé de faire des choix et nous allons étudier dans ce chapitre les commandes qui permettent de contrôler l'exécution des instructions.

QU'EST-CE QU'UN TEST CONDITIONNEL ?

Sous ce nom barbare, on désigne en fait une réalité assez simple que l'on accomplit quotidiennement car notre vie est faite de choix, petits ou grands : essence ou diesel, Internet Explorer ou Firefox, Google ou Bing ? Aucun programme informatique ne peut traiter ces dilemmes, mais on retrouve dans les macros cette forme d'interrogation ; en effet, si l'on veut par exemple écrire un programme qui affiche le calendrier du mois en cours, il faut prévoir le nombre de jours exact du mois en cours. Comme les mois peuvent avoir 28, 29, 30 ou 31 jours, des tests conditionnels vont nous permettre de régler ce problème. On appelle test conditionnel une commande qui pose une question au programme et qui exécute une action en fonction de la réponse donnée. Si on voulait donner un exemple de test conditionnel dans la vie de tous les jours, cela donnerait :

```
Si le chocolat qu'on me propose contient au moins 70% de cacao,
J'en prends deux carrés
Sinon
Je refuse poliment en prétextant un régime.
```

L'informatique étant assez binaire, il est impératif qu'à la question posée, on ne puisse répondre que par oui ou par non. Dans un test conditionnel, le programme va évaluer une **condition logique**, c'est-à-dire déterminer si un énoncé est vrai ou faux. Dans notre exemple, la condition logique est :

ce chocolat comporte-t-il au moins 70 % de cacao ?

Dans une macro, les conditions logiques sont bien évidemment différentes, mais on doit néanmoins toujours pouvoir leur assigner la valeur **Vrai** (`True`) ou **Faux** (`False`). Voici quelques exemples de conditions logiques :

```
Age >= 18
Montant = 1000
Prenom = "Dominique"
Jour > Date
```

If Then Else

En fonction des valeurs assignées aux variables, le programme peut décider si chacun de ces énoncés logiques est vrai ou faux. Pour réaliser un test conditionnel en Visual Basic, on se servira de la commande `If Then Else` qui signifie en anglais Si Alors Sinon.

Afin de mieux comprendre son fonctionnement, vous allez saisir un petit programme et l'exécuter. Si cela n'est déjà fait, lancez Word et ouvrez l'éditeur Visual Basic. Dans la fenêtre de code, saisissez le programme suivant :

```
Sub testcond()
Dim varnum As Byte
varnum = InputBox("Entrez un nombre entier entre 0 et 255")
If varnum Mod 2 = 0 Then
MsgBox ("Ce nombre est pair")
Else
MsgBox ("Ce nombre est impair")
End If
End Sub
```

Une fois que le programme est saisi, retournez dans Word et appuyez sur la touche ALT + F8, sélectionnez la macro testcond et cliquez sur le bouton Exécuter.

Une boîte de dialogue s'affiche et vous demande de saisir un nombre (figure 6.1) :

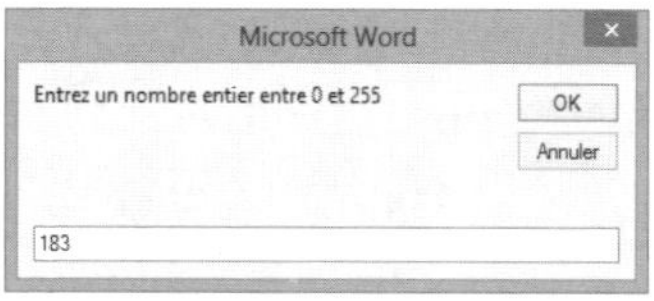

Figure 6.1 – La fonction InputBox permet à l'utilisateur de saisir une valeur

Quand vous avez cliqué sur le bouton OK, une autre boîte de dialogue affiche le résultat du test conditionnel (le nombre est pair ou impair).

Expliquons en détail le fonctionnement de ce programme : la première ligne déclare une variable de type `Byte`. La deuxième ligne exécute une fonction qui permet de dialoguer avec l'utilisateur ; ce dernier est invité à saisir un nombre et la valeur du nombre qui a été entré est assignée à la variable `varnum`. La troisième ligne est un test conditionnel ; la formule `varnum Mod 2 = 0` signifie : est-ce que le reste de la division par deux du nombre contenu dans la variable `varnum` est égal à zéro ? La quatrième ligne nous dit que ce nombre est pair si la condition logique précédente est vraie. La cinquième ligne est un mot clé qui veut dire sinon en anglais. La sixième ligne nous dit que ce nombre est impair si la condition logique précédente est fausse.

Voici la syntaxe de l'instruction `If Then Else` :

```
If condition logique Then
Instructions exécutées si la condition logique est vraie
Else
Instructions exécutées si la condition logique est fausse
End If
```

Traiter plus de deux choix

Il arrive cependant que le monde ne soit pas aussi binaire et que l'on doive examiner des situations où il y a plus de deux choix possibles. Que faire s'il faut choisir, par exemple, entre 7 possibilités ? Si on réfléchit bien, on se rendra compte que n'importe quel problème, où il y a plus de deux conditions logiques, peut se résumer à une succession de choix binaires, en procédant par élimination successive. Nous allons mettre cette méthode en œuvre dans un programme qui va déterminer le jour de votre naissance. Comme dans le programme précédent, on interroge l'utilisateur et on stocke sa date de naissance dans une variable appelée vardate. Puis, grâce à la fonction `Weekday` (afin de connaître sa syntaxe exacte, consultez l'aide en ligne de Visual Basic, à partir de l'éditeur de programmes, en sélectionnant le terme « Weekday » et en appuyant sur la touche F1), on détermine le numéro du jour de naissance qui vaut 1 pour dimanche, 2 pour lundi, etc. Pour annoncer en clair à l'utilisateur le nom du jour de sa naissance, il faut donc convertir en un jour de la semaine la variable journaissance qui contient un numéro de 1 à 7. Nous employons ici la structure `If Then`, mais nous rajoutons le mot clé `ElseIf` (Sinon si) qui va permettre d'envisager plusieurs cas. En pseudo-code, cela donnerait :

```
Si journaissance est égal à 1
Vous êtes né un dimanche
Sinon si journaissance est égal à 2
Vous êtes né un lundi
Sinon si journaissance est égal à 3
Vous êtes né un mardi
Sinon si journaissance est égal à 4
Vous êtes né un mercredi
Sinon si journaissance est égal à 5
Vous êtes né un jeudi
Sinon si journaissance est égal à 6
Vous êtes né un vendredi
Sinon
Vous êtes né un samedi
```

Si on code le programme, on obtient la macro suivante :

```
Sub testcond2()
Dim vardate As Date, journaissance As Byte
vardate = InputBox _
("Entrez votre date de naissance au format JJ/MM/AAAA")
journaissance = Weekday(vardate)
If journaissance = 1 Then
MsgBox ("Vous êtes né un dimanche")
ElseIf journaissance = 2 Then
MsgBox ("Vous êtes né un lundi")
ElseIf journaissance = 3 Then
MsgBox ("Vous êtes né un mardi")
ElseIf journaissance = 4 Then
MsgBox ("Vous êtes né un mercredi")
ElseIf journaissance = 5 Then
MsgBox ("Vous êtes né un jeudi")
ElseIf journaissance = 6 Then
MsgBox ("Vous êtes né un vendredi")
Else
MsgBox ("Vous êtes né un samedi")
End If
```

Avec cette construction, un seul choix peut être validé car dès qu'une condition a été remplie, le programme exécute les actions situées après le mot clé `Then` puis passe la main à la première instruction qui se trouve en dessous de `End If`.

Vous noterez que lors de l'examen du dernier cas (`journaissance = 7`), il n'est pas nécessaire d'énoncer la condition logique à l'aide d'un `ElseIf` puisque toutes les autres possibilités ont été éliminées.

On se servira également de ce genre de structure de contrôle pour déterminer un nombre ou un libellé qui dépend d'une **plage de valeurs**. Prenons un exemple simple, celui des mentions aux examens ; il existe cinq plages de valeurs que l'on peut lister dans le tableau suivant :

Moyenne générale	Résultat
< 10	Échec
>= 10 et < 12	Mention passable
>= 12 et < 14	Mention assez bien
>= 14 et < 16	Mention bien
>= 16	Mention très bien

Si l'on veut écrire un programme qui détermine la mention en fonction de la moyenne générale, on peut proposer la macro suivante :

```
Sub donnemention()
Dim moyenne As Double
moyenne = InputBox _
("Saisissez la moyenne générale de l'étudiant")
If moyenne < 10 Then
MsgBox ("L'étudiant a échoué à son examen")
ElseIf moyenne < 12 Then
MsgBox ("L'étudiant obtient la mention passable")
ElseIf moyenne < 14 Then
MsgBox ("L'étudiant obtient la mention assez bien")
ElseIf moyenne < 16 Then
MsgBox ("L'étudiant obtient la mention bien")
Else
MsgBox ("L'étudiant obtient la mention très bien")
End If
End Sub
```

Dans ce genre de programme, vous devez faire particulièrement attention à l'**ordre** dans lequel les conditions sont énoncées. En effet, si vous commencez par tester la plage supérieure, votre programme tournera mais les résultats seront faux car vous ne devez pas oublier que dès qu'une condition est remplie, le programme exécute les instructions qui sont après `Then`, mais s'arrête au premier `Else` ou `ElseIf` suivant pour ne reprendre qu'après le mot clé `End If`. Il faut donc être bien vigilant quand vous employez ce genre de construction. Ainsi, le programme suivant ne fournira aucun message d'erreur, mais ne fonctionnera pas correctement (hormis si vous saisissez un nombre compris entre 14 et 16) :

```
Sub donnefaussemention()
Dim moyenne As Double
moyenne = InputBox _
("Saisissez la moyenne générale de l'étudiant")
If moyenne < 16 Then
MsgBox ("L'étudiant obtient la mention bien")
ElseIf moyenne < 14 Then
MsgBox ("L'étudiant obtient la mention assez bien")
ElseIf moyenne < 12 Then
MsgBox ("L'étudiant obtient la mention passable")
ElseIf moyenne < 10 Then
MsgBox ("L'étudiant a échoué à son examen")
Else
MsgBox ("L'étudiant obtient la mention très bien")
End If
End Sub
```

En revanche, vous pouvez parfaitement coder votre programme en commençant par la borne supérieure, mais il faut à ce moment-là modifier les opérateurs de comparaison :

```
Sub donnemention2()
Dim moyenne As Double
moyenne = InputBox _
("Saisissez la moyenne générale de l'étudiant")
If moyenne >= 16 Then
MsgBox ("L'étudiant obtient la mention très bien")
ElseIf moyenne >= 14 Then
MsgBox ("L'étudiant obtient la mention bien")
ElseIf moyenne >= 12 Then
MsgBox ("L'étudiant obtient la mention assez bien")
ElseIf moyenne >= 10 Then
MsgBox ("L'étudiant obtient la mention passable")
Else
MsgBox ("L'étudiant a échoué à son examen")
End If
End Sub
```

Opérateur logique dans une condition

On peut également essayer de tester une plage de valeurs en combinant deux conditions, à l'aide d'un opérateur logique, comme le montre le programme suivant :

```
Sub donnementionbis()
Dim moyenne As Double
moyenne = InputBox _
```

```
("Saisissez la moyenne générale de l'étudiant")
If moyenne < 10 Then
MsgBox ("L'étudiant a échoué à son examen")
ElseIf moyenne >= 16 Then
MsgBox ("L'étudiant obtient la mention très bien")
ElseIf moyenne >= 12 And moyenne < 14 Then
MsgBox ("L'étudiant obtient la mention assez bien")
ElseIf moyenne >= 10 And moyenne < 12 Then
MsgBox ("L'étudiant obtient la mention passable")
Else
MsgBox ("L'étudiant obtient la mention bien")
End If
End Sub
```

Dans ce cas-là, l'ordre des conditions n'a plus aucune espèce d'importance mais ce genre de programme est sans doute moins lisible.

IMBRICATION DE TESTS CONDITIONNELS

Le mot clé `Else` n'est pas obligatoire dans une construction `If Then`, ce qui signifie qu'il est possible de tester uniquement la vérité d'une condition sans prévoir d'action à exécuter quand la condition n'est pas remplie comme dans l'exemple suivant :

```
If stock < stock_alerte Then
MsgBox ("Il faut commander cet article !")
End If
```

Il est également possible d'imbriquer plusieurs tests conditionnels comme cela est illustré dans l'exemple suivant :

```
' calcul du nombre de jours du mois
' on stocke dans mois le numéro du mois (janvier = 1, etc.)
mois = Month(Date)
If mois = 1 Then ' mois de janvier
nbjours = 31
ElseIf mois = 2 Then
' il s'agit du mois de février
' il faut calculer si le mois a 28 ou 29 jours
    If Day(DateSerial(Year(Now), 2, 28) + 1) = 29 Then
    nbjours = 29
    Else
    nbjours = 28
    End If
ElseIf mois = 3 Then ' mois de mars
nbjours = 31
ElseIf mois = 4 Then ' mois d'avril
nbjours = 30
ElseIf mois = 5 Then ' mois de mai
```

```
nbjours = 31
ElseIf mois = 6 Then ' mois de juin
nbjours = 30
ElseIf mois = 7 Then ' mois de juillet
nbjours = 31
ElseIf mois = 8 Then ' mois d'août
nbjours = 31
ElseIf mois = 9 Then ' mois de septembre
nbjours = 30
ElseIf mois = 10 Then ' mois d'octobre
nbjours = 31
ElseIf mois = 11 Then ' mois de novembre
nbjours = 30
Else ' mois de décembre
nbjours = 31
End If
```

Comme vous l'aurez compris, ce programme calcule le nombre de jours du mois en cours et cet extrait pourra nous servir à écrire un programme de calendrier. L'algorithme employé ici est très simple : la fonction `Month` renvoie un numéro, de 1 à 12, qui indique le mois. Un test conditionnel se contente, en fonction du numéro du mois, de renvoyer 30 ou 31 jours. Il y a cependant un problème avec le mois de février qui peut compter 28 ou 29 jours. Plutôt que de calculer si l'année en cours est une année **bissextile** (divisible par 4, pas divisible par 100 mais divisible par 400), on adopte une autre méthode :

```
If Day(DateSerial(Year(Now), 2, 28) + 1) = 29 Then
```

`Year(Now)` renvoie l'année de la date du jour ; puis la fonction `DateSerial(Year(Now), 2, 28)` renvoie la date du 28 février de l'année en cours. Si on ajoute 1 à cette date, on obtient soit le 29 février, soit le 1er mars. La fonction `Day` de cette date renverra donc 29 ou 1. Si elle renvoie 29, on a donc affaire à une année bissextile et le nombre de jours du mois de février est bien 29 ; dans le cas contraire, le mois de février a 28 jours.

Vous aurez sans doute remarqué que le bloc `If Then` qui est imbriqué est décalé vers la droite. On nomme cette pratique **indentation**, et indenter un bloc de code sert à mettre en évidence les différents niveaux des structures de contrôle. Cela rend le programme beaucoup plus lisible et on se rend ainsi bien compte que le test conditionnel est un sous-cas du mois de février. Vous pouvez imbriquer plusieurs niveaux de tests conditionnels.

SELECT CASE

Il existe une autre structure de contrôle qui est très proche du test conditionnel `If Then` et qui peut se révéler plus lisible dans certains cas. Il s'agit de la commande `Select Case` dont voici un exemple (nous reprenons ici notre programme de calcul du jour de naissance) :

```
Sub testselect()
Dim vardate As Date, journaissance As Byte
vardate = InputBox _
("Entrez votre date de naissance au format JJ/MM/AAAA")
journaissance = Weekday(vardate)
Select Case journaissance
Case 1
MsgBox ("Vous êtes né un dimanche")
Case 2
MsgBox ("Vous êtes né un lundi")
Case 3
MsgBox ("Vous êtes né un mardi")
Case 4
MsgBox ("Vous êtes né un mercredi")
Case 5
MsgBox ("Vous êtes né un jeudi")
Case 6
MsgBox ("Vous êtes né un vendredi")
Case Else
MsgBox ("Vous êtes né un samedi")
End Select
End Sub
```

Voici la syntaxe de l'instruction `Select Case` :

```
Select Case variable
Case valeur1
Instructions exécutées si valeur1 est égale à variable
Case valeur2
Instructions exécutées si valeur2 est égale à variable
Case valeur3
Instructions exécutées si valeur3 est égale à variable
Etc.
Case Else
Instructions exécutées si aucune valeur ne correspond à variable
End Select
```

Vous noterez que le mot clé `Case Else` est facultatif.

Il est aussi possible de tester plusieurs valeurs à la fois et la commande `Select Case` va nous rendre dans ce cas un grand service si on reprend notre calcul de nombre de jours d'un mois :

```
' calcul du nombre de jours du mois
```

```
' on stocke dans mois le numéro du mois (janvier = 1, etc.)
mois = Month(Date)
Select Case mois
Case 1, 3, 5, 7, 8, 10, 12
nbjours = 31
Case 4, 6, 9, 11
nbjours = 30
Case Else
' il s'agit du mois de février
' il faut calculer si le mois a 28 ou 29 jours
    If Day(DateSerial(Year(Now), 2, 28) + 1) = 29 Then
    nbjours = 29
    Else
    nbjours = 28
    End If
End Select
```

Cette version est beaucoup plus concise et elle rendra le code du programme plus lisible. On peut également indiquer des **plages de valeurs** à l'aide du mot clé `To` et il est possible de cette manière de coder une variante de notre programme d'attribution des mentions :

```
Sub donnemention3()
Dim moyenne As Double
moyenne = InputBox _
("Saisissez la moyenne générale de l'étudiant")
Select Case moyenne
Case 0 To 9.99
MsgBox ("L'étudiant a échoué à son examen")
Case 10 To 11.99
MsgBox ("L'étudiant obtient la mention passable")
Case 12 To 13.99
MsgBox ("L'étudiant obtient la mention assez bien")
Case 14 To 15.99
MsgBox ("L'étudiant obtient la mention bien")
Case Else
MsgBox ("L'étudiant obtient la mention très bien")
End Select
End Sub
```

Cette version est sans doute plus lisible que l'autre et l'étendue de la plage de valeurs apparaît plus clairement. Vous noterez que dans cette construction, l'ordre des conditions n'a aucune espèce d'importance même s'il paraît plus logique de procéder dans un ordre croissant ou décroissant.

Enfin, vous remarquerez que dans l'énonciation des plages de valeurs, le point sert de séparateur décimal ; en revanche, si vous voulez saisir dans la boîte de dialogue une note comportant des décimales, vous devez utiliser la virgule comme séparateur sous peine de provoquer une erreur de type.

CONCLUSION

Les tests conditionnels vous permettent réellement de programmer et d'interrompre la séquence des instructions. En effet, si le premier stade de la programmation consiste à enregistrer ses actions afin de pouvoir les rejouer (voir le chapitre 2), l'intelligence du programmeur se manifeste quand il arrive à prévoir tous les cas possibles. Seuls les tests conditionnels permettent de prendre en compte la multiplicité des situations. Plus un programme saura gérer de cas différents, plus il sera puissant et souple d'utilisation.

Le prochain chapitre présente les boucles qui permettent de programmer simplement et efficacement les inévitables répétitions dans le code des macros.

7

Boucles

Avec les tests conditionnels, les boucles sont l'autre grande catégorie de structure de contrôle. Comme son nom l'indique, une boucle sert à faire tourner en boucle un programme, c'est-à-dire à répéter son exécution autant de fois que nécessaire. Cette construction est essentielle en informatique car de nombreuses tâches sont très répétitives et les boucles vont donc permettre de rationaliser les programmes en les rendant plus concis. Nous allons étudier les trois types de boucles que sont les commandes `For Next`, `While` et `Do Loop`.

FOR NEXT

La boucle `For Next`, qu'on appelle parfois itération, permet de répéter un bloc d'instructions. Le nombre de répétitions du bloc d'instructions est contrôlé par une variable qui sert de compteur. On indique la valeur de départ et la valeur de fin de ce compteur. Voici un exemple de programme comportant une boucle :

```
Sub copie()
For exemplaires = 1 To 100
Selection.TypeText Text:="Vous me le copierez 100 fois" & vbCrLf
Next exemplaires
End Sub
```

Saisissez ce petit programme dans Word et exécutez-le dans un document vide. Comme vous pourrez le constater, c'est encore bien mieux que le copier-coller ! En effet, la macro recopie une centaine de fois l'énoncé qui est entre guillemets et insère à la fin de chaque ligne un saut de ligne (c'est le rôle de la constante `vbCrLf`). La syntaxe de la boucle `For Next` est extrêmement simple :

```
For variable = valeur de départ To valeur de fin
Bloc d'instructions à répéter
Next variable
```

Les boucles For Next sont vraiment très utiles et elles permettent de gagner un temps considérable quand on veut générer automatiquement des listes.

Si l'on souhaite, par exemple, obtenir avec Word une table des caractères **ASCII** (*American Standard Code for Information Interchange*), un programme de 5 lignes fera l'affaire comme le montre l'exemple suivant :

```
Sub tableascii()
    ActiveDocument.Tables.Add Range:=Selection.Range, _
    NumRows:=12, NumColumns:= 19, _
    DefaultTableBehavior:=wdWord9TableBehavior, _
    AutoFitBehavior:= wdAutoFitFixed
    ' on n'imprime pas les codes inférieurs à 32
    For codeascii = 32 To 255
    Selection.TypeText Text:=Chr(codeascii)
    Selection.MoveRight Unit:=wdCell
    Next codeascii
End Sub
```

La première ligne du programme insère un tableau de 12 lignes et de 19 colonnes. Elle a été générée par l'enregistreur de macro, ce qui nous évite d'apprendre la syntaxe de la commande d'insertion d'un tableau dans Word.

Vous serez sans doute étonné de voir que le programme annoncé de 5 lignes en compte en réalité 8, mais vous ne devez pas oublier que les quatre premières lignes ne forment en réalité qu'une seule ligne logique, le caractère de soulignement (_) précédé d'un espace indiquant que la ligne de programme se poursuit sur la ligne suivante.

La boucle For Next imprime tous les caractères ASCII de la table de 32 à 255. Le code 32 est celui de l'espace et les codes inférieurs à 32 ne sont pas imprimables puisqu'il s'agit de caractères de contrôle. La fonction Chr renvoie un caractère ASCII quand on lui donne un code en paramètre.

L'exécution de ce programme permet d'obtenir le résultat suivant (figure 7.1).

	!	"	#	$	%	&	'	(	)	*	+	,	-	.	/	0	1	2
3	4	5	6	7	8	9	:	;	<	=	>	?	@	A	B	C	D	E
F	G	H	I	J	K	L	M	N	O	P	Q	R	S	T	U	V	W	X
Y	Z	[	\	]	^	_	`	a	b	c	d	e	f	g	h	i	j	k
l	m	n	o	p	q	r	s	t	u	v	w	x	y	z	{	|	}	~
▯	€		‚	ƒ	„	…	†	‡	ˆ	‰	Š	‹	Œ		Ž			‘
’	“	”	•	–	—	˜	™	š	›	œ		ž	Ÿ		¡	¢	£	¤
¥	¦	§	¨	©	ª	«	¬	-	®	¯	°	±	²	³	´	µ	¶	·
¸	¹	º	»	¼	½	¾	¿	À	Á	Â	Ã	Ä	Å	Æ	Ç	È	É	Ê
Ë	Ì	Í	Î	Ï	Ð	Ñ	Ò	Ó	Ô	Õ	Ö	×	Ø	Ù	Ú	Û	Ü	Ý
Þ	ß	à	á	â	ã	ä	å	æ	ç	è	é	ê	ë	ì	í	î	ï	ð
ñ	ò	ó	ô	õ	ö	÷	ø	ù	ú	û	ü	ý	þ	ÿ				

Figure 7.1 – Génération d'une table ASCII à l'aide d'une boucle

Pour connaître le nombre de répétitions (ou d'**itérations**), il faut faire la différence entre la valeur de fin et la valeur de départ puis ajouter 1. Dans notre exemple, il y a (255 – 32) + 1 itérations.

Vous trouverez ci-dessous un autre exemple de boucle qui imprime une table de conversion de francs en euros. Encore une fois, le programme est excessivement simple et produit un résultat rapide :

```
Sub tableuro()
' Insertion d'un tableau de 100 lignes et 2 colonnes
    ActiveDocument.Tables.Add Range:=Selection.Range, _
    NumRows:=100, NumColumns:= 2, _
    DefaultTableBehavior:=wdWord9TableBehavior, _
    AutoFitBehavior:= wdAutoFitFixed
    ' on imprime un tableau de conversion de francs en euros
    ' remplissage des en-têtes de colonne
    Selection.TypeText Text:="Franc"
    Selection.MoveRight Unit:=wdCell
    Selection.TypeText Text:="Euro"
    Selection.MoveRight Unit:=wdCell
    For francs = 1 To 100
    Selection.TypeText Text:=francs
    Selection.MoveRight Unit:=wdCell
    Selection.TypeText Text:=francs / 6.55957
    Selection.MoveRight Unit:=wdCell
    Next francs
End Sub
```

L'introduction du mot clé `Step` dans la syntaxe de la boucle `For Next` peut donner des résultats intéressants. Dans tous les exemples que nous avons vus, la variable compteur évoluait d'une unité à chaque fois (on dit qu'elle s'incrémente d'une unité ou bien que la valeur de l'**incrément** est égale à 1) ; il est possible avec le mot clé `Step` de préciser la valeur de l'incrément. On peut ainsi reprendre notre programme de table de conversion en euros pour calculer des valeurs de 1 franc à 1 000 francs par pas de 10 :

```
Sub tableuro2()
' Insertion d'un tableau de 100 lignes et 2 colonnes
    ActiveDocument.Tables.Add Range:=Selection.Range, _
    NumRows:=100, NumColumns:= 2, _
    DefaultTableBehavior:=wdWord9TableBehavior, _
    AutoFitBehavior:= wdAutoFitFixed
    ' on imprime un tableau de conversion de francs en euros
    ' remplissage des en-têtes de colonne
    Selection.TypeText Text:="Franc"
    Selection.MoveRight Unit:=wdCell
    Selection.TypeText Text:="Euro"
    Selection.MoveRight Unit:=wdCell
    For francs = 10 To 1000 Step 10
    Selection.TypeText Text:=francs
    Selection.MoveRight Unit:=wdCell
    Selection.TypeText Text:=francs / 6.55957
    Selection.MoveRight Unit:=wdCell
    Next francs
End Sub
```

Il est même possible de préciser une valeur décimale pour l'incrément et si l'on souhaite faire cette fois-ci une table de conversion d'euros en francs, on peut imaginer le programme suivant :

```
Sub tableuro3()
' Insertion d'un tableau de 100 lignes et 2 colonnes
    ActiveDocument.Tables.Add Range:=Selection.Range, _
    NumRows:=100, NumColumns:= 2, _
    DefaultTableBehavior:=wdWord9TableBehavior, _
    AutoFitBehavior:= wdAutoFitFixed
    ' on imprime un tableau de conversion d'euros en francs
    ' remplissage des en-têtes de colonne
    Selection.TypeText Text:="Euro"
    Selection.MoveRight Unit:=wdCell
    Selection.TypeText Text:="Franc"
    Selection.MoveRight Unit:=wdCell
    For euros = 0 To 10 Step 0.1
    Selection.TypeText Text:=euros
    Selection.MoveRight Unit:=wdCell
    Selection.TypeText Text:=euros * 6.55957
    Selection.MoveRight Unit:=wdCell
    Next euros
End Sub
```

Nous attirons votre attention sur le fait qu'il est très fortement déconseillé de modifier la valeur de la variable compteur à l'intérieur de la boucle car vous risquez des résultats inattendus ou bien une **boucle infinie**.

Comme son nom l'indique, une boucle infinie est une boucle qui ne se termine jamais. Si vous exécutez la macro suivante, elle ne s'arrêtera que lorsque vous arrêterez votre ordinateur…

```
Sub boucle_infinie()
' Insertion d'un tableau de 100 lignes et 2 colonnes
    ActiveDocument.Tables.Add Range:=Selection.Range, _
    NumRows:=100, NumColumns:= 2, _
    DefaultTableBehavior:=wdWord9TableBehavior, _
    AutoFitBehavior:= wdAutoFitFixed
    ' on imprime un tableau de conversion de francs en euros
    Selection.TypeText Text:="Franc"
    Selection.MoveRight Unit:=wdCell
    Selection.TypeText Text:="Euro"
    Selection.MoveRight Unit:=wdCell
    For francs = 1 To 100
    Selection.TypeText Text:=francs
    Selection.MoveRight Unit:=wdCell
    Selection.TypeText Text:=francs / 6.55957
    Selection.MoveRight Unit:=wdCell
    francs = francs - 1
    Next francs
End Sub
```

Une telle macro ne s'arrête jamais car la variable compteur francs est modifiée à l'intérieur de la boucle (`francs = francs - 1`) juste avant d'être incrémentée ce qui a pour effet qu'elle garde toujours la même valeur, à savoir 1. Pour **arrêter une boucle infinie**, il suffit d'appuyer sur les touches CTRL+PAUSE, ce qui fait apparaître la boîte de dialogue suivante (figure 7.2).

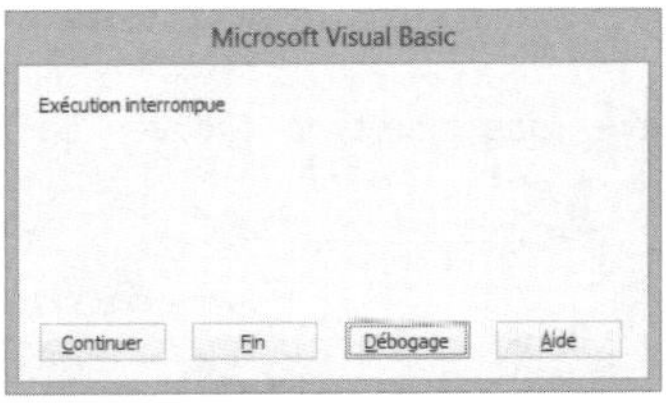

Figure 7.2 – Arrêt d'une macro à l'aide des touches CTRL+Pause

Vous avez alors la possibilité d'arrêter l'exécution du programme (bouton Fin) ou bien de modifier le code du programme dans l'éditeur (bouton Débogage).

Sortir de la boucle

Même si l'on a parfaitement prévu tout ce qui pouvait se passer, il peut cependant être utile de se réserver une porte de sortie, c'est-à-dire la possibilité d'interrompre la boucle. Le mot clé `Exit For` placé à l'intérieur d'une boucle `For Next` permet de quitter la boucle et passe la main à l'instruction située immédiatement après la commande `Next`. En général, il convient de prévoir un test conditionnel qui évalue une condition qui, si elle est remplie, fera sortir de la boucle.

Voici un programme qui illustre cette technique :

```
Sub nombresecret()
Dim x As Byte
Dim y As Byte
' Initialise le générateur de nombres aléatoires
Randomize
' x est nombre tiré au hasard qu'il faut deviner
x = Int((99 * Rnd) + 1)
MsgBox _
("J'ai choisi un nombre de 1 à 100 que vous devez deviner." _
+ Chr(13) _
+ "Quand vous tapez un nombre, je vous dis s'il est plus grand" _
+ Chr(13) _
+ "ou plus petit que le nombre secret." + Chr(13) _
+ "Vous avez 10 essais pour trouver ce nombre.")
For i = 1 To 10
y = InputBox("Entrez un nombre entre 1 et 100")
If y = x Then
MsgBox ("Bravo, vous avez trouvé le nombre secret !")
Exit For
ElseIf y > x Then
MsgBox ("Trop grand !")
Else
MsgBox ("Trop petit !")
End If
Next i
If i = 11 Then
MsgBox ("Vous n'avez pas réussi à trouver en 10 coups !")
End If
End Sub
```

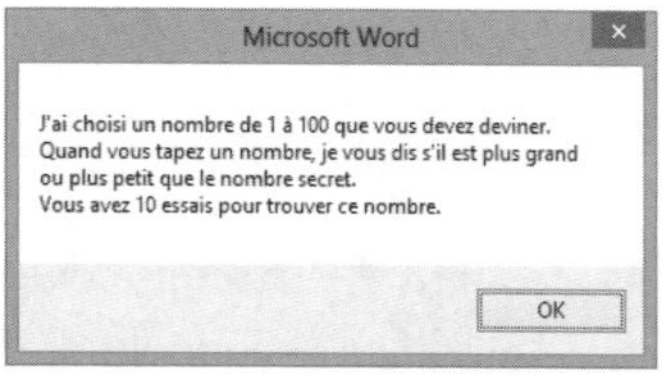

Figure 7.3 – Si la solution est trouvée, le programme doit sortir de la boucle

Tout le monde connaît ce célèbre jeu où il faut trouver un nombre secret. Dans notre exemple, le jeu prévoit que l'on a droit à dix réponses possibles (ce qui est largement suffisant si on connaît la méthode du tri dichotomique...). Si la réponse est trouvée en moins de dix coups, il faut pouvoir sortir de la boucle ; pour cela, on inclut une commande `Exit For` si la réponse est trouvée (condition `y = x`). Vous noterez également qu'en sortie de la boucle, la variable `compteur` est égale à la borne de fin de la boucle augmentée de la valeur de l'incrément (dans notre exemple `10 + 1`). Connaître cette valeur peut être important et nous permet de savoir que notre joueur n'a pas pu trouver le nombre secret en dix tentatives.

WHILE WEND

La commande `While Wend` est un type de boucle très simple où le nombre de répétitions est contrôlé grâce à une condition. Imaginons une macro Word qui trace le calendrier du mois en cours ; nous allons nous servir d'une boucle pour inscrire les jours dans un tableau Word :

```
Sub calendrier()
' Déclaration des variables
Dim premier As Variant ' le premier jour du mois
Dim jour As Integer
jour = 1
' insertion d'un tableau de 6 lignes et 7 colonnes
ActiveDocument.Tables.Add Range:=Selection.Range, NumRows:=6, _
NumColumns:=7, DefaultTableBehavior:=wdWord9TableBehavior, _
AutoFitBehavior:=wdAutoFitFixed
' on remplit les en-têtes du tableau avec les noms des jours
    Selection.TypeText Text:="Lundi"
    Selection.MoveRight Unit:=wdCell
    Selection.TypeText Text:="Mardi"
    Selection.MoveRight Unit:=wdCell
    Selection.TypeText Text:="Mercredi"
    Selection.MoveRight Unit:=wdCell
    Selection.TypeText Text:="Jeudi"
    Selection.MoveRight Unit:=wdCell
    Selection.TypeText Text:="Vendredi"
    Selection.MoveRight Unit:=wdCell
    Selection.TypeText Text:="Samedi"
    Selection.MoveRight Unit:=wdCell
    Selection.TypeText Text:="Dimanche"
    ' calcul du premier jour du mois
    premier = Weekday((Date - Day(Date) + 1), vbMonday)
```

```
    ' on se déplace sur le premier jour
    Selection.MoveRight Unit:=wdCell, Count:=premier
    ' grâce à une boucle, on remplit le tableau automatiquement
    While jour < 32
    Selection.TypeText Text:=Str(jour)
    Selection.MoveRight Unit:=wdCell
    jour = jour + 1
    Wend
End Sub
```

La commande `While Wend` répète les instructions tant que la condition (ici `jour < nbjours + 1`) est vraie. Si l'on voulait exprimer cela en pseudocode, cela donnerait :

```
Tant que la variable jour est inférieure au nombre du jour du mois + 1
Ecrire jour dans la cellule
Se déplacer d'une cellule vers la droite
Augmenter jour d'une unité
Fin de la boucle
```

La syntaxe de la commande `While Wend` est :

```
While condition
Bloc d'instructions à répéter si la condition est vraie
Wend
```

La condition, qui est une condition logique, est similaire aux conditions que nous avons rencontrées dans la commande `If Then`. Le bloc d'instructions compris entre `While` et `Wend` est répété tant que la condition est vraie. Si la condition n'est pas vraie, aucune instruction n'est exécutée comme l'illustre le programme suivant :

```
Sub boucle1()
While x
Beep
Wend
End Sub
```

L'instruction `Beep` (qui émet un signal sonore) n'est pas exécutée car `x` est une variable qui n'a pas été initialisée à la valeur `True`.

En revanche, si l'on exécute le programme suivant :

```
Sub boucle2()
Dim x
x = True
While x
Beep
Wend
End Sub
```

le programme fonctionne parfaitement et sans doute même trop bien puisqu'il ne s'arrête jamais (CTRL+PAUSE si vous voulez épargner vos oreilles...). On se trouve ici en présence d'une **boucle infinie** car la condition n'est jamais modifiée à l'intérieur de la boucle. Pensez toujours à bien vérifier que la condition d'entrée dans la boucle est susceptible de devenir fausse, sinon votre programme n'arrivera jamais à sortir de la boucle. Le programme ci-dessous pourra attirer l'attention de vos utilisateurs :

```
Sub boucle3()
Dim compteur
compteur = 1
While compteur < 20
Beep
compteur = compteur + 1
Wend
End Sub
```

Dans ce cas, le programme sort bien de la boucle car la variable `compteur` est incrémentée au sein de la boucle.

Imbrication de boucle While Wend

Il est possible d'imbriquer les boucles `While Wend` comme l'illustre la macro suivante qui imprime une table de multiplication :

```
Sub tabmult()
Dim x As Byte
Dim y As Byte
x = 1
y = 1
' Insertion d'un tableau de 11 lignes et 11 colonnes
    ActiveDocument.Tables.Add Range:=Selection.Range, _
    NumRows:=11, NumColumns:=11, _
    DefaultTableBehavior:=wdWord9TableBehavior, _
    AutoFitBehavior:=wdAutoFitFixed
' Remplissage des en-têtes de colonnes
    For i = 1 To 10
        Selection.MoveRight Unit:=wdCell
        Selection.TypeText Text:=i
    Next i
    Selection.MoveRight Unit:=wdCell
' La première boucle imprime les chiffres de la première colonne
While x < 11
Selection.TypeText Text:=x
Selection.MoveRight Unit:=wdCell
    ' la deuxième boucle imprime le résultat des multiplications
    While y < 11
    Selection.TypeText Text:=x * y
```

```
        Selection.MoveRight Unit:=wdCell
        y = y + 1
        Wend
    x = x + 1
    ' on passe à la colonne suivante
    y = 1
    ' on réinitialise le compteur
    Wend
    End Sub
```

Notez l'**indentation** de la deuxième boucle au sein de la première afin de bien souligner l'imbrication.

Il est en revanche impossible de sortir d'une boucle `While Wend` comme nous avons pu le faire avec le mot clé `Exit` dans une boucle `For Next`. Cela est une limitation importante et si vous avez besoin d'une telle fonctionnalité, il faudra alors employer la boucle `Do Loop` que nous allons étudier à présent.

DO LOOP

La commande `Do Loop` qui est une commande de boucle beaucoup plus évoluée que la commande `While Wend` permet un meilleur contrôle du programme. Il est donc préférable de l'employer et de n'utiliser `While Wend` que dans des cas très simples.

Pour étudier cette commande, nous allons avoir recours à l'**aide en ligne** de Visual Basic ; cette aide n'est pas un modèle du genre, mais c'est dans la plupart des cas le seul document de référence dont vous disposez, étant donné que les logiciels ne sont plus livrés avec une documentation papier. Le but de ce livre n'est pas d'être une version imprimée de l'aide électronique et il vous faudra donc parfois consulter la documentation en ligne pour trouver des informations importantes qui ne sont pas disponibles dans cet ouvrage.

Nous sommes malheureusement obligés de constater que bien souvent l'aide en ligne n'aide pas beaucoup. En effet, la terminologie qui y est employée est souvent absconse et le principal reproche que lui font les débutants est qu'ils n'y comprennent pas grand-chose. Dans les pages qui suivent, nous allons donc tenter d'y voir plus clair car vous allez forcément, à un moment ou à un autre, être dans l'obligation d'appuyer sur la touche F1 qui appelle le système d'aide. Vous devez à ce sujet savoir que l'aide en ligne est contextuelle, ce qui signifie que quand vous êtes en train de saisir un programme dans l'éditeur, il suffit de sélectionner le mot clé `Loop` et d'appuyer sur la touche F1 pour voir apparaître les informations suivantes :

Do...Loop, instruction

Répète un bloc d'instructions aussi longtemps qu'une condition est vraie (True) ou jusqu'à ce qu'une condition devienne vraie (True).

Syntaxe :

```
Do [{While | Until} condition]
[statements]
[Exit Do]
[statements]
Loop
```

Vous pouvez également utiliser la syntaxe suivante :

```
Do
[statements]
[Exit Do]
[statements]
Loop [{While | Until} condition]
```

La syntaxe de l'instruction `Do Loop` comprend les éléments suivants :

Élément	Description
condition	Facultatif. Expression numérique ou expression de chaîne vraie (True) ou fausse (False). Si la valeur de *condition* est Null, elle est considérée comme fausse (False).
statements	Une ou plusieurs instructions répétées tant que *condition* est True, ou jusqu'à ce qu'elle le devienne.

Commençons déjà par expliquer quelques termes importants. Le terme *statement* est un terme anglais qui signifie commande ou instruction et nous dirons donc que le traducteur n'a pas très bien fait son travail et qu'un bon équivalent serait bloc d'instructions. Un autre élément très important pour comprendre la syntaxe est la barre verticale qu'on retrouve dans `While | Until`. Cette barre signifie que vous devez obligatoirement employer un des deux mots clés placés de chaque côté de la barre. Les éléments entre crochets indiquent des **éléments facultatifs**. Si vous avez bien suivi, l'instruction **Do** [{**While** | **Until**} *condition*] peut donc se décliner en trois versions :

- Do
- Do While condition
- Do Until condition

En possession de ces éléments, vous pouvez déduire que cette commande peut revêtir les quatre formes suivantes :

Do [While *condition*] [bloc d'instructions] **[Exit Do]** [bloc d'instructions] **Loop**	**Do [Until** *condition*] [bloc d'instructions] **[Exit Do]** [bloc d'instructions] **Loop**
Do [bloc d'instructions] **[Exit Do]** [bloc d'instructions] **Loop [While** *condition*]	**Do** [bloc d'instructions] **[Exit Do]** [bloc d'instructions] **Loop [Until** *condition*]

Il y a en fait encore plus de combinaisons puisque les éléments entre crochets sont facultatifs.

Expression logique

L'aide en ligne nous précise également que la condition d'une boucle `Do Loop` est une expression numérique ou une expression de chaîne vraie (**True**) ou fausse (**False**). Nous avons déjà étudié le concept d'expression, mais il faut en fait ici comprendre « expression numérique vraie ou fausse » ou bien « expression de chaîne vraie ou fausse ». Ceci est cependant un abus de langage car les expressions « `X > 2` » et « `Nom = "MARTIN"` », même si elles contiennent respectivement un nombre et une chaîne de caractères n'en demeurent pas moins des expressions logiques puisque l'évaluation de la formule donne bien un résultat logique qui ne peut être que vrai ou faux. Il faut donc garder à l'esprit qu'une condition logique doit impérativement pouvoir être évaluée à vrai ou faux. S'il est facile de déterminer le caractère vrai ou faux d'une expression telle que `15 >10`, certaines expressions peuvent être très complexes ou bien déconcertantes. Vous essayerez à ce sujet le petit programme suivant, et vous remplacerez la valeur 10 par 0 puis par 1 :

```
If 10 Then
Beep
Else
MsgBox ("Faux")
End If
```

Null

L'aide en ligne indique que si la valeur de *condition* est `Null`, elle est considérée comme fausse (**False**). Quel est donc ce mot clé `Null` ? `Null` ne s'applique qu'aux variables de type `Variant` et indique que la variable ne contient aucune donnée valide. Si vous essayez d'initialiser une variable d'un autre type que Variant avec la valeur `Null`, comme dans l'extrait suivant :

```
Dim var As String
var = Null
```

vous obtiendrez le message d'erreur suivant : erreur d'exécution n°94 (utilisation incorrecte de `Null`).

Une variable de type `Variant` contient la valeur `Null` quand on lui a affecté cette valeur ou bien quand on lui a affecté une expression qui contient la valeur `Null`. Il peut être très important dans un programme de tester si une variable contient la valeur `Null`. On pourrait penser de prime abord que la simple comparaison de la variable avec `Null` suffit, mais pour vous persuader du contraire, nous vous conseillons d'exécuter le programme suivant :

```
Sub testnull()
Dim var As Variant
var = Null
If var = Null Then
MsgBox ("var = Null est vrai")
Else
MsgBox ("var = Null est faux")
End If
End Sub
```

Vous serez sans doute étonné de voir que `var = Null` est considéré comme faux.

Si vous voulez savoir si une variable `Variant` contient `Null`, il faut utiliser la fonction `IsNull`, comme dans ce programme :

```
Sub testnull2()
Dim var As Variant
var = Null
If IsNull(var) = True Then
MsgBox ("IsNull(var) est vrai")
Else
MsgBox ("IsNull(var) est faux")
End If
End Sub
```

Cette fois-ci, la condition `IsNull(var) = True` est bien vraie. Vous noterez à ce sujet que dans la mesure où le résultat de la fonction est `True`, la formule est redondante et que ce programme fonctionne tout aussi bien si on écrit le test conditionnel comme ceci :

```
If IsNull(var) Then
```

Empty

S'il est important de savoir si une variable contient des données valides, il est tout aussi fréquent de vouloir déterminer si une variable n'est pas vide, c'est-à-dire contient des données. Il ne faut cependant pas confondre le concept de vide et le concept de `Null`. Une variable `Variant` qui n'a pas été initialisée contiendra la valeur `Empty` (qui signifie vide en anglais) que l'on peut détecter à l'aide de la fonction `IsEmpty`.

Pour bien voir la différence entre `Null` et `Empty`, exécutez le programme suivant :

```
Sub testnull3()
Dim var As Variant
If IsNull(var) Then
MsgBox ("IsNull(var) est vrai")
Else
MsgBox ("IsNull(var) est faux")
End If
If IsEmpty(var) Then
MsgBox ("IsEmpty(var) est vrai")
Else
MsgBox ("IsEmpty(var) est faux")
End If
End Sub
```

Retenez bien que `Null` et `Empty` ne s'appliquent qu'aux variables `Variant`. Le concept de `Null` n'existe pas pour les autres types de données. En revanche, on parlera souvent de chaîne de caractères vide ; le code suivant initialise une **chaîne vide** :

```
Dim var As String
var = ""
```

Le fait d'initialiser une variable caractère avec deux guillemets qui se suivent crée donc une chaîne de caractères vide, mais la fonction `IsEmpty` sera dans ce cas inopérante.

GARE AUX BOUCLES INFINIES

En examinant la syntaxe de la commande `Do Loop`, on peut s'étonner du caractère facultatif de la condition. On peut donc envisager une version minimale de boucle qui s'écrirait :

```
Do
[bloc d'instructions]
Loop
```

Bien évidemment, une telle boucle tournerait sans arrêt et n'aurait aucun intérêt. Il faut donc prévoir au minimum une clause de sortie grâce au mot clé `Exit Do`. Cette construction est en fait assez courante et dans le cadre d'un dialogue avec un utilisateur, il n'est pas rare de rentrer dans une boucle infinie et de donner la possibilité à l'utilisateur de sortir de la boucle en saisissant une valeur particulière. Le programme suivant illustre cette possibilité :

```
Sub naissance()
Dim vardate As Variant, journaissance As Byte
Do
vardate = InputBox _
("Entrez votre date de naissance au format JJ/MM/AAAA" _
+ Chr(13) + "Tapez 0 pour quitter le programme.")
    If vardate = 0 Then
    Exit Do
    End If
journaissance = Weekday(vardate)
Select Case journaissance
Case 1
MsgBox ("Vous êtes né un dimanche")
Case 2
MsgBox ("Vous êtes né un lundi")
Case 3
MsgBox ("Vous êtes né un mardi")
Case 4
MsgBox ("Vous êtes né un mercredi")
Case 5
MsgBox ("Vous êtes né un jeudi")
Case 6
MsgBox ("Vous êtes né un vendredi")
Case Else
MsgBox ("Vous êtes né un samedi")
End Select
Loop
End Sub
```

Dans notre exemple, la commande `Exit Do` passe la main à l'instruction qui suit immédiatement l'instruction `Loop`, ce qui met un terme au programme. Quand les instructions `Do...Loop` sont imbriquées, le contrôle est transféré à l'instruction `Do...Loop` située à un niveau au-dessus de la boucle dans laquelle l'instruction `Exit Do` apparaît.

DIFFÉRENCES ENTRE WHILE ET UNTIL

While signifie *tant que* en anglais et Until, *jusqu'à ce que* ; il faut donc comprendre chaque variante de la boucle `Do Loop` de la manière suivante :

Do [While condition] [bloc d'instructions] **[Exit Do]** [bloc d'instructions] **Loop**	**Do [Until** condition] [bloc d'instructions] **[Exit Do]** [bloc d'instructions] **Loop**
Faire tant que la condition est vraie [bloc d'instructions] **[Exit Do]** [bloc d'instructions] **Loop**	**Faire jusqu'à ce que la condition soit vraie** [bloc d'instructions] **[Exit Do]** [bloc d'instructions] **Loop**

Pour bien voir la différence entre ces deux constructions, étudions en parallèle deux petits programmes :

Sub while1()	Sub until1()
i = 1	i = 1
Do While i < 3	Do Until i > 3
MsgBox (i)	MsgBox (i)
i = i + 1	i = i + 1
Loop	Loop
End Sub	End Sub

La macro while1 va afficher dans une boîte de message 1 puis 2 ; la macro until1 va afficher dans une boîte de message 1, 2 et 3. La différence dans ces deux programmes est qu'avec `While` la condition doit être vraie pour rentrer dans la boucle, tandis qu'avec `Until` elle doit être fausse, l'inverse étant vrai pour sortir de la boucle. Il existe des cas où une boucle `Do While` paraîtra plus naturelle qu'une boucle `Do Until`, mais il faut bien se rendre compte qu'on peut transformer n'importe quelle boucle `Do While` en boucle `Do Until` (et vice-versa) en jouant sur la formulation de la condition.

L'autre variante de ces boucles propose que la condition soit évaluée à la fin de la boucle, ce qui donne :

Do [bloc d'instructions] **[Exit Do]** [bloc d'instructions] **Loop [While** condition]	**Do** [bloc d'instructions] **[Exit Do]** [bloc d'instructions] **Loop [Until** condition]
Faire [bloc d'instructions] **[Exit Do]** [bloc d'instructions] **Boucler tant que la condition est vraie**	**Faire** [bloc d'instructions] **[Exit Do]** [bloc d'instructions] **Boucler jusqu'à ce que la condition soit vraie**

La grande différence avec la précédente formulation est que le bloc d'instructions est au moins exécuté une fois, même si la condition n'est pas remplie comme le montrent les programmes suivants :

Sub while20 i = 1 Do MsgBox (i) i = i + 1 Loop While i > 3 End Sub	Sub until20 i = 1 Do MsgBox (i) i = i + 1 Loop Until i < 3 End Sub

Dans les deux cas, le programme affiche la valeur de i, puis s'arrête parce que la condition n'est pas remplie.

En fonction des objectifs de votre programme et de sa logique, vous choisirez le type de boucle qui vous convient. Les boucles sont une aide très précieuse et nous les utiliserons très souvent dans nos programmes. Par exemple, si l'on veut balayer tous les enregistrements d'une table Access, une boucle sera la seule solution.

CONCLUSION

La maîtrise des structures de contrôle est un préalable indispensable à toute programmation et c'est justement ce qui va faire la différence avec l'enregistreur de macros qui ne peut transcrire que des actions parfaitement séquentielles. Tout l'art du programmeur consistera à faire générer par l'enregistreur de macro le code qui peut l'être pour ensuite le modifier en y ajoutant les structures de contrôle appropriées.

Pour bien dominer les tests conditionnels et les boucles, il est important de s'entraîner et, pour ce faire, l'exécution des programmes listés dans ce chapitre est un minimum. Même si ces programmes vous sont fournis, il n'est pas inutile de les ressaisir, ne serait-ce que pour vous familiariser avec l'éditeur de code. Pour progresser, n'hésitez pas à modifier ces programmes et à tester toutes les idées qui vous passent par la tête. Vous vous tromperez certainement de très nombreuses fois, mais c'est comme cela que vous avancerez. Il ne faut surtout pas craindre de lancer les programmes, même les plus simples, car quand on débute, lire un programme ne suffit pas toujours et il vaut mieux vérifier que l'on a bien compris son rôle en l'exécutant. Prenez garde aux boucles infinies et souvenez-vous que CTRL+PAUSE permet de se sortir d'une boucle infernale.

Dans ce chapitre, nous avons enfin tenté d'apprivoiser l'aide en ligne ; de manière assez paradoxale, plus vous progresserez en programmation, plus vous y aurez recours et il vaut donc mieux, dès que possible, essayer de percer le mystère du jargon des informaticiens.

8

Procédures et fonctions

Nous avons vu dans le chapitre 3 ce qu'était un projet. Les projets correspondent en fait aux documents eux-mêmes (fichier Word, fichier Excel ou base de données Access) et permettent au programmeur d'y insérer son code. Normal.dotm (pour Word) et Personal.xlsb (pour Excel) sont des projets un peu particuliers dans la mesure où le code contenu dans ces fichiers peut être exécuté respectivement par tous les documents Word et Excel.

À l'intérieur d'un projet, le code est stocké dans des **modules**. Quand vous enregistrez une macro Word ou Excel, un module est inséré automatiquement (il a pour nom NewMacros dans Word et Module1 dans Excel). Vous pouvez modifier le nom de ces modules en affichant la fenêtre Propriétés (touche de fonction F4) de l'éditeur de programmes. Vous pouvez également insérer un module en faisant un clic droit dans l'Explorateur de projets puis en choisissant la commande Insertion→Module. Si vous avez peu de code, vous avez intérêt à stocker vos programmes dans un seul module. Si, au contraire, vous avez de nombreuses fonctions et procédures, vous avez sans doute intérêt à créer plusieurs modules afin d'organiser de manière thématique vos programmes.

Remarque

Vous verrez apparaître dans l'éditeur de programmes le terme module de classe. Un **module de classe** sert à créer des objets qui peuvent ensuite être manipulés par le programmeur. Cet aspect de la programmation dépasse le cadre de cet ouvrage et nous ne l'évoquerons pas. Il est préférable de maîtriser parfaitement les bases de la programmation VBA avant de s'attaquer à la création de modules de classe.

Dans un module, le programmeur écrit son code qui peut revêtir plusieurs formes. Dans ce chapitre, nous allons étudier la différence qu'il y a entre procédure et fonction.

PROCÉDURES SUB ET PROCÉDURE FUNCTION

Si vous avez bien suivi, vous savez qu'un programmeur écrit son code dans un module qui est stocké à l'intérieur d'un projet. Dans un module, le code s'écrit dans une procédure. Il existe deux sortes de procédures : les procédures `Sub` et les procédures `Function`. Les procédures `Sub`, parfois appelées **sous-routines**, commencent par le mot clé `Sub` et se terminent par `End Sub`. Les macros que nous avons déjà créées grâce à l'enregistreur étaient toutes des procédures `Sub`.

Les fonctions commencent par le mot clé `Function` et se terminent par `End Function`. Par souci de simplification, bon nombre d'auteurs parlent de procédure pour désigner une procédure `Sub` et de fonction pour désigner une procédure `Function`. Nous adopterons également cette dénomination dans la suite de cet ouvrage.

La grande différence entre les procédures et les fonctions est que les procédures ne renvoient pas de résultat. En général, les procédures n'ont pas de paramètres et si vous souhaitez créer une procédure qui possède des arguments, nous vous conseillons de la transformer en fonction.

Les procédures peuvent être exécutées à partir de la boîte de dialogue Macros, d'une icône, d'un raccourci clavier, d'un menu ou bien encore d'un formulaire. En revanche, les fonctions ne peuvent être exécutées qu'à l'intérieur d'une procédure. Vous noterez qu'on peut appeler une procédure à partir d'une autre procédure.

SYNTAXE D'UNE FONCTION

Au cours des différents programmes que nous avons écrits, nous avons déjà rencontré plusieurs fonctions. De plus, tous les utilisateurs d'Excel connaissent la fonction `SOMME()` si bien que ceux qui travaillent avec Office savent plus ou moins ce qu'est une fonction.

Remarque

Même si cela n'est pas très connu, les utilisateurs de Word peuvent aussi utiliser des fonctions, notamment dans les tableaux, grâce à la commande Formule du groupe Données de l'onglet Disposition (par exemple, la fonction SUM(ABOVE) permet d'additionner le contenu des cellules situées au-dessus).

En ce sens, les fonctions sont également très proches des fonctions que vous avez étudiées lors de vos cours de mathématiques au lycée : on fournit un paramètre à la fonction qui renvoie un résultat. Une **fonction** est donc un programme qui traite des informations fournies par l'utilisateur ; une fois le traitement des données achevé, les informations transformées sont retournées à l'utilisateur. Par exemple, dans le cas de la fonction Excel SOMME( ), les informations fournies à la fonction par l'utilisateur sont l'adresse d'une plage de cellules. Le programme de la fonction a pour mission de faire la somme des valeurs contenues dans la plage de cellules et de renvoyer le résultat à l'utilisateur.

On dit qu'une fonction reçoit des **paramètres** (ou **arguments**) et qu'elle renvoie une **valeur de retour**. Quand on exécute une fonction, on dit que l'on appelle une fonction ou que l'on fait un **appel de fonction**.

La syntaxe normale d'appel de fonction est :

```
Variable = Nom_de_fonction(Arguments)
```

`Variable` est le nom de la variable qui va recevoir la valeur de retour de la fonction. `Nom_de_fonction` est une fonction interne de Visual Basic ou bien une fonction définie par l'utilisateur. `Arguments` est une liste d'arguments qui peut être composée de variables, de constantes ou de valeurs littérales.

Voici un exemple d'appel de la fonction `Mid` qui permet d'extraire une chaîne de caractères à partir d'une autre chaîne :

```
Sub extrait()
Dim insee As String
Dim departement As String
insee = "2721171096076"
departement = Mid(insee, 6, 2)
MsgBox (departement)
End Sub
```

Le programme commence par déclarer deux variables `String` puis initialise la variable `insee` avec une chaîne de caractères représentant un numéro Insee. La ligne suivante appelle la fonction `Mid` avec trois arguments et la dernière ligne affiche la variable qui contient la valeur de retour renvoyée par la fonction.

Telle qu'elle est appelée, la fonction `Mid` extrait 2 caractères à partir du 6e caractère dans la chaîne insee, ce qui donne comme résultat "71" ; ce nombre représente le numéro du département de naissance de la personne qui possède ce numéro Insee. Pour utiliser la fonction `Mid`, il est préférable de connaître sa syntaxe et notamment la liste des arguments ainsi que leur ordre. Mais ce n'est pas totalement obligatoire car l'éditeur de Visual Basic procure une aide précieuse en la matière. En effet, quand vous saisissez dans l'éditeur de programmes un nom de fonction interne, dès que vous ouvrez la parenthèse qui délimite la liste des arguments, Visual Basic affiche une **info-bulle** qui vous donne des renseignements très importants (figure 8.1).

```
Sub extrait()
Dim insee As String
Dim departement As String
insee = "1721171094076"
departement = Mid(
MsgBox (depart Mid(String, Start As Long, [Length])
End Sub
```

Figure 8.1 – La saisie du nom d'une fonction déclenche l'affichage d'une info-bulle

Cette info-bulle indique que le premier argument de la fonction `Mid` est une chaîne de caractères (*String*). Le paramètre qui est indiqué en gras est celui que vous devez saisir. Dès que vous avez fini de saisir le premier paramètre et que vous avez tapé une virgule, l'info-bulle est modifiée et le deuxième paramètre passe en gras.

Cette information nous dit que le deuxième paramètre est un nombre (As Long) et qu'il s'agit de la valeur de départ de l'extraction de la chaîne (*Start* = départ en anglais). Il en va de même pour le troisième paramètre dès qu'on a fini de saisir le deuxième. L'info-bulle indique cette fois-ci qu'il s'agit d'une longueur (*Length* en anglais) et comme ce paramètre apparaît entre crochets, cela signifie qu'il est **façultatif** (voir figure 8.2).

Vous apprendrez en consultant l'aide en ligne que si le dernier paramètre est omis, c'est toute la chaîne à partir de la position de départ d'extraction qui est renvoyée.

```
Sub extrait()
Dim insee As String
Dim departement As String
insee = "1721171094076"
departement = Mid(insee,6,
MsgBox (depart Mid(String, Start As Long, [Length])
End Sub
```

Figure 8.2 – Les arguments facultatifs apparaissent entre crochets

Cette fonctionnalité documentaire est extrêmement pratique, surtout quand vous débutez l'apprentissage de Visual Basic. Elle vous dispense de connaître de manière rigoureuse la syntaxe complète des fonctions et vous vous contenterez, dans un premier temps, de connaître le nom de la fonction et ce qu'elle réalise pour vous laisser guider par cet assistant.

Les info-bulles sont bien évidemment disponibles pour toutes les fonctions internes de VB et quand vous ouvrez la parenthèse de la fonction `MsgBox`, l'écran illustré à la figure 8.3 apparaît :

```
Sub extrait()
Dim insee As String
Dim departement As String
insee = "1721171094076"
departement = Mid(insee, 6, 2)
MsgBox (
 MsgBox(Prompt, [Buttons As VbMsgBoxStyle = vbOKOnly], [Title], [HelpFile], [Context]) As VbMsgBoxResult
```

Figure 8.3 – Info-bulle de la fonction MsgBox

Grâce à cette aide, vous savez que la fonction `MsgBox` comporte 5 arguments, mais que seul le premier est obligatoire. Il s'agit du message (Prompt) que vous affichez dans la boîte de dialogue. Cette info-bulle nous renseigne également sur la valeur de retour de la fonction : le nom `VbMsgBoxResult` nous indique qu'il s'agit d'une **constante** définie par Visual Basic. Nous étudierons un peu plus loin le détail de cette fonction.

Si vous avez bien suivi, vous serez sans doute étonné de voir que l'appel de la fonction `MsgBox` s'effectue alors qu'aucune variable n'a été prévue pour récupérer la valeur de retour. La version correcte de l'appel de la fonction serait donc :

```
Sub extrait2()
Dim insee As String
Dim departement As String
Dim resultat
insee = "1721171094076"
departement = Mid(insee, 6)
```

```
resultat = MsgBox(departement)
MsgBox (resultat)
End Sub
```

Ce programme montre que la fonction MsgBox renvoie la valeur 1 et nous verrons plus tard sa signification. Il est donc possible d'exécuter certaines fonctions sans pour autant récupérer la valeur de retour. Ceci n'est guère recommandé, mais il faut reconnaître que lorsqu'on veut juste afficher une boîte de dialogue à titre informatif, il est plus rapide de ne pas prendre en compte la valeur de retour. Faites cependant attention : cette simplification de l'écriture ne marche pas pour toutes les fonctions et si vous essayez avec la fonction Mid, vous obtiendrez un message d'erreur. On pourrait penser que cette simplification est autorisée quand on n'a pas besoin de la valeur de retour, mais ceci n'est absolument pas vrai car l'appel de fonction suivant est parfaitement valide :

```
InputBox ("Ceci est un test")
```

et parfaitement inutile puisque si l'on emploie la fonction InputBox, c'est précisément pour récupérer la réponse de l'utilisateur qui, dans le cas présent, ne sera stockée dans aucune variable.

D'autre part, certaines fonctions ne comportent pas d'arguments et on laisse alors tomber les parenthèses. C'est notamment le cas de la fonction Date qui renvoie la date système :

```
MsgBox (Date)
```

Il serait d'ailleurs beaucoup plus logique et lisible d'écrire cette instruction comme ceci :

```
MsgBox (Date())
```

Mais Visual Basic vous l'interdit et si vous persistez à écrire l'appel de fonction tel quel dans l'éditeur, il sera automatiquement modifié pour revenir à la première formulation sans parenthèses.

Il est tout à fait possible d'**imbriquer plusieurs fonctions** et l'appel de fonction suivant est autorisé :

```
MsgBox ("Nous sommes le " & jour(Weekday(Date)) _
& " " & Str(Day(Date)) _
& " " & MonthName(Month(Date)) _
& " " & Str(Year(Date)))
```

Enfin, quand une fonction comporte plusieurs paramètres dont certains sont **facultatifs**, il faut faire attention quand on souhaite laisser de côté certains arguments. Nous avons vu que la fonction `MsgBox` comptait cinq paramètres dont seul le premier est obligatoire (le message à afficher). Le troisième paramètre est le titre de la fenêtre. Si l'on veut que la boîte de dialogue comporte un titre, il faut placer une virgule entre le premier et le troisième paramètre pour bien indiquer que le deuxième paramètre, qui est facultatif, n'est pas pris en compte. Voici un exemple de fonction `MsgBox` illustrant cette obligation syntaxique :

```
Message = MsgBox("Vous avez du courrier !", , _
"Réception d'un message")
```

Quand vous souhaitez omettre un paramètre facultatif dans une fonction, il faut donc placer une virgule à la place du paramètre dans la liste des arguments.

MSGBOX EN DÉTAIL

Cela fait plusieurs chapitres que nous utilisons la fonction `MsgBox` ; nous allons à présent en faire une étude approfondie car cette fonction est intéressante à plus d'un titre. Tout d'abord, elle est une pièce maîtresse dans le dialogue entre le programme et l'utilisateur ; de plus, nous verrons qu'on peut s'en servir pour chercher les erreurs dans un programme car elle peut facilement nous renseigner sur le contenu d'une variable ou d'une expression. Enfin, elle comporte de nombreux paramètres, ce qui en fait une fonction très puissante. Nous allons commencer par examiner ce que nous dit l'aide en ligne sur cette fonction et nous ferons ensuite une explication de texte. Nous vous rappelons que pour invoquer l'aide en ligne, il suffit, dans l'éditeur de programmes, de sélectionner le terme à rechercher et d'appuyer sur la touche de fonction F1.

Voici donc les informations que nous délivre le système d'aide :

MsgBox

Affiche un message dans une boîte de dialogue, attend que l'utilisateur clique sur un bouton, puis renvoie une valeur de type **Integer** qui indique le bouton choisi par l'utilisateur.

Syntaxe

```
MsgBox(prompt[, buttons] [, title] [, helpfile, context])
```

La syntaxe de la fonction `MsgBox` comprend les arguments nommés suivants :

Élément	Description
prompt	Expression de chaîne affichée comme message dans la boîte de dialogue. La longueur maximale de l'argument prompt est d'environ 1 024 caractères selon la largeur des caractères utilisés. Si l'argument prompt occupe plus d'une ligne, n'oubliez pas d'insérer un retour chariot (Chr(13)) ou un saut de ligne (Chr(10)) entre les lignes, ou une combinaison de caractères retour chariot-saut de ligne (Chr(13) & Chr(10)).
buttons	Facultatif. Expression numérique qui représente la somme des valeurs indiquant le nombre et le type de boutons à afficher, le style d'icône à utiliser, l'identité du bouton par défaut, ainsi que la modalité du message. Si l'argument buttons est omis, sa valeur par défaut est 0.
title	Facultatif. Expression de chaîne affichée dans la barre de titre de la boîte de dialogue. Si l'argument title est omis, le nom de l'application est placé dans la barre de titre.
helpfile	Facultatif. Expression de chaîne indiquant le fichier d'aide à utiliser pour fournir une aide contextuelle sur la boîte de dialogue. Si l'argument helpfile est défini, l'argument context doit l'être également.
context	Facultatif. Expression indiquant le numéro de contexte attribué par l'auteur de l'aide à la rubrique appropriée. Si l'argument context est défini, l'argument helpfile doit l'être également.

Pour l'instant, nous ne nous sommes servis de la fonction `MsgBox` que pour afficher des informations et l'utilisateur se contentait de cliquer sur le bouton OK. Mais un des buts de `MsgBox` est bien de renvoyer le numéro du bouton sur lequel l'utilisateur a cliqué ; ce qui est sans intérêt quand l'utilisateur ne peut que cliquer sur le bouton OK, raison pour laquelle on néglige la valeur de retour, revêt en revanche une importance capitale quand l'utilisateur doit par exemple confirmer la suppression d'un fichier dans une boîte de dialogue.

L'aide en ligne nous précise que `MsgBox` comporte cinq arguments nommés et il nous faut expliciter ce concept important. Un **argument nommé** est un paramètre dont le nom est connu par Visual Basic, ce qui a pour conséquence qu'au lieu de fournir une valeur pour chaque argument dans l'ordre défini par la syntaxe, on peut affecter des valeurs aux arguments nommés dans n'importe quel ordre.

Si l'on reprend notre exemple précédent, la ligne de code suivante :

```
Message = MsgBox("Vous avez du courrier !", , _
"Réception d'un message")
```

peut s'écrire également :

```
Message = MsgBox(Title:="Réception d'un message", _
prompt:="Vous avez du courrier !")
```

Le résultat sera strictement équivalent et vous pouvez remarquer d'une part que l'ordre des paramètres n'est pas respecté (le troisième paramètre vient en premier) et que d'autre part, il n'y a plus de virgule supplémentaire pour montrer que le deuxième paramètre a été omis. Il ne vous aura pas échappé non plus qu'entre le nom du paramètre et le signe égal figure le signe deux-points. Dans la plupart des langages de programmation, le symbole `:=` (les deux-points suivis du signe égal) est appelé **symbole d'affectation** et sert à affecter une valeur à une variable. Ce symbole a été inventé pour faire la différence entre le signe égal qui est en réalité un opérateur de comparaison servant à mesurer l'égalité de deux expressions. Dans de très nombreux langages, on écrit donc :

```
var := 10
```

pour affecter la valeur 10 à la variable `var`. En Visual Basic, cette possibilité ne se retrouve que pour affecter une valeur à des arguments nommés. La faculté d'utiliser des arguments nommés est très intéressante car elle améliore la lisibilité du code et vous n'avez plus à vous soucier des virgules à rajouter quand vous omettez des paramètres. Nous vous conseillons toutefois de garder l'ordre des paramètres car il n'y a *a priori* aucune raison valable pour le bouleverser. Nous vous recommandons donc d'utiliser les arguments nommés, même s'ils rallongent le code, mais vous devez être particulièrement attentifs à ne pas oublier les deux-points dans l'affectation des valeurs aux arguments car, dans le cas contraire, vous risquez d'être surpris du résultat. En effet, l'éditeur de programmes ne signalera aucune erreur, mais à l'exécution, le résultat ne sera pas celui escompté. En effet, le code suivant :

```
Message = MsgBox(Title = "Réception d'un message", _
prompt = "Vous avez du courrier !")
```

affichera une boîte de dialogue qui contient le libellé Faux.

Prompt

Prompt qui signifie *message* en anglais (le verbe *to prompt* veut dire souffler au théâtre et vous savez tous que les journalistes télé ont un prompteur) est le premier argument de `MsgBox` et c'est le seul qui soit obligatoire. L'aide en ligne indique que le message doit être une chaîne de caractères, donc une variable de type caractères ou bien un littéral encadré par des guillemets. Cela étant, `MsgBox` est beaucoup plus souple que ne le prétend l'aide en ligne et le programme suivant :

```
Dim varnum As Integer
varnum = 1000
MsgBox (varnum)
MsgBox (Date)
```

affichera bien une boîte de dialogue contenant la valeur 1 000, puis une autre boîte de message contenant la date système, bien qu'il s'agisse d'une variable numérique et d'une fonction renvoyant une date.

Vous pouvez en fait afficher un peu ce que vous voulez pourvu que l'expression soit valide et ne mélange pas les types de données comme l'illustrent les exemples suivants :

```
Dim varnum1 As Integer, varnum2 As Integer
varnum1 = 1000
varnum2 = 90
MsgBox (varnum1 + varnum2) ' affiche 1090
MsgBox (Date + varnum2) ' affiche la date système + 90 jours
MsgBox (varnum1 + " feux") ' provoque une erreur de type
MsgBox (varnum1 + "10") ' affiche 1010
```

L'aide en ligne indique que la longueur maximale de l'argument ***prompt*** est d'environ 1 024 caractères selon la largeur des caractères utilisés.

Les tests que nous avons menés confirment ce chiffre. La saisie de très longues chaînes de caractères dans l'éditeur de programmes est assez peu ergonomique car le caractère de soulignement ne peut pas être utilisé au milieu d'une chaîne de caractères pour découper la ligne logique en plusieurs lignes physiques. D'autre part, une ligne de programme n'est pas non plus extensible à l'infini et ne peut pas dépasser 1 023 caractères. Si on souhaite faire afficher un texte relativement long dans une boîte de dialogue, le plus simple est encore de décomposer le texte en plusieurs parties et de stocker chacune de ces parties dans une variable caractère. Ensuite, une simple fonction telle que celle-ci :

```
MsgBox (a + b + c + d)
```

pourra afficher la boîte de dialogue en concaténant (en mettant bout à bout) le contenu des variables (figure 8.4) :

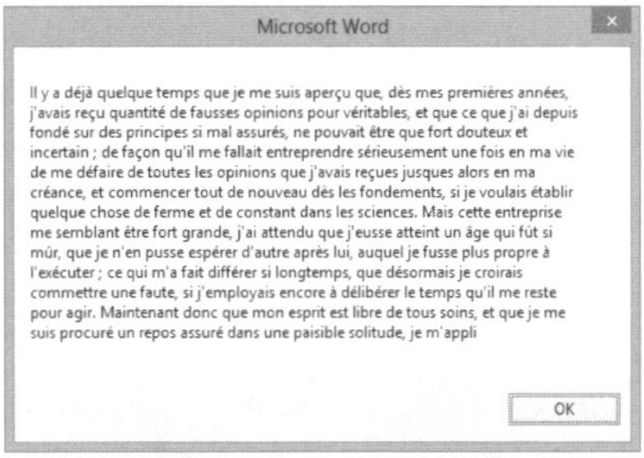

Figure 8.4 – En concaténant des variables, on peut afficher un texte très long

Dans notre exemple, le paramètre prompt contient 1 113 caractères et comme la chaîne est trop longue, elle est tronquée et seuls les 1 023 premiers caractères sont affichés. La chaîne étant d'un seul bloc, elle est affichée sans que l'on puisse maîtriser les retours à la ligne qui dépendent de la résolution de l'affichage. Par conséquent, si vous changez la résolution de votre écran, vous obtiendrez une boîte de dialogue dont les lignes seront plus ou moins longues. Si l'on souhaite pouvoir forcer les retours à la ligne, il faut ajouter à la fin de chaque ligne un caractère de contrôle. L'aide nous indique qu'il faut insérer un retour chariot (**Chr**(13)) ou un saut de ligne (**Chr**(10)) entre les lignes, ou une combinaison de caractères retour chariot-saut de ligne (**Chr**(13) & **Chr**(10)).

Le programme suivant produit en fait trois fois la même boîte de dialogue et il n'y a aucune différence entre ces trois méthodes pour sauter une ligne dans une boîte de dialogue (figure 8.5) :

```
MsgBox ("Première ligne" + Chr(10) + _
"Deuxième ligne.")
MsgBox ("Première ligne" + Chr(13) + _
"Deuxième ligne.")
MsgBox ("Première ligne" + Chr(13) & Chr(10) + _
"Deuxième ligne.")
```

Figure 8.5 – Sauts de ligne dans le message d'une boîte de dialogue

Ces caractères, Chr(10) et Chr(13), sont ce qu'on appelle des **caractères de contrôle**. Ils font partie du jeu de caractères ASCII et la fonction Chr, quand on lui fournit un paramètre numérique, renvoie le caractère qui est associé au code ASCII. Le code ASCII est un code universel qui comprend une table de caractères numérotés de 0 à 255. Le code 32 correspond à l'espace et les caractères dont le code est inférieur à 32 ne sont pas imprimables. Le caractère ASCII n° 10 a pour nom **LF** qui est l'abréviation de *Line Feed* (saut de ligne en anglais). Le caractère ASCII n° 13 a pour nom **CR** qui est l'abréviation de *Carriage Return* (retour de chariot en anglais). Si pour sauter une ligne, vous ne souhaitez pas utiliser la fonction Chr, vous pouvez employer les constantes Visual Basic suivantes :

Constante	Équivalent	Description
VbCrLf	Chr(13) + Chr(10)	Combinaison des caractères de retour chariot et de saut de ligne
VbCr	Chr(13)	Caractère de saut de paragraphe
VbLf	Chr(10)	Caractère de saut de ligne
VbNewLine	Chr(13) + Chr(10) ou, sur Macintosh, Chr(13)	Caractère de saut de ligne spécifique à la plate-forme ; choix en fonction de la plate-forme

Si ces constantes ne sont pas très parlantes pour vous, vous avez la possibilité de déclarer vos propres constantes, comme l'illustre le programme ci-dessous :

```
Const sautligne = vbCr
MsgBox ("Première ligne" + sautligne + _
"Deuxième ligne.")
MsgBox ("Première ligne" + vbCr + _
"Deuxième ligne.")
```

Mais gardez bien à l'esprit que ce n'est pas parce que vous sautez des lignes que vous vous affranchissez de la limite des 1 024 caractères pour la taille du message. Le programme suivant illustre cette limitation :

```
Dim var As String
var = "Science sans conscience n'est que ruine de l'âme."
MsgBox (Len(var))
var = var + Chr(13)
MsgBox (Len(var))
For i = 1 To 5
```

```
var = var + var
Next i
MsgBox (Len(var))
MsgBox (var)
```

Le programme déclare et initialise la variable var puis affiche la longueur de cette variable (en l'occurrence 49) grâce à la fonction `Len`. On ajoute à la variable var un retour de chariot pour passer à la ligne, ce qui fait passer la longueur de la variable à 50 caractères. Grâce à une boucle, on augmente par progression géométrique (1 + 1, 2 + 2, 4 + 4, 8 + 8, 16 + 16) la longueur de la variable, qui à la sortie de la boucle mesure 1 600 caractères (soit 50 * 32) et compte 21 lignes. Si vous exécutez ce programme, vous constaterez que la totalité des lignes n'est pas affichée et que notre variable est tronquée à 1 023 caractères (20 lignes de 50 caractères + 1 ligne de 23 caractères).

Buttons

Le deuxième argument permet d'indiquer le nombre et le type de boutons qui figurent dans la boîte de dialogue. Si l'on omet cet argument, `MsgBox` affiche par défaut le bouton OK (valeur 0). L'aide en ligne précise que l'argument ***buttons*** prend les valeurs suivantes :

Constante	Valeur	Description
VbOKOnly	0	Affiche le bouton OK uniquement
vbOKCancel	1	Affiche les boutons OK et Annuler
vbAbortRetryIgnore	2	Affiche le bouton Abandonner, Réessayer et Ignorer
vbYesNoCancel	3	Affiche les boutons Oui, Non et Annuler
VbYesNo	4	Affiche les boutons Oui et Non
vbRetryCancel	5	Affiche les boutons Réessayer et Annuler
vbCritical	16	Affiche l'icône Message critique
vbQuestion	32	Affiche l'icône Requête d'avertissement
vbExclamation	48	Affiche l'icône Message d'avertissement

Constante	Valeur	Description
vbInformation	64	Affiche l'icône Message d'information
vbDefaultButton1	0	Le premier bouton est le bouton par défaut
vbDefaultButton2	256	Le deuxième bouton est le bouton par défaut
vbDefaultButton3	512	Le troisième bouton est le bouton par défaut
vbDefaultButton4	768	Le quatrième bouton est le bouton par défaut
vbApplicationModal	0	Boîte de dialogue modale. L'utilisateur doit répondre au message affiché dans la zone de message avant de pouvoir continuer de travailler dans l'application en cours
vbMsgBoxHelpButton	16384	Ajoute le bouton Aide à la zone de message

L'aide en ligne fournit des informations concernant trois autres constantes nommées `vbSystemModal`, `vbMsgBoxSetForeground` et `vbMsgBoxRight`. Ces constantes ne fonctionnent pas et il est donc inutile de perdre du temps à essayer de les faire marcher. On a ici l'exemple typique d'une fonctionnalité qui a été implémentée sous Windows 3.1 et qu'on a conservée pour d'obscures raisons de compatibilité sans prendre la peine de réviser la documentation. Cela prouve encore une fois, si besoin en était, qu'il ne faut pas faire confiance à tout ce qui est écrit ; cette dernière remarque, bien évidemment, ne vaut pas pour ce livre...

La documentation nous indique ensuite comment utiliser ces valeurs :

« Le premier groupe de valeurs (0 à 5) décrit le nombre et le type de boutons affichés dans la boîte de dialogue. Le deuxième groupe (16, 32, 48 et 64) décrit le style d'icône. Le troisième groupe (0, 256 et 512) définit le bouton par défaut. Enfin, le quatrième groupe (0 et 4 096) détermine la modalité de la zone de message. Au moment d'additionner ces nombres pour obtenir la valeur finale de l'argument ***buttons***, ne sélectionnez qu'un seul nombre dans chaque groupe. »

En fait, le quatrième groupe n'a plus aucune raison d'être parce que depuis Windows 95, les systèmes 32-bits sont devenus vraiment multitâches et par défaut, les boîtes de dialogue `MsgBox` sont **modales** (c'est-à-dire bloquantes) par rapport à l'application hôte, mais n'empêchent absolument pas les autres applications de tourner. Afin d'éclairer toutes ces possibilités, nous allons examiner quelques exemples.

Si l'on souhaite afficher une boîte telle que celle qui est illustrée à la figure 8.6, le premier paramètre doit avoir pour valeur `"Voulez-vous vraiment supprimer ce fichier ?"`, le deuxième paramètre doit avoir pour valeur 275 qui se décompose de la manière suivante :

- 3 : affiche les boutons Oui, Non et Annuler.
- 16 : affiche l'icône Message critique.
- 256 : le deuxième bouton est le bouton par défaut.

Le troisième paramètre doit avoir pour valeur `"Alerte"`, ce qui au final donne le code suivant :

```
reponse = MsgBox("Voulez-vous vraiment supprimer ce fichier ?" _
, 275, "Alerte")
```

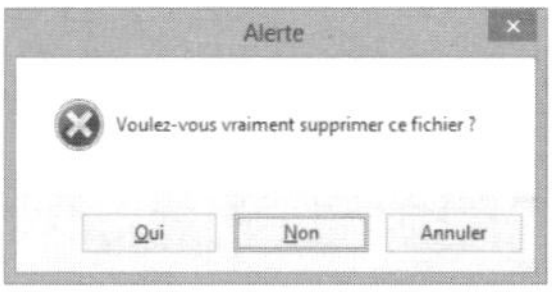

Figure 8.6 – Boîte de dialogue avec des boutons et un titre

Bien évidemment, il est beaucoup plus lisible d'utiliser les constantes définies par Visual Basic et le code qui suit est préférable :

```
reponse = MsgBox("Voulez-vous vraiment supprimer ce fichier ?" _
, vbYesNoCancel + vbCritical + vbDefaultButton2, "Alerte")
```

Cette manière de coder est d'autant plus simple à réaliser que l'éditeur, une nouvelle fois encore, nous facilite grandement la tâche comme vous pouvez le voir à la figure 8.7.

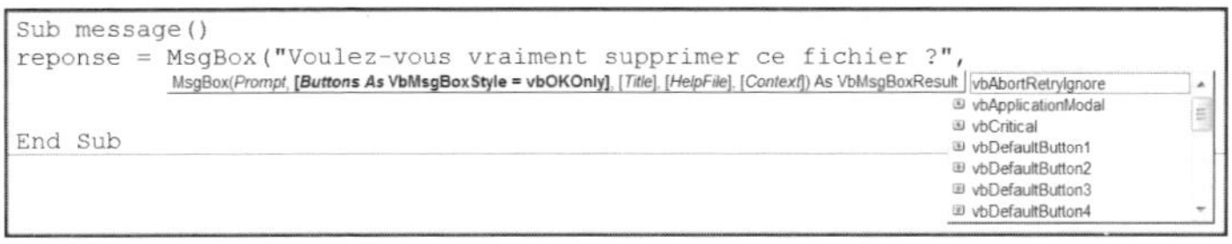

Figure 8.7 – L'éditeur affiche les constantes valides pour ce paramètre

Dès que l'on a saisi la virgule qui sépare le premier du deuxième argument, l'éditeur affiche dans une liste déroulante les constantes du paramètre. Il suffit alors de se déplacer dans la liste pour trouver la bonne constante et, en appuyant sur la barre d'espacement ou la touche de tabulation, on insère la constante dans le code. Si l'on veut ajouter plusieurs constantes, on tape le signe plus (+) et la liste déroulante réapparaît. Pour afficher la liste déroulante, vous pouvez aussi faire un clic droit et choisir dans le menu contextuel la commande Compléter le mot. N'utilisez pas les constantes `vbSystemModal`, `vbMsgBoxSetForeground` et `vbMsgBoxRight` qui ne servent à rien. La constante `vbMsgBoxRtlReading` indique, quant à elle, que le texte doit apparaître de droite à gauche sur les systèmes hébraïques et arabes.

La fonction `MsgBox` va donc renvoyer une valeur qui correspond au bouton sur lequel l'utilisateur a cliqué. Ces valeurs sont numériques mais Visual Basic fournit des constantes qu'il vaut bien mieux utiliser. En voici la liste :

Constante	**Valeur**	**Description**
VbOK	1	OK
vbCancel	2	Annuler
vbAbort	3	Abandonner
vbRetry	4	Réessayer
vbIgnore	5	Ignorer
VbYes	6	Oui
VbNo	7	Non

Si la boîte de dialogue est dotée d'un bouton Annuler, le fait d'appuyer sur la touche ECHAP équivaut à cliquer sur le bouton Annuler.

Dans un programme, il faudra utiliser un test conditionnel (`If Then` ou bien condition dans une boucle) pour traiter le choix de l'utilisateur. Voyons un court exemple où la réponse de l'utilisateur permet de sortir d'une boucle :

```
Sub jeu()
Dim x As Byte
Dim y As Byte
Dim reponse As Byte
MsgBox ("J'ai choisi un nombre de 1 à 100 que vous devez deviner." _
```

```
+ Chr(13) _
+ "Quand vous tapez un nombre, je vous dis s'il est plus grand" _
+ Chr(13) _
+ "ou plus petit que le nombre secret." + Chr(13) _
+ "Vous avez 10 essais pour trouver ce nombre.")
Do
    ' Initialise le générateur de nombres aléatoires
    Randomize
    ' x est le nombre tiré au hasard qu'il faut deviner
    x = Int((99 * Rnd) + 1)
        For i = 1 To 10
        y = InputBox("Entrez un nombre entre 1 et 100")
            If y = x Then
            MsgBox ("Bravo, vous avez trouvé le nombre secret !")
            Exit For
            ElseIf y > x Then
            MsgBox ("Trop grand !")
            Else
            MsgBox ("Trop petit !")
            End If
        Next i
        If i = 11 Then
        MsgBox ("Vous n'avez pas réussi à trouver en 10 coups !")
        End If
    reponse = MsgBox("Voulez-vous recommencer une partie ?", _
    vbYesNo + vbQuestion + vbDefaultButton2, _
    "Nouvelle partie")
Loop Until reponse = vbNo
End Sub
```

Vous remarquerez que l'indentation du programme permet de bien visualiser les structures de contrôle.

Le troisième paramètre, *title* (titre en anglais), se passe de commentaires. Faites attention cependant à ne pas employer des titres trop longs, sinon, ils seront tronqués. La longueur du titre de la fenêtre dépend de la résolution de l'affichage et à titre indicatif, en résolution de 1 024 par 768, le titre de la fenêtre ne peut pas dépasser une centaine de caractères.

Les deux derniers arguments de `MsgBox`, *helpfile* et *context* servent à définir des rubriques d'aide et leur étude sort du cadre de cet ouvrage.

La fonction `MsgBox` vous servira dans tous vos programmes pour délivrer des informations à l'utilisateur ou bien pour valider ses choix. Il s'agit donc d'une fonction primordiale pour la gestion de l'interface utilisateur de vos macros et il convient d'attacher le plus grand soin à la sélection de ses paramètres.

Astuce

Comme les options de `MsgBox` sont nombreuses et qu'il n'est pas toujours évident de déterminer *a priori* l'aspect visuel d'une boîte de dialogue, nous avons écrit (en VBA, bien évidemment) un programme qui permet de définir les paramètres de manière interactive et ensuite de tester la fonction `MsgBox` pour voir le résultat final ; quand on est satisfait, on peut ensuite générer le code de la fonction. Ce programme, qui est disponible avec le code de ce livre, vous permettra de créer facilement des boîtes de dialogue. Vous pourrez également examiner la manière dont il a été écrit en affichant le code qui est stocké dans le formulaire (dans l'Explorateur de projets, développez le nœud Feuilles, faites afficher le formulaire intitulé GencodeMsgBox en faisant un double clic sur son nom, puis appuyez sur la touche F7).

FONCTIONS DE VISUAL BASIC

Il existe un peu plus de 150 fonctions en Visual Basic. Même s'il vous est impossible de toutes les mémoriser, il est important de connaître leur existence ou tout du moins les grandes catégories de fonctions de manière à pouvoir orienter votre recherche. En effet, il est particulièrement inutile d'écrire du code qui existe déjà, et avant de vous lancer dans l'écriture d'un programme, vous devez vous demander si Visual Basic ne possède pas une fonction qui répond à votre besoin. Pour prendre un exemple, si vous souhaitez extraire la racine carrée d'un nombre, ne tentez pas de rédiger une macro qui accomplisse cette tâche ; la fonction `Sqr` fera très bien l'affaire.

Dans les fichiers qui accompagnent cet ouvrage, nous avons rédigé un document que vous pourrez afficher ou imprimer et qui présente les différentes catégories de fonctions ; quand vous aurez un besoin particulier, il vous faudra consulter ce document afin de vérifier si une fonction convient à vos exigences. Les tableaux listent les fonctions par catégorie et par ordre alphabétique, chaque nom de fonction étant accompagné d'une courte description. Si vous repérez une fonction qui est susceptible de vous intéresser, il faudra aller voir sa description complète dans l'aide en ligne.

Écrire ses propres fonctions

Visual Basic offre des fonctions qui couvrent de nombreux domaines et ces fonctions suffiront à votre bonheur dans la majorité des cas. Mais il arrivera forcément un jour où vous vous trouverez dans une situation où les fonctions internes de VB ne font pas l'affaire et vous serez alors dans l'obligation de créer votre propre fonction. En fait, créer ses propres fonctions n'est pas plus compliqué qu'écrire un autre programme puisqu'une fonction n'est jamais qu'un programme qui renvoie une valeur. On n'est d'ailleurs jamais obligé d'écrire une fonction, mais c'est souvent un moyen élégant de résoudre un problème. Dans le chapitre 6, nous avons écrit un programme pour connaître le jour de naissance quand on fournit la date de naissance :

```
Dim vardate As Date, journaissance As Byte
vardate = InputBox _
("Entrez votre date de naissance au format JJ/MM/AAAA")
journaissance = Weekday(vardate)
If journaissance = 1 Then
MsgBox ("Vous êtes né un dimanche")
ElseIf journaissance = 2 Then
MsgBox ("Vous êtes né un lundi")
ElseIf journaissance = 3 Then
MsgBox ("Vous êtes né un mardi")
ElseIf journaissance = 4 Then
MsgBox ("Vous êtes né un mercredi")
ElseIf journaissance = 5 Then
MsgBox ("Vous êtes né un jeudi")
ElseIf journaissance = 6 Then
MsgBox ("Vous êtes né un vendredi")
Else
MsgBox ("Vous êtes né un samedi")
End If
```

Avouez que le même programme serait beaucoup plus concis et lisible s'il s'écrivait comme ceci :

```
Dim vardate As Date
vardate = InputBox _
("Entrez votre date de naissance au format JJ/MM/AAAA")
MsgBox("Vous êtes né un " + jour(Weekday(vardate)))
```

Bien évidemment, il n'y a pas de miracle et si le programme a fondu, c'est parce que nous avons créé une fonction baptisée **jour** (appel en gras dans le code) qui va jouer le même rôle que dans le premier programme, à savoir fournir le nom du jour en clair à la place d'un numéro de 1 à 7.

Quel est l'intérêt d'écrire une telle fonction ? Outre la lisibilité qui est manifeste, la création d'une fonction va permettre un gain de temps car il est possible de la réutiliser dans n'importe quel autre programme. Une fois que la fonction est écrite, il suffit d'une seule ligne de code pour l'appeler. En effet, notre premier programme marche parfaitement, mais s'il faut encore renvoyer le nom d'un jour de la semaine au sein du même programme ou bien dans une autre macro, il faudra écrire à nouveau une quinzaine de lignes de code. Même s'il est facile de copier cette portion de code et de la coller ailleurs, cette solution n'est pas élégante et alourdit considérablement les programmes. En théorie, dès qu'on écrit deux fois le même code, il serait souhaitable d'en faire une fonction.

D'autre part, notre premier programme est très spécifique et il ne pourra pas nous servir pour afficher une date avec le nom du jour en entier puisqu'il ne sert que pour les dates de naissance. Notre fonction **jour**, quant à elle, est beaucoup plus flexible et générique. Nous allons à présent voir comment rédiger cette fonction et vous pourrez vous apercevoir que cela est extrêmement simple. Pour créer une fonction, on utilise la syntaxe suivante :

```
Function Nom_de_la-fonction([arguments]) [As Type]
Instructions de la fonction
End Function
```

Ce qui dans le cas de notre fonction **jour** donne :

```
Function jour(NumJour As Byte) As String
Select Case NumJour
Case 1
jour = "Dimanche"
Case 2
jour = "Lundi"
Case 3
jour = "Mardi"
Case 4
jour = "Mercredi"
Case 5
jour = "Jeudi"
Case 6
jour = "Vendredi"
Case 7
jour = "Samedi"
End Select
End Function
```

Remarque

Il existe une fonction interne à Visual Basic appelée `WeekdayName` qui joue pratiquement le même rôle que notre fonction `jour`, mais son utilisation est plus complexe. Notre fonction s'appelle jour parce qu'elle renvoie un nom de jour et autant que faire se peut, il vaut mieux utiliser un nom de fonction descriptif. Les règles d'attribution du nom des fonctions sont les mêmes que pour les identificateurs de Visual Basic.

À la suite du nom de la fonction, se trouvent entre parenthèses les **arguments** de la fonction. La fonction peut ne comporter aucun argument ou bien en comporter plusieurs. S'il y a plus d'un argument, ils doivent être séparés par des virgules. Il est préférable de choisir des noms d'arguments significatifs car nous verrons tout à l'heure que cela a son importance. Il est également judicieux de déclarer un type pour les paramètres car cela permet un meilleur contrôle de votre code.

Après la liste des arguments, vous pouvez préciser le type de données de la valeur de retour. Encore une fois, il est préférable d'écrire un code fortement typé, c'est-à-dire comportant des variables déclarées explicitement avec un type autre que Variant.

Dans le corps de la fonction, vous devez calculer la **valeur que votre fonction doit renvoyer**. Pour indiquer la valeur qui est retournée, il suffit qu'une ligne de code mentionne :

```
Nom_de_fonction = valeur renvoyée
```

Voilà ! Vous savez à présent écrire des fonctions. En pratique, il suffit d'écrire dans l'éditeur de programmes une fonction pour pouvoir l'utiliser tout de suite comme le montre la copie d'écran suivante :

```
Sub bonjour()
MsgBox ("Nous sommes " + cstr(jour(
End Sub                     jour(NumJour As Byte) As String
```

Figure 8.8 – Une info-bulle apparaît aussi pour les fonctions personnalisées

Vous pouvez remarquer également que Visual Basic s'est approprié votre fonction puisqu'il propose une info-bulle décrivant le nom du paramètre, son type et la valeur de retour de votre fonction, d'où l'utilité de ne pas choisir des noms ésotériques pour vos paramètres.

Utiliser une fonction personnalisée dans Excel

Quand vous avez écrit une fonction en VBA, vous pouvez l'utiliser dans Excel comme s'il s'agissait d'une fonction intégrée, comme `SOMME()`, en la faisant précéder du signe égal dans la barre de formule. Pour ce faire, il suffit d'insérer un module (commande Insertion→Module dans l'éditeur de programmes) dans le projet Excel où vous voulez utiliser votre fonction puis de recopier le code de la fonction dans ce module.

Si vous voulez utiliser votre fonction dans toutes vos feuilles de calcul, le plus simple est alors de recopier cette fonction dans un module du classeur de macros personnelles (dans l'Explorateur de projets, le classeur de macros personnelles apparaît sous le nom VBAProject (Personal.xlsb)). Quand vous écrivez une fonction personnalisée dans Excel, faites cependant particulièrement attention à ce que le nom de votre fonction ne rentre pas en concurrence avec l'une des 300 fonctions intégrées d'Excel. Ainsi, le nom que nous avons choisi pour notre exemple de fonction personnalisée (jour) ne convient pas car il existe déjà une fonction nommée `JOUR()` dans Excel. Il faut dans ce cas choisir un autre nom pour la fonction personnalisée (par exemple nomjour).

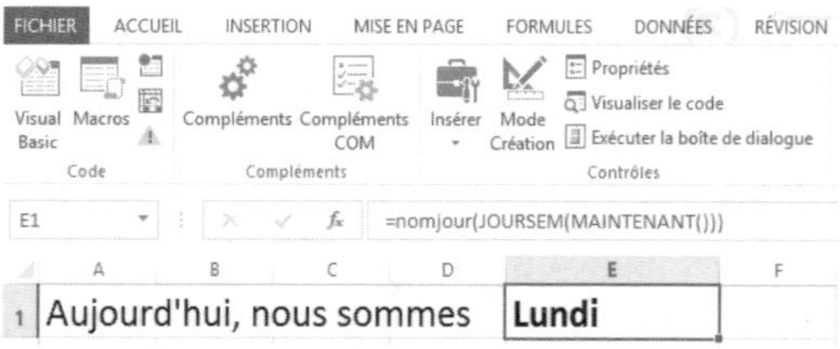

Figure 8.9 – Utilisation d'une fonction personnalisée dans une formule

Quand vous créez une fonction de toutes pièces, vous devez cependant faire très attention à ne pas choisir le **nom** d'une fonction interne de VB car dans ce cas, vous redéfiniriez la fonction interne, ce qui pourrait causer de sérieux problèmes. Aucune protection n'existe en ce domaine et vous pouvez très bien définir une fonction de la sorte :

```
Function Second(nombre1 As Double, nombre2 As Double) As Double
If nombre1 > nombre2 Then
Second = nombre2
Else
Second = nombre1
End If
End Function
```

Cette fonction qui renvoie le plus petit de deux nombres marche sans doute très bien, mais elle a l'immense défaut d'avoir le même nom qu'une fonction interne de Visual Basic qui est censée renvoyer une valeur indiquant un nombre entier compris entre 0 et 59 qui représente la seconde de la minute en cours.

Paramètres facultatifs

Comme nous l'avons déjà vu, un argument nommé est composé d'un nom d'argument suivi des deux-points et du signe égal (:=), puis de la valeur de l'argument. Les arguments nommés sont particulièrement pratiques lors de l'appel d'une fonction comportant des arguments facultatifs. Si vous utilisez des arguments nommés, il n'est pas nécessaire d'inclure des virgules pour signaler les arguments manquants. L'utilisation d'arguments nommés permet donc de voir plus facilement les arguments passés et omis.

Les arguments facultatifs sont précédés du mot clé `Optional` dans la définition de la fonction. Vous pouvez également préciser une valeur par défaut pour l'argument facultatif dans la définition de la fonction. On peut ainsi améliorer notre fonction jour et proposer un deuxième argument facultatif qui indique si l'initiale du nom du jour doit comporter une majuscule ; en voici la seconde mouture :

```
Function jour(NumJour As Byte, _
Optional Majuscule As Boolean = True) As String
Select Case NumJour
Case 1
jour = "dimanche"
Case 2
jour = "lundi"
Case 3
jour = "mardi"
Case 4
jour = "mercredi"
Case 5
jour = "jeudi"
Case 6
jour = "vendredi"
Case 7
jour = "samedi"
End Select
If Majuscule Then
' Met une majuscule à l'initiale
jour = UCase(Left(jour, 1)) + Mid(jour, 2)
End If
End Function
```

Le deuxième paramètre est un paramètre optionnel qui a une **valeur par défaut** initialisée à `True`. Si ce paramètre est omis, la fonction renvoie le nom du jour avec une majuscule ; si cette fonction est appelée avec le paramètre `Majuscule` initialisé à `False`, le nom du jour est retourné en minuscules. On peut appeler la fonction de trois manières différentes et l'éditeur nous assiste dans la saisie des paramètres puisqu'il nous indique que le paramètre `Majuscule` est optionnel (il est inscrit entre crochets) et en plus il nous désigne les deux valeurs disponibles pour ce paramètre.

Figure 8.10 – L'éditeur affiche une info-bulle ainsi que les valeurs valides du paramètre facultatif

CONCLUSION

Au cours de ce chapitre, nous avons vu la différence entre les procédures et les fonctions. Nous avons également étudié en détail la fonction MsgBox qui constitue la base du dialogue avec l'utilisateur d'une macro. Nous avons aussi exploré l'aide en ligne de VBA et appris à utiliser les constantes VB dans l'éditeur de programmes. Visual Basic possède une riche bibliothèque de fonctions que vous devez utiliser dans l'écriture de vos programmes chaque fois que cela est nécessaire. Faites cependant attention à bien tester les fonctions que vous employez car il y a parfois des pièges et la documentation n'est pas toujours à la hauteur. Enfin, quand vous ne trouvez pas la fonction qui vous convient parfaitement, retroussez vos manches et créez votre propre fonction. Vos macros gagneront ainsi en **modularité** et en **lisibilité**.

Nous avons à présent fait le tour du langage Visual Basic et il nous reste, pour être tout à fait complet et exploiter la puissance des applications hébergeant VBA, à étudier le concept d'objet que nous allons aborder dans la prochaine partie.

PARTIE 3

Modèles d'objets

9

Objets

En français, le terme **objet** est un mot vraiment passe-partout : si l'on jette un coup d'œil dans un dictionnaire, on s'apercevra que dans son acception la plus courante, son meilleur synonyme est *chose* et dans un registre plus familier, *truc*, *machin*, *bidule*. Étymologiquement, objet désigne d'ailleurs ce qui est placé devant soi, ce qui a pour conséquence que virtuellement tout peut être un objet. Le terme *objet* est devenu très à la mode en informatique depuis une trentaine d'années avec l'apparition du langage C++ ; on s'est mis alors à parler de **programmation orientée objets (POO)** ou de programmation par objets. Pourtant, l'apparition du premier langage objet eut lieu au milieu des années 1960 avec Simula 67, puis Smalltalk. Smalltalk était le langage utilisé pour programmer l'interface utilisateur graphique inventée par les ingénieurs de Xerox au Palo Alto Research Center (PARC) dont s'inspirèrent très largement les créateurs du Macintosh. Ce type d'interface fut également imité, ce qui donna naissance, quelques années plus tard, à Windows (fin de la leçon d'histoire).

Aujourd'hui, de nombreux ayatollahs ont tendance à penser que si l'on ne programme pas objet, on n'est rien en informatique. Nous emploierons ici un propos beaucoup plus nuancé car nous considérons que si la théorie de la programmation objet peut se révéler séduisante, certains concepts demeurent flous et son implémentation (sa mise en œuvre) peut être très décevante. De plus, même si Office est constellé d'objets, il est clair que VBA n'est pas un langage orienté objets. Enfin, nous montrerons qu'on peut très bien programmer Office sans maîtriser les concepts de programmation par objets. Cette bonne nouvelle a pour conséquence que vous ne subirez pas ici de longs discours théoriques sur la POO et que nous ferons l'économie de la métaphore de l'automobile présentée comme un système objet, grand classique de tous les ouvrages traitant de la POO. Nous pensons en effet que l'on peut très bien utiliser la puissance de Word, d'Excel d'Access, d'Outlook et de PowerPoint dans des programmes VBA en ignorant complètement les concepts de la POO. Quand vous connaîtrez bien le modèle objet d'Office, il sera toujours temps de vous plonger dans la théorie des objets et de créer éventuellement vos propres objets.

DÉFINITION D'UN OBJET

En fait, dans Windows, tout ou presque est un objet ; ainsi, une fenêtre, un ascenseur, un bouton dans une boîte de dialogue sont des objets. Microsoft définit un objet comme une combinaison de code et de données pouvant être traitée comme une entité. Classiquement, les programmeurs avaient l'habitude de séparer les données des traitements (commandes et fonctions). Avec la POO, on traite globalement le code et les données au sein d'un objet. On retrouve néanmoins cette distinction car un objet est constitué de **propriétés** et de **méthodes**. Les propriétés d'un objet sont ses attributs ; elles définissent les caractéristiques d'un objet. Si l'on prend l'exemple d'une fenêtre, ses propriétés sont sa taille, sa couleur, sa position, etc. Les méthodes sont des procédures agissant sur un objet : réduire, restaurer, agrandir et fermer sont les méthodes d'un objet fenêtre. Une méthode est identique à une fonction, mais elle ne renvoie pas de valeur de retour. Les propriétés sont donc censées contenir des informations sur les objets et les méthodes exercer des actions sur les objets. Cette distinction dans les faits n'est malheureusement pas toujours aussi claire comme nous allons le voir. Reprenons l'exemple de notre objet fenêtre : cet objet a une propriété Visible qui indique si la fenêtre est visible ou non. Si cette propriété est vraie et que l'on décide de la modifier, cela aura pour effet de rendre l'objet invisible. Cette propriété a donc pour effet d'afficher ou de masquer la fenêtre et on aurait pu tout aussi bien employer une méthode dans ce cas précis.

OBJETS DANS OFFICE

Les objets sont également omniprésents dans Office ; prenons le cas de Word : les moindres éléments du logiciel sont considérés comme des objets. Pour ne prendre que quelques exemples, un paragraphe, la sélection, une phrase, un mot, voire un caractère sont des objets. Office est un logiciel très puissant et très complet qui permet à un utilisateur d'accomplir de très nombreuses tâches ; mais ce qui en fait un logiciel incomparable, c'est qu'il met à la disposition du programmeur ses composants. En fait, programmer Office consiste à utiliser les objets qui constituent Office en employant le **langage de programmation VBA**. De la même manière que nous avons utilisé des variables pour manipuler des informations, nous allons à présent utiliser les objets d'Office pour traiter des données. Les actions que nous pourrons accomplir sur les objets ne sont pas très nombreuses et elles se résument à :

- lire la propriété d'un objet,
- modifier la propriété d'un objet,
- exécuter la méthode d'un objet.

Pour programmer Office, il faut connaître la grammaire (VBA) et le vocabulaire (les objets) d'Office. Nous avons vu dans les chapitres précédents que la syntaxe de VBA était relativement simple, mais il faut en revanche reconnaître que la manipulation des objets dans Office n'est pas toujours une partie de plaisir. Il y a principalement trois raisons à cela : tout d'abord, la terminologie objet n'est pas toujours claire et cohérente ; en outre, il y a plusieurs manières d'accéder à des objets et enfin il y a une pléthore d'objets, ce qui fait qu'on ne sait pas très bien par où commencer quand on veut entamer l'étude des objets d'Office. Pour ne prendre qu'un seul exemple, le manuel de référence des objets de Word comporte près de 1 500 pages… Dans ces conditions, comment s'y retrouver ?

Il y a plusieurs méthodes et nous allons élaborer une stratégie qui vous permettra d'avancer à votre rythme et de trouver les réponses aux questions que vous vous posez. Nous allons par conséquent voir dans ce chapitre comment apprivoiser un modèle objet puis nous étudierons dans les chapitres suivants les principaux objets de Word, d'Excel d'Access, d'Outlook et de PowerPoint.

UN OBJET EN SITUATION

Si l'on prend l'exemple d'une macro enregistrée qui insère un tableau de 6 lignes et de 7 colonnes, on s'aperçoit que le générateur de code a produit l'extrait de programme suivant :

```
ActiveDocument.Tables.Add _
    Range:=Selection.Range, _
```

```
NumRows:=6, _
NumColumns:=7, _
DefaultTableBehavior:=wdWord9TableBehavior, _
AutoFitBehavior:=wdAutoFitFixed
```

Cette ligne de code ne ressemble à rien de ce que nous avons déjà étudié. Cette instruction n'est ni une commande (on ne retrouve aucun mot faisant partie de la liste des commandes) ni une fonction interne de Visual Basic. Il s'agit en fait d'un objet.

La première chose qui étonne dans cette syntaxe est l'utilisation des points : le point est ici considéré comme un séparateur ; il indique le chemin à parcourir dans la **hiérarchie des objets** un peu comme l'antislash (\) est un séparateur de répertoires et indique un chemin d'accès à un fichier.

Remarque

Dans les versions précédentes d'Office, Microsoft fournissait pour chaque application un schéma représentant sous une forme arborescente l'intégralité du modèle d'objets, mais sans doute en raison de la croissance du nombre d'objets à chaque changement de version, cette fonctionnalité documentaire a été abandonnée avec Office 2007. Cela est dommage car cette présentation hiérarchique permettait de mieux se repérer dans le nombre très important des objets de certaines applications (notamment Word et Excel). Cette arborescence n'était pas parfaitement hiérarchique, mais on pouvait néanmoins constater qu'il existait plusieurs niveaux.

Un modèle d'objets présente tous les objets relatifs à une application (Word, Excel, PowerPoint…) ou une technologie. Certains éléments du modèle d'objets sont à la fois des objets et des collections ; on distingue un objet d'une collection car la collection reprend le nom de l'objet en le mettant au pluriel. Ainsi, dans Word, il existe un objet Document et une collection Documents. Microsoft définit une **collection** comme un objet contenant plusieurs objets, généralement du même type, mais pas toujours. Dans l'exemple qui nous concerne, la collection Documents contient tous les objets Document de Word. On peut donc dire qu'une collection est un ensemble d'objets. Les éléments d'une collection peuvent être identifiés par un numéro (un indice) ou bien directement par leur nom. Ainsi Documents(1) identifie le premier document de Word ouvert, Documents(2) le deuxième et ainsi de suite. Si un fichier Word s'appelle TEST.DOCX, on peut également y faire référence sous la désignation Documents("TEST.DOCX").

Dans le modèle d'objets de Word, il existe un objet appelé **Application** à partir duquel partent tous les autres objets ou collections (d'où l'idée d'une arborescence). Dans notre cas, l'objet Application représente l'application Word et cet objet contient des méthodes et des propriétés qui renvoient des objets de premier niveau. Chaque application Office, que ce soit Word, Excel, Access, Outlook ou PowerPoint, possède un objet Application qui sert de base à tous les autres objets et représente l'application en question. Cet objet Application, comme tout objet, possède des propriétés et des méthodes. Il existe de nombreux moyens pour connaître **les méthodes et les propriétés d'un objet** et nous allons à présent en expérimenter un. Pour ce faire, lancez Word et ouvrez l'éditeur de programmes. Dans la fenêtre de code, saisissez :

```
Application.
```

Dès que vous avez tapé le point, vous devez voir apparaître une liste déroulante (figure 19.1).

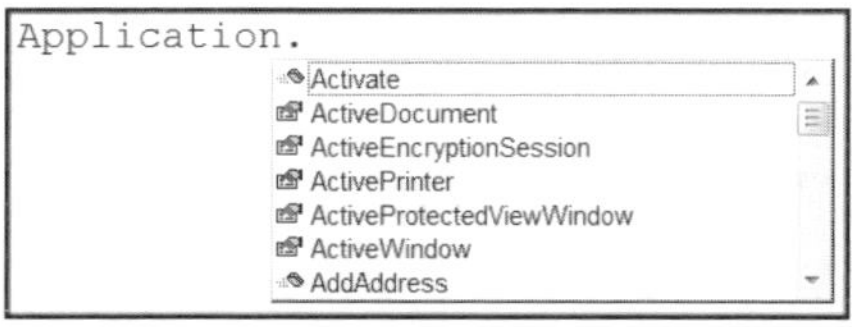

Figure 9.1 – L'éditeur de code affiche les propriétés et les méthodes des objets

La technologie **Intellisense**, une fois de plus, fait merveille : cette liste présente la totalité des propriétés et des méthodes de l'objet Application. Les propriétés sont distinguées des méthodes par un symbole placé devant et, dans notre exemple, `Activate` est une méthode et `ActiveDocument` une propriété. Cette dernière propriété nous intéresse car elle figure dans notre exemple de code :

```
ActiveDocument.Tables.Add
```

Pour insérer cette propriété, il suffit de la sélectionner dans la liste déroulante et d'appuyer sur la barre d'espacement. Si l'on souhaite connaître la signification de cette propriété, il n'y a rien de plus simple puisqu'il n'y a qu'à sélectionner le mot `ActiveDocument` et presser la touche de fonction F1. L'aide en ligne nous apprend alors que cette propriété renvoie un objet Document qui représente le document actif (celui qui est sélectionné). L'aide nous précise encore que si aucun document n'est ouvert, une erreur se produit ; cette propriété est en lecture seule, ce qui signifie qu'on ne peut pas la modifier.

La formule `Application.ActiveDocument` renvoie donc le document actif. La documentation de l'objet Application mentionne toutefois que la plupart des propriétés et des méthodes peuvent être utilisées sans le qualificateur d'objet, ce qui signifie qu'`Application.ActiveDocument` et `ActiveDocument` sont des équivalents. Dans la mesure où `ActiveDocument` renvoie le document actif, il s'agit d'un élément de la collection **Documents** et nous devons explorer le deuxième niveau de l'arborescence du modèle d'objets de Word. Si vous examinez dans l'aide en ligne les membres de l'objet Document (c'est-à-dire ses propriétés et ses méthodes), vous constaterez l'existence d'une propriété Tables qui est décrite en ces termes : « Renvoie une collection Table qui représente tous les sous-documents du document spécifié. En lecture seule. »

Comme la documentation de Word est hypertextuelle, le fait de cliquer sur le lien « Table » dans la définition de la propriété Tables de l'objet Document affiche la documentation de l'objet Table.

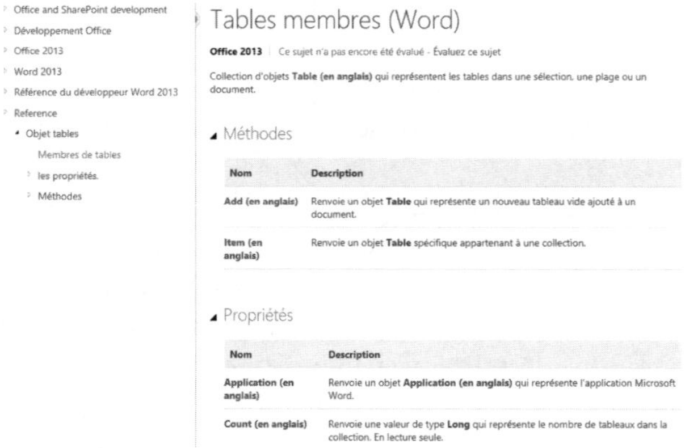

Figure 9.2 – Membres de la collection Tables dans l'aide en ligne

Si l'on fait afficher les membres de la collection Tables, on s'aperçoit qu'elle compte 5 propriétés (Application, Count, Creator, NestingLevel et Parent) ainsi que 2 méthodes (Add et Item). Vous noterez qu'en général, les méthodes sont désignées par des verbes anglais et il est ainsi facile de faire la différence entre méthodes et propriétés. Examinons à présent ce que nous dit l'aide en ligne sur la méthode Add :

Renvoie un objet **Table** qui représente un nouveau tableau vide ajouté à un document.

Syntaxe

expression.**Add(*Range*, *NumRows*, *NumColumns*, *DefaultTable-Behavior*, *AutoFitBehavior*)**

expression Obligatoire. Expression qui renvoie un objet **Tables**.

Range Argument de type **Range** obligatoire. Plage dans laquelle vous souhaitez faire figurer le tableau. Si la plage n'est pas réduite, le tableau la remplace.

NumRows Argument de type **Long** obligatoire. Nombre de lignes que vous souhaitez inclure dans le tableau.

NumColumns Argument de type **Long** obligatoire. Nombre de colonnes que vous souhaitez inclure dans le tableau.

DefaultTableBehavior Argument de type **Variant** facultatif. Définit une valeur qui indique si Microsoft Word doit redimensionner automatiquement les cellules des tableaux en fonction de leur contenu (Ajustement automatique). Il peut s'agir d'une des deux constantes suivantes : **wdWord8TableBehavior** (Ajustement automatique désactivé) ou **wdWord9TableBehavior** (Ajustement automatique activé). La constante par défaut est **wdWord8TableBehavior**.

AutoFitBehavior Argument de type **Variant** facultatif. Définit les règles d'Ajustement automatique relatives au dimensionnement des tableaux par Word. Il peut s'agir de l'une des constantes **WdAutoFitBehavior** suivantes : **wdAutoFitContent**, **wdAutoFitFixed** ou **wdAutoFitWindow**. Si ***DefaultTableBehavior*** a pour valeur **wdWord8TableBehavior**, cet argument est ignoré.

Des renseignements plus succincts nous sont également donnés par l'aide de l'éditeur de code.

```
.ActiveDocument.Tables.Add |
            Add(Range As Range, NumRows As Long, NumColumns As Long, [DefaultTableBehavior], [AutoFitBehavior]) As Table
```

Figure 9.3 – Une info-bulle indique la liste des paramètres de la méthode

Remarquons tout d'abord que la méthode Add se présente exactement comme une fonction puisqu'elle comporte des parenthèses et des paramètres. L'aide **Intellisense** nous permet tout de suite de voir que les trois premiers arguments sont obligatoires et que les deux derniers sont facultatifs.

Le premier paramètre, **Range**, est le plus difficile à cerner : il s'agit d'un objet de Word et si l'on regarde dans l'aide en ligne la liste de ses membres, on s'aperçoit qu'il possède une propriété Tables.

On constate donc que l'objet Range peut contenir une collection Tables alors que cet objet est lui-même renvoyé par la méthode Add d'un objet Table, si bien que l'on a la très nette impression d'une arborescence qui tourne en rond. Il faudra pourtant vous y faire car les modèles d'objets d'Office ne sont pas totalement hiérarchiques et si l'on considère cette arborescence comme un arbre généalogique, des parents risquent de se retrouver les enfants de leurs enfants…

L'objet Range (qui signifie plage en anglais) est un objet particulièrement important dans Word ; il représente une zone contiguë dans un document qui est définie par la position d'un caractère de début et celle d'un caractère de fin. Grâce à un objet Range, on peut identifier les parties spécifiques d'un document. Il ne faut cependant pas confondre un objet Range avec la sélection, même si l'on peut définir un objet Range à partir du contenu de la sélection. Un objet Range est indépendant de la sélection, c'est-à-dire que l'on peut définir et manipuler une plage sans modifier la sélection. Il est également possible de définir plusieurs plages dans un document, alors qu'il ne peut y avoir qu'une seule sélection. Le code suivant définit une plage qui comprend les 100 premiers caractères du document actif :

```
ActiveDocument.Range(Start :=0, End :=100)
```

Quand on insère un tableau, le plus simple est sans nul doute de l'insérer à la position courante du curseur et c'est ce que fait le code généré par l'enregistreur de macros :

```
Range:=Selection.Range
```

L'objet Range est ainsi défini par la propriété Range de l'objet Selection, ce qui signifie que l'on assigne à la plage le contenu de la sélection. Mais si la sélection est vide (aucun caractère n'est sélectionné), la plage est réduite à sa plus simple expression, à savoir le pointeur d'insertion. En revanche, si la sélection n'est pas vide et ne comporte ne serait-ce qu'un seul caractère, le tableau remplace le contenu de la sélection qui a été assigné à l'objet Range. C'est comme cela qu'il faut comprendre la phrase de l'aide en ligne qui déclare que « si la plage n'est pas réduite, le tableau la remplace ». Cela signifie que si la plage comporte au moins un caractère, la zone définie par la plage est remplacée par le tableau. Si l'on souhaite insérer un tableau à une position particulière sans remplacer quoi que ce soit, il suffit de définir une plage qui ne contient aucun caractère. L'exemple suivant insère un tableau, au centième caractère du document actif sans rien effacer :

```
Application.ActiveDocument.Tables.Add _
Range:=ActiveDocument.Range(Start:=100, End:=100), _
```

Les deux paramètres suivants sont très simples et indiquent le nombre de lignes et de colonnes du tableau :

```
NumRows:=6, _
NumColumns:=7, _
```

Il s'agit ici bien évidemment d'arguments nommés et vous devez respecter scrupuleusement l'orthographe de ces paramètres.

Les deux derniers arguments sont facultatifs :

```
DefaultTableBehavior:=wdWord9TableBehavior, _
AutoFitBehavior:=wdAutoFitFixed
```

Si le paramètre `DefaultTableBehavior` est bien décrit dans la documentation, les constantes du paramètre `AutoFitBehavior`, en revanche, ne sont pas explicitées. Ceci peut se comprendre par le fait que ces constantes sont parlantes pour un anglophone. Ces trois constantes correspondent en fait aux options d'ajustement automatique d'un tableau :

- `wdAutoFitContent` correspond à Ajuster au contenu ;
- `wdAutoFitFixed` correspond à Largeur de colonne fixe ;
- `wdAutoFitWindow` correspond à Ajuster à la fenêtre.

Ainsi s'achève l'explication d'une seule ligne de code générée à l'aide de l'enregistreur de macros lorsque vous insérez un tableau. Tout ceci a pu vous paraître laborieux, mais il faut reconnaître que pénétrer les modèles d'objets d'Office n'est pas chose facile. Il faut parfois parcourir la documentation en tous sens pour arriver à ses fins et les débutants sont souvent apeurés devant le nombre d'objets, propriétés et méthodes. Il ne faut cependant pas vous effrayer car le nombre d'objets que vous allez réellement utiliser est assez restreint ; en effet, de la même manière que vous utilisez Word à 30 % de ses possibilités (dans le meilleur des cas), vous emploierez une faible quantité d'objets. D'autre part, comme nous le verrons un peu plus loin, il existe une stratégie pour construire ses macros, même si le modèle d'objets d'une application vous est étranger. Enfin, on prend très vite l'habitude de manipuler des objets et ce qui pouvait apparaître comme totalement ésotérique de prime abord deviendra rapidement une seconde nature.

ÉCRIRE DES FONCTIONS POUR MANIPULER DES OBJETS

Au cours de l'étude de la méthode Add qui insère un tableau, il a pu vous apparaître une certaine similitude entre les méthodes et les fonctions. Cette ressemblance n'est pas fortuite et il est assez facile de transformer l'exécution d'une méthode par un appel de fonction. Il suffit pour ce faire d'écrire une fonction qui masque la complexité apparente de l'objet et sa syntaxe si particulière. Imaginez que dans les macros Word que vous écrivez, vous deviez souvent insérer des tableaux dans des documents ; si l'on prend comme hypothèse que vous les insérez toujours à l'endroit où se situe le curseur et que vos colonnes sont de largeur égale, il suffit d'écrire une fonction avec deux paramètres : le nombre de lignes et de colonnes du tableau.

Cette fonction peut s'écrire de la manière suivante :

```
Function InsereTableau(Lignes As Integer, Colonnes As Integer)
Application.ActiveDocument.Tables.Add _
    Range:=Selection.Range, _
    NumRows:=Lignes, _
    NumColumns:=Colonnes, _
    DefaultTableBehavior:=wdWord9TableBehavior, _
    AutoFitBehavior:=wdAutoFitFixed
InsereTableau = 0
End Function
```

Une fois que cette fonction est rédigée, il suffit d'effectuer l'appel de fonction suivant pour insérer un tableau de 10 lignes et de 6 colonnes :

```
x = InsereTableau(10, 6)
```

L'application peut ainsi gagner en lisibilité et masquer la complexité de certains objets. Il est ainsi possible de créer toute une série de fonctions dont on se servira en lieu et place de la manipulation directe des objets.

L'EXPLORATEUR D'OBJETS

Une fois que l'on connaît la syntaxe de VBA, le grand défi réside dans l'apprentissage des objets qui constituent l'application avec laquelle on développe. Pour parfaire cette connaissance, il existe un outil disponible dans l'éditeur de programmes : l'Explorateur d'objets. Cette fenêtre, que l'on appelle par la commande **Affichage→Explorateur d'objets** (ou bien en appuyant sur F2), affiche les objets, les propriétés, les méthodes et les constantes du modèle d'objets de l'application en cours. Par exemple, si vous travaillez sous Excel, l'appui sur les touches ALT+F11 puis F2 fera apparaître la fenêtre suivante (figure 9.4) :

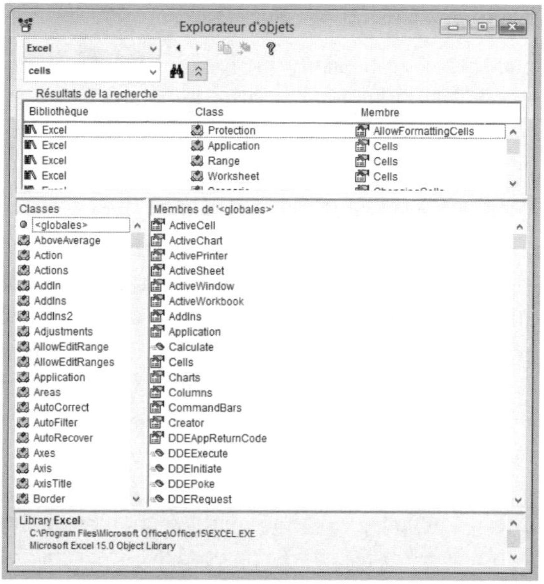

Figure 9.4 – L'Explorateur d'objets d'Excel

La première liste déroulante affiche la liste des bibliothèques d'objets disponibles. Une **bibliothèque d'objets** (*library* en anglais signifie bibliothèque) est l'ensemble des objets d'une application ; dans notre exemple, il s'agit de la bibliothèque d'Excel 2013.

La liste Classes affiche toutes les classes disponibles dans la bibliothèque d'objets. Le terme classe appartient au vocabulaire de la POO ; une **classe** est une usine à objets, une sorte de moule qui permet de produire des objets en série. Dans le jargon de la POO, on dira qu'un objet est une **instance** d'une classe. Instance est ici à prendre au sens anglais du terme, à savoir exemple ou occurrence. Cette liste affiche donc les objets et les collections du modèle d'objets d'Excel. La liste commence toujours par `<globales>` ; il s'agit des méthodes et des propriétés qui peuvent être utilisées sans que l'objet Application ne soit explicitement mentionné. Nous avons déjà rencontré une propriété globale avec ActiveDocument. On appelle **membres** d'un objet les propriétés et les méthodes de cet objet. Les membres sont classés par ordre alphabétique. Si vous voulez regrouper les membres par catégorie (propriétés puis méthodes), faites un clic droit dans l'Explorateur d'objets et choisissez la commande Membres du groupe dans le menu contextuel (le traducteur qui a localisé le logiciel a traduit *Group members* par Membres du groupe au lieu de Grouper les membres...).

Vous remarquerez, en passant, que le volet **Détails** donne la syntaxe des méthodes en leur attribuant le titre de Function. Si vous souhaitez obtenir de l'aide sur un des membres d'un objet, il suffit de le sélectionner et de cliquer ensuite sur le bouton qui affiche un point d'interrogation jaune (en haut à droite sous la barre de titre).

Il est également possible d'**effectuer une recherche dans l'Explorateur d'objets**, ce qui se révèle souvent beaucoup plus pratique et efficace que l'interrogation de l'aide en ligne. Ce type de recherche a pour principal avantage de pouvoir situer rapidement les éléments trouvés au sein de l'arborescence du modèle d'objets. Le système n'impose pas une correspondance exacte, ce qui signifie que l'on n'est pas obligé de rechercher un terme exact et qu'une chaîne de caractères peut être retrouvée au sein d'un nom de méthode ou de propriété. Dans la copie d'écran illustrée à la figure 9.4, nous avons recherché la chaîne « cells » qui a été retrouvée à la fois dans `Cells` et `AllowFormattingCells`. Le volet Résultats de la recherche affiche la bibliothèque, la classe et le membre correspondant aux éléments indiqués dans la chaîne de recherche.

MODIFICATION DU SYSTÈME D'AIDE DANS OFFICE 2013

Les premières versions de la documentation des modèles d'objets d'Office étaient livrées au format papier, puis on est très vite passé à des fichiers électroniques présents sur le CD-Rom d'installation. Avec la version 2013 d'Office, Microsoft nous apprend que « les fichiers d'aide de référence du développeur inclus dans les versions précédentes d'Office sont supprimés des fichiers d'installation et sont disponibles sur MSDN (*Microsoft Developer Network*) ». Microsoft justifie cette décision en arguant du fait que cette ressource est peu utilisée et que « MSDN est l'emplacement logique des informations d'aide de référence du développeur ». Microsoft précise également un détail qui a de l'importance pour les francophones : « Les versions internationales de l'aide de référence du développeur sont désormais en ligne. L'aide est accessible sur le Web. L'équipe de localisation utilisera ses ressources pour localiser du contenu présentant plus d'intérêt pour les clients » (le terme *localiser* signifie dans ce contexte traduire et adapter aux contraintes locales).

Cette modification a de nombreuses conséquences pour le développeur d'applications VBA. La première est que l'aide devient inaccessible si l'on ne dispose pas d'une connexion Internet. Même si la chose devient très rare, il existe encore des situations où l'on se retrouve momentanément sans accès Internet et si l'on est dans ce cas-là, on ne pourra donc pas consulter l'aide en ligne de VBA.

La deuxième conséquence est que l'accès à une documentation en ligne est beaucoup moins rapide que la consultation de fichiers stockés sur le disque dur de sa propre machine. Si l'on doit consulter fréquemment l'aide en ligne, ce qui est une attitude normale lors de la phase d'apprentissage de VBA, on va perdre un peu de temps à accéder à MSDN.

Même si nous avons parfois critiqué le caractère aride de l'aide en ligne de VBA, il s'agit vraiment d'un passage obligé quand on veut apprendre à programmer Office et le tableau suivant qui liste le nombre d'objets programmables de chaque application de la suite Office achèvera sans doute de vous persuader que l'on ne peut faire l'économie du recours à l'aide en ligne :

Application	Nombre d'objets
Word 2013	342
Excel 2013	290
Access 2013	90
Outlook 2013	159
PowerPoint 2013	172

Dans ces conditions, il est sans doute plus prudent de récupérer une copie des fichiers de l'aide des versions précédentes des applications Office et de les installer sur son disque dur afin de les avoir toujours sous la main. Bien entendu, vous n'aurez pas la dernière version de l'aide en ligne d'Office 2013, mais cela n'a pas grande importance dans la mesure où les informations qui manquent concernent des objets que vous n'allez sans doute pas utiliser dans un premier temps. Avec l'aide en ligne des versions 2007 ou 2010 d'Office, vous pouvez considérer que 95 % de vos besoins documentaires sont couverts.

Le tableau suivant liste les noms des fichiers d'aide par application et par version d'Office :

Application	Version 2003	Version 2007	Version 2010
Word	VBAWD10.CHM	WINWORD.DEV.HXS	WINWORD.DEV.HXS
Excel	VBAXL10.CHM	EXCEL.DEV.HXS	EXCEL.DEV.HXS
Access	VBAAC10.CHM	MSACCESS.DEV.HXS	MSACCESS.DEV.HXS
Outlook	VBAOL11.CHM	OUTLOOK.DEV.HXS	OUTLOOK.DEV.HXS
PowerPoint	VBAPP10.CHM	POWERPNT.DEV.HXS	POWERPNT.DEV.HXS

Ces fichiers se trouvent dans le dossier C:\Program Files (x86)\Microsoft Office\Office 14\1036 pour Office 2010 (dossier Office 12 pour Office 2007 et Office 11 pour Office 2003 ; comme vous l'aurez compris, on est superstitieux chez Microsoft et il n'y a jamais eu de version estampillée Office 13...).

Astuce

Vous trouverez dans les compléments en ligne de cet ouvrage un document qui explique comment exploiter au mieux les fichiers d'aide en ligne (téléchargement, décompilation, indexation, alignement bilingue...).

La nouvelle aide en ligne d'Office 2013 comporte néanmoins un avantage important : outre le fait que la localisation est censée être mieux faite, le Web 2.0 est passé par là et le contenu de l'aide est en fait devenu en quelque sorte un système wiki. Il est donc désormais possible de rajouter des informations ou des commentaires à la documentation officielle (figure 9.5). Baptisés Ajouts de la communauté, ces suppléments viennent s'afficher à la fin des articles.

Nous ne savons pas si cette incitation au travail collaboratif prendra bien en France, mais nous avons décidé de montrer l'exemple...

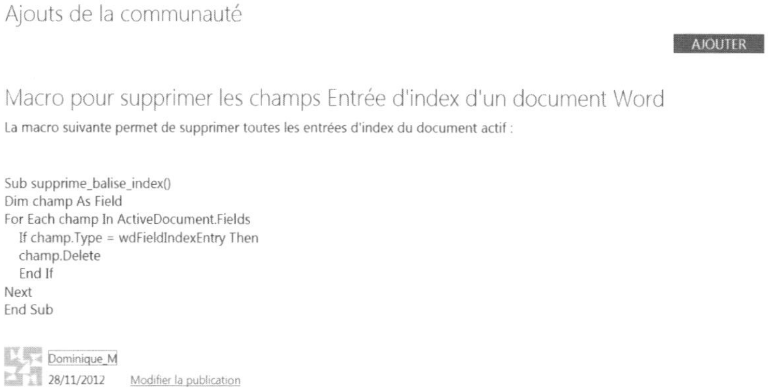

Figure 9.5 – Il est possible de commenter la documentation officielle

CONCLUSION

Nous avons vu dans ce chapitre la manière d'exploiter les objets d'Office. Pour parfaire vos connaissances et écrire des programmes de plus en plus sophistiqués, il vous reste désormais à apprendre le modèle d'objets de chaque application d'Office avec laquelle vous souhaitez développer.

Pour apprendre ces modèles d'objets, vous disposez de plusieurs sources d'informations :

- l'enregistreur de macros (disponible avec Word et Excel) ;
- la technologie Intellisense qui vous guide pas à pas dans l'écriture de vos programmes ;
- l'Explorateur d'objets ;
- la documentation en ligne.

Dans les prochains chapitres, nous allons vous présenter les modèles d'objets de Word, d'Excel, d'Access, d'Outlook et de PowerPoint.

10

Programmer Word

Par la taille, le modèle d'objets de Word est le plus important de toutes les applications Office. Compte tenu de ses dimensions, il est bien évidemment hors de question d'être exhaustif sur le sujet. Nous nous contenterons d'étudier les objets les plus importants. Comme souvent en informatique, vous constaterez qu'il existe plusieurs moyens pour arriver au même résultat et il n'est pas rare de trouver quatre versions différentes d'un même programme pour manipuler le même objet. Cette abondance ne doit pas vous effrayer et l'essentiel est que vous reteniez au moins la formule qui vous paraît la plus simple.

Nous vous rappelons cependant que pour connaître un modèle d'objets, il faut d'abord commencer par bien connaître l'application elle-même. L'enregistreur de macros (s'il existe dans l'application), l'Explorateur d'objets et la documentation électronique sont également d'excellents moyens pour apprendre les objets d'une application.

OBJET APPLICATION

L'objet Application est l'objet de plus haut niveau et c'est donc à partir de cet objet que l'on peut descendre dans l'arborescence du modèle d'objets. En théorie, n'importe quelle référence à un objet devrait toujours commencer par Application, comme dans Application.ActiveDocument ; cependant, bon nombre de propriétés de l'objet Application sont **globales** et on peut les employer directement sans les préfixer par Application (c'est notamment le cas de ActiveDocument).

Attardons-nous un moment sur quelques propriétés importantes de l'objet Application.

La propriété **ActiveDocument** est très intéressante car elle renvoie un objet de type Document qui représente le document qui est actif (dans le jargon de Windows, on dit qu'il détient le **focus**). Word peut avoir plusieurs documents ouverts en même temps, mais il n'y a qu'un seul document actif à un instant donné.

La propriété **ActivePrinter** permet de renvoyer ou de définir le nom de l'imprimante active, comme dans l'exemple suivant :

```
ActivePrinter = "HP Universal Printing PCL 6 (v5.5.0)"
```

Les propriétés **Build** et **Version** permettent de connaître exactement le numéro de la version de Word qui est exécutée. Ainsi, sur notre machine, `Application.Version` renvoie 15.0 ce qui signifie que nous utilisons Word 2013 ; Application.Build renvoie le numéro de Build, c'est-à-dire de sous-version de Word (ces informations apparaissent également dans la commande **À propos de Microsoft Word** qui n'est pas disponible par défaut sur le ruban). Ces propriétés sont très importantes si vous envisagez de créer des macros qui puissent fonctionner à la fois sous Word 2000, Word 2002, Word 2003, Word 2007, Word 2010 ou bien encore Word 2013. Bien que la majorité des programmes fonctionnent indifféremment sur l'une ou l'autre version, il est évident que les macros prenant en compte les nouveaux objets de Word 2013 ne pourront pas fonctionner sous Word 2000. Un simple test conditionnel pour vérifier le numéro de la version de Word qui exécute la macro permet d'éviter un message d'erreur bloquant.

```
If Val(Application.Version) <> 15 Then
MsgBox "Cette macro ne peut fonctionner qu'avec Word 2013"
End If
```

La propriété **Dialogs** permet de renvoyer la collection Dialogs qui contient l'ensemble des boîtes de dialogue de Word. Grâce à la méthode Show, on peut afficher n'importe quelle boîte de dialogue de Word si l'on précise comme paramètre le numéro de la boîte de dialogue. Par exemple :

```
Application.Dialogs(577).Show
```

affiche la boîte suivante Zoom. Comme pour la fonction `MsgBox`, il existe des constantes qui permettent de remplacer les numéros des boîtes de dialogue par des libellés un peu plus explicites ; notre dernière ligne de code peut ainsi s'écrire :

```
Application.Dialogs(wdDialogViewZoom).Show
```

Il y a plus de 200 constantes dans Word 2013 qui définissent les numéros des boîtes de dialogue de la collection Dialogs. Ces constantes forment ce que l'on appelle en VBA une **énumération**.

La propriété **Language** permet de déterminer la langue qui est employée pour l'interface utilisateur de Word. Elle renvoie un nombre qui correspond à une langue définie dans l'Enum **MsoLanguageID**. Pour la France, Application.Language renvoie 1036 qui correspond à la constante MsoLanguageIDFrench. Cette propriété vous permet de créer des macros **multilingues** et de prévoir ainsi plusieurs langues dans vos boîtes de dialogue en fonction de la valeur renvoyée par la propriété Language.

La propriété **Options** permet de définir les options de Word et la plupart des propriétés de l'objet Options correspondent aux éléments de la boîte de dialogue **Options Word** qui est accessible à partir du mode Backstage. Il est cependant plus simple, quand vous voulez écrire une instruction qui définit une option, de laisser Word travailler à votre place. Pour ce faire, déclenchez l'enregistreur de macro, définissez votre option puis arrêtez l'enregistrement de la macro. Vous obtiendrez ainsi le code désiré sans avoir besoin de mémoriser la syntaxe des nombreuses options de Word.

Voici, par exemple, le code généré par l'activation de l'option Afficher les emplacements supplémentaires pour l'enregistrement, même si une connexion peut être nécessaire :

```
Options.SkyDriveSignInOption = True
```

La propriété **System** donne accès à l'objet System qui permet de récupérer des informations intéressantes sur l'ordinateur qui exécute la macro. Voici, à titre d'exemple, quelques commandes et les valeurs renvoyées par l'objet System sur mon ordinateur :

```
Application.System.CountryRegion ' renvoie 33 (code de la France)
Application.System.HorizontalResolution ' 1280
Application.System.LanguageDesignation ' Français(France)
Application.System.OperatingSystem ' Windows NT
Application.System.Version ' 6.2 (Windows 8)
```

L'objet **Application** compte également un grand nombre de méthodes. La méthode qui vous servira le plus souvent dans vos macros est **Quit** qui permet de quitter Word en sauvegardant ou non les documents. La commande suivante quitte Word tout en sauvegardant les modifications :

```
Application.Quit SaveChanges:=wdSaveChanges
```

Le paramètre SaveChanges peut prendre les valeurs suivantes :

- wdDoNotSaveChanges
- wdPromptToSaveChanges
- wdSaveChanges

OBJET DOCUMENT

Comme son nom l'indique, l'objet Document représente un document Word. Il s'agit bien évidemment d'un objet essentiel au sein du modèle d'objets de Word et un grand nombre d'objets dépendent de ce dernier. Un objet Document fait partie de la **collection Documents** qui recense l'ensemble des documents Word ouverts. Pour savoir combien de documents sont ouverts, il suffit d'utiliser la propriété `Count` :

```
Application.Documents.Count
```

Dans la mesure où Document est un objet global, il n'est pas nécessaire de préfixer la commande avec Application. Le programme suivant affiche le nom du document actif puis active, un par un, tous les documents ouverts et affiche leur nom :

```
MsgBox (ActiveDocument.Name)
For i = 1 To Documents.Count
Documents(i).Activate
MsgBox (Documents(i).Name)
Next i
```

Il est très important de savoir jongler avec les différents documents ouverts dans Word car il n'est pas rare de devoir travailler avec plusieurs documents à la fois. Vous pouvez également activer un document en faisant référence à son nom plutôt qu'à son numéro d'indice, comme dans l'exemple suivant :

```
Documents("ANNEXE C.DOCX").Activate
```

L'objet Document renvoie un grand nombre de **collections**. Vous pouvez atteindre les objets de ces collections de la même manière que n'importe quel document, grâce à leur numéro d'indice. Voici un programme pour afficher tous les paragraphes du document actif :

```
For i = 1 To ActiveDocument.Paragraphs.Count
MsgBox (ActiveDocument.Paragraphs(i))
Next i
```

Il existe une structure de contrôle particulière pour traiter les collections : `For Each… Next`.

Le programme suivant, qui affiche toutes les phrases du document actif :

```
For i = 1 To ActiveDocument.Sentences.Count
MsgBox (ActiveDocument.Sentences(i))
Next i
```

peut également s'écrire avec la commande `For Each` de la manière suivante :

```
For Each phrase In ActiveDocument.Sentences
MsgBox phrase
Next
```

La syntaxe de cette commande est :

```
For Each élément In collection
[blocs d'instructions]
[Exit For]
[blocs d'instructions]
Next [élément]
```

Voici un autre exemple de programme qui affiche dans une boîte de message toutes les balises d'**index** du document actif :

```
Sub affiche_balises()
Dim champ As Field
For Each champ In ActiveDocument.Fields
    If champ.Type = wdFieldIndexEntry Then
    x = MsgBox(champ, , "Balises d'index")
    End If
Next
End Sub
```

De la même manière, on peut utiliser la collection Indexes pour **supprimer les balises d'index** du document actif :

```
Sub supprime_balises()
Dim champ As Field
For Each champ In ActiveDocument.Fields
    If champ.Type = wdFieldIndexEntry Then
    champ.Delete
    End If
Next
End Sub
```

Attention

Certaines macros peuvent se révéler dangereuses pour vos documents. Ainsi, la macro précédente supprime d'un seul coup toutes les balises d'index du document actif ; si ces dernières sont très nombreuses, il sera très fastidieux de revenir en arrière à l'aide la commande d'annulation. Moralité : faites des sauvegardes régulières et travaillez sur des copies de sauvegarde de vos documents quand vous élaborez une macro dont vous ne maîtrisez pas toujours à l'avance les résultats.

L'objet Document compte de nombreuses méthodes, mais vous ne trouverez aucune méthode pour ouvrir ou bien créer un document. En fait, ces méthodes existent bien, mais elles ne peuvent être appelées qu'au niveau de la collection Documents.

Pour créer un nouveau document vide, il suffit donc d'exécuter la commande :

```
Documents.Add
```

Le premier paramètre de la méthode **Add** permet de préciser un nom de **modèle** (fichier .DOTX ou .DOTM si le modèle contient des macros VBA), mais vous devez faire attention de bien préciser le chemin d'accès complet au modèle, comme dans l'exemple suivant :

```
Documents.Add Template:= _
"C:\Program Files\Microsoft Office\Templates\Mémo.dotm"
```

Comme leur nom le laisse supposer, les méthodes **Close**, **Open** et **Save** permettent respectivement de fermer, d'ouvrir et de sauvegarder un document.

La méthode **Activate**, comme nous l'avons déjà dit, permet d'activer un des documents de la collection ; cette commande vous sera très utile quand vous aurez à passer d'un document à l'autre (comme quand vous souhaitez copier des données d'un document dans un autre). Il faut savoir que le numéro d'indice d'un document n'a aucun rapport avec le numéro qui est attribué dans la commande Changer de fenêtre de l'onglet **Affichage** puisque cette commande se contente de classer par ordre alphabétique les documents. En fait, dès qu'un document est ouvert ou créé, il prend l'indice numéro 1 dans la collection, ce qui signifie qu'à chaque ouverture ou création, tous les indices des documents de la collection sont modifiés. Pour vous en persuader, exécutez le programme suivant, en ayant deux ou trois fichiers Word ouverts :

```
For i = 1 To Documents.Count
MsgBox Documents(i).Name + " = indice n°" + CStr(i)
Next i
Documents.Add
For i = 1 To Documents.Count
MsgBox Documents(i).Name + " = indice n°" + CStr(i)
Next i
```

OBJET RANGE

Range signifie plage en anglais et un objet Range permet donc de désigner dans Word une étendue. On se sert dans de très nombreuses commandes d'un objet Range pour préciser l'étendue ou la portée d'une opération : à quel endroit le tableau va-t-il être inséré ? Sur quelle portion de texte la recherche va-t-elle être effectuée ? Un objet Range permet de répondre précisément à ces deux questions. La plage de caractères d'un objet Range est définie par un caractère de début et un caractère de fin ; le caractère de début peut avoir pour valeur 0 ce qui signifie que la plage commencera à partir du premier caractère. Pour définir par exemple une plage de 100 caractères à partir du 10e caractère, il faut exécuter les commandes suivantes :

```
Dim plage As Range
Set plage = ActiveDocument.Range(Start:=10, End:=110)
```

L'inconvénient avec un objet Range, c'est qu'il est invisible à la différence d'une sélection qui est affichée en surbrillance. Par exemple, si vous exécutez les deux dernières lignes de code, en apparence, il ne se passera rien. C'est pour cette raison qu'il est conseillé lorsque vous commencez à travailler avec des objets Range de les visualiser. Pour ce faire, on dispose de la méthode Select qui permet de sélectionner la plage. Ainsi, il suffit d'ajouter une méthode au programme précédent pour que le contenu de la plage soit sélectionné, ce qui permet de vérifier visuellement le résultat de la définition de l'objet Range :

```
Dim plage As Range
Set plage = ActiveDocument.Range(Start:=10, End:=110)
plage.Select
```

Si vous exécutez cet exemple, vous remarquerez que la définition de la plage commence bien à partir du 10e caractère (ce dernier n'est pas inclus dans la plage) et que les espaces et les marques de paragraphe comptent bien comme des caractères. La taille maximale d'un objet Range est le document en entier ; si vous pensez que pour définir une plage couvrant un document entier, il suffit d'exécuter la commande suivante :

```
Set plage = ActiveDocument.Range(Start:=0, _
End:=ActiveDocument.Characters.Count)
```

vous vous trompez ; `ActiveDocument.Characters.Count` représente bien le nombre total de caractères de la collection Characters, mais la plage ne couvre pas toujours le document entier. Cela signifie que certains caractères non imprimables ne font pas partie de la collection Characters, mais que l'objet Range en tient néanmoins compte.

Pour définir une plage qui recoupe le document entier, vous utiliserez l'une de ces méthodes :

```
Dim plage As Range
Set plage = ActiveDocument.Range
plage.WholeStory
```

ou bien :

```
Set plage = ActiveDocument.Range
```

Vous pouvez même encore utiliser :

```
Set plage = ActiveDocument.Content
```

A *contrario*, une plage peut être réduite à sa plus simple expression si le caractère de début et le caractère de fin ont la même valeur. Cela signifie qu'aucun caractère n'est inclus dans la plage et que la plage ne représente en fait que le **point d'insertion**. Pour que la plage soit définie comme représentant le début du document, il suffit d'exécuter le code suivant :

```
Dim plage As Range
Set plage = ActiveDocument.Range(Start:=0, End:=0)
```

Cette commande définit une plage représentant le point d'insertion qui est situé au début du document actif ; mais tant qu'on n'a pas exécuté la commande :

```
plage.Select
```

le point d'insertion n'est pas déplacé.

Vous devez cependant bien comprendre qu'un objet Range est indépendant de la sélection, même si l'on peut assigner à un objet Range le contenu de la sélection et vice-versa. Il peut y avoir plusieurs objets Range, alors qu'il n'y a qu'un seul objet Selection.

Il est possible d'étendre une plage grâce à la méthode **Expand**. L'exemple suivant étend la plage par paliers successifs :

```
Dim plage As Range
Set plage = ActiveDocument.Range(Start:=175, End:=175)
plage.Expand Unit:=wdCharacter ' caractère
plage.Expand Unit:=wdWord ' mot
plage.Expand Unit:=wdSentence ' phrase
plage.Expand Unit:=wdParagraph ' paragraphe
plage.Expand Unit:=wdStory ' texte entier
```

En plaçant une méthode `plage.Select` entre chaque méthode Expand, vous pourrez voir l'extension du domaine de la plage.

Si vous voulez que la plage soit formée de plusieurs paragraphes contigus, vous pouvez utiliser les propriétés Start et End de l'objet Range comme dans l'exemple ci-dessous qui définit une plage formée des paragraphes 3 à 7 :

```
Dim plage As Range
Set plage = ActiveDocument.Range _
(Start:=ActiveDocument.Paragraphs(3).Range.Start, _
End:=ActiveDocument.Paragraphs(7).Range.End)
```

Une fois que vous savez définir des plages, vous pouvez alors appliquer toutes sortes de traitements à des portions spécifiques d'un document. Voici, par exemple, le code d'un programme qui met en gras le 5e paragraphe du document actif :

```
Dim plage As Range
Set plage = ActiveDocument.Paragraphs(5).Range
plage.Bold = True
```

Vous noterez qu'il n'est pas toujours obligatoire d'initialiser une variable Range pour appliquer un traitement et que vous pouvez récrire le programme précédent de manière plus concise :

```
ActiveDocument.Paragraphs(5).Range.Bold = True
```

Range est un objet très puissant qui vous permettra de développer des fonctionnalités qui sont absentes de Word. Ainsi, le programme suivant affiche le nombre de caractères du paragraphe dans lequel se trouve le curseur :

```
Dim plage As Range
Set plage = Selection.Paragraphs(1).Range
MsgBox (plage.ComputeStatistics(wdStatisticCharactersWithSpaces))
```

Vous pouvez certes afficher des statistiques dans Word, grâce à la commande Statistiques, mais cette fonctionnalité ne s'applique qu'au document entier.

Vous avez pu remarquer que nous avons utilisé dans ce dernier programme un objet Selection : nous allons à présent étudier cet objet qui est également très important et qui complète l'objet Range.

OBJET SELECTION

L'objet Selection est facile à appréhender intellectuellement parce que l'on en a une représentation visuelle. L'objet Selection est assez similaire à l'objet Range, à ceci près qu'il ne peut y avoir qu'un seul objet Selection à la fois. Ces deux objets partagent d'ailleurs de nombreuses propriétés et méthodes.

Si l'on veut par exemple mettre un texte en gras, on peut aussi bien utiliser un objet Range qu'un objet Selection. La méthode de création d'un objet Selection diffère cependant de la création d'un objet Range car un document Word contient toujours une sélection. Même si la sélection est vide (aucun caractère n'est en surbrillance), la sélection se résume au caractère qui est situé juste à droite du point d'insertion.

On peut définir une sélection de la manière suivante :

```
Dim sel As Selection
Set sel = Application.Selection
```

Si l'on fait afficher l'objet Selection par la commande :

```
MsgBox sel
```

on obtiendra le caractère à droite du curseur ou bien le contenu de la sélection si des caractères sont sélectionnés. Dans la mesure où Selection est un objet global, il est inutile de le préfixer avec l'objet Application. Ainsi notre programme de trois lignes peut en fait se résumer à :

```
MsgBox Selection
```

Astuce

Il arrive quand on veut rechercher ou remplacer des caractères spéciaux que l'on ne puisse pas les reproduire dans l'éditeur de programmes qui ne bénéficie pas de la commande Insertion→Symbole. Bien évidemment, il est souvent possible de faire un copier-coller entre Word et l'éditeur Visual Basic, mais cette solution n'est pas toujours possible ou optimale. Le seul moyen de régler le problème est alors de connaître le code ASCII du caractère à rechercher ou à remplacer. C'est à ce moment-là que la commande Selection va nous être très utile. Quand vous voulez, par exemple, connaître le code du a majuscule avec un accent grave ou bien encore le code du caractère des points de suspension, il suffit de sélectionner dans Word ce caractère et d'exécuter la macro suivante :

```
Sub affiche_code_car()
MsgBox Asc(Selection)
End Sub
```

Le code ASCII du caractère en question est affiché dans une boîte de message. Il ne vous reste plus alors qu'à utiliser la fonction inverse de **Asc**, **Chr**, pour rechercher ou remplacer ce caractère. S'il s'agit d'un caractère **Unicode**, vous utiliserez la fonction **AscW**. Voici un programme qui recherche la séquence « . A » et la remplace par la séquence « . À » :

```
Sub remplacement_Agrave()
Selection.Find.ClearFormatting
Selection.Find.Replacement.ClearFormatting
    With Selection.Find
        .Text = ". A "
        .Replacement.Text = ". " + Chr(192) + " "
    End With
    Selection.Find.Execute Replace:=wdReplaceAll
End Sub
```

Même si dans cet exemple, on aurait très bien pu saisir le caractère sous forme littérale (À), et ne pas utiliser son code ASCII avec la fonction Chr, cela ne sera pas toujours le cas. Il est en effet beaucoup plus pratique de manipuler les codes ASCII de certains signes de ponctuation, plutôt que leurs caractères littéraux, notamment pour les guillemets droits (code ASCII 34) ou bien encore les guillemets typographiques (codes ASCII 171 et 187).

Vous vous servirez principalement de l'objet Selection pour **déplacer le point d'insertion** ou bien pour mettre une zone en surbrillance.

Pour déplacer le point d'insertion, vous utiliserez la méthode **MoveRight**, comme dans l'exemple suivant qui déplace le point d'insertion d'un caractère vers la droite :

```
Dim sel As Selection
Set sel = Application.Selection
sel.MoveRight unit:=wdCharacter, Count:=1
```

La méthode MoveRight, comme son nom l'indique, déplace le point d'insertion vers la droite ; cette méthode accepte deux paramètres nommés. Le premier argument, qui indique l'unité de déplacement, peut être exprimé à l'aide d'une **énumération** qui peut prendre les valeurs suivantes :

wdCharacter	wdWord	wdSentence	wdParagraph
wdLine	wdStory	wdScreen	wdSection
wdColumn	wdRow	wdWindow	wdCell
wdCharacterFormatting	wdParagraphFormatting	wdTable	wdItem

Le deuxième paramètre indique le nombre d'unités du déplacement.

Vous trouverez dans les tableaux 10.1 et 10.2 les commandes de déplacement du point d'insertion les plus courantes.

Tableau 10.1 – Commandes de déplacement du point d'insertion vers la droite

Déplacement vers la droite	Commande
D'un caractère	sel.MoveRight unit:=wdCharacter, Count:=1
D'un mot	sel.MoveRight unit:=wdWord, Count:=1
D'une phrase	sel.MoveRight unit:=wdSentence, Count:=1
D'un paragraphe	sel.Moveright unit:=wdParagraph, Count:=1
À la fin de la ligne	sel.Selection.EndKey unit:=wdLine
D'une ligne	sel.Moveright unit:=wdLine, Count:=1
À la fin du document	sel.MoveRight unit:=wdStory, Count:=1

Tableau 10.2 – Commandes de déplacement du point d'insertion vers la gauche

Déplacement vers la gauche	Commande
D'un caractère	sel.MoveLeft unit:=wdCharacter, Count:=1
D'un mot	sel.MoveLeft unit:=wdWord, Count:=1

Déplacement vers la gauche	Commande
D'une phrase	sel.MoveLeft unit:=wdSentence, Count:=1
D'un paragraphe	sel.MoveLeft unit:=wdParagraph, Count:=1
Au début de la ligne	sel.Selection.HomeKey unit:=wdLine
D'une ligne	sel.MoveLeft unit:=wdLine, Count:=1
Au début du document	sel.Selection.HomeKey Unit:=wdStory

Si l'on souhaite **étendre la sélection**, au lieu de déplacer le point d'insertion, il suffit tout simplement de rajouter aux méthodes **MoveRight**, **MoveLeft**, **HomeKey** ou bien **EndKey** un paramètre nommé **Extend** avec la valeur `wdExtend`, comme dans l'exemple suivant :

```
Selection.EndKey Unit:=wdStory, Extend:=wdExtend
```

Ce code sélectionne le texte de la position courante du point d'insertion jusqu'à la fin du document.

Il est également possible de sélectionner des cellules d'un tableau ; voici un exemple de programme qui sélectionne toutes les lignes du premier tableau d'un document sauf la première ligne :

```
ActiveDocument.Tables(1).Select
Selection.SetRange _
  Start:=Selection.Rows(2).Range.Start, _
  End:=Selection.End
```

Cet autre exemple sélectionne toutes les cellules, de la cellule (ligne2, colonne2) à la cellule (ligne3, colonne3) :

```
If Selection.Information(wdWithInTable) = False Then Exit Sub
Selection.SetRange _
  Start:=Selection.Tables(1).Cell(2, 2).Range.Start, _
  End:=Selection.Tables(1).Cell(3, 3).Range.End
End Sub
```

L'objet Selection a également une grande utilité car il nous permet de connaître le numéro d'**indice** de l'objet courant d'une collection, que ce soit un paragraphe, un tableau, une section, etc. En fait, on peut retrouver l'indice de n'importe quel objet possédant une propriété Range. Si l'on souhaite faire référence au paragraphe courant (celui qui est sélectionné ou bien celui dans lequel figure le point d'insertion), il suffit d'utiliser la commande :

```
Selection.Paragraphs(1)
```

Le raisonnement vaut également s'il s'agit d'un tableau :

```
Selection.Tables(1)
```

désigne le tableau dans lequel se trouve le point d'insertion.

MISE EN PRATIQUE

Pour illustrer notre propos, voici un programme qui procure des informations sur le tableau dans lequel se trouve le curseur ; même si ce genre de programme n'a en soi pas un grand intérêt, les techniques qui sont illustrées vous permettront de concevoir des macros qui manipulent des tableaux (copie de cellules, déplacement de cellules, mise en forme de cellules, insertion de lignes ou de colonnes, suppression de lignes ou de colonnes, etc.) :

```
Sub infotab()
Dim nomdocu
Dim nbtabs
Dim numtab
Dim nbligs
Dim nbcols
Dim nbcells
Dim numligne
Dim numcol
Dim cellule
nomdocu = Selection.Cells(1).Parent
nbtabs = ActiveDocument.Tables.Count
numtab = indextab()
nbligs = Selection.Tables(1).Rows.Count
nbcols = Selection.Tables(1).Columns.Count
nbcells = Selection.Tables(1).Range.Cells.Count
numligne = Selection.Cells(1).RowIndex
numcol = Selection.Cells(1).ColumnIndex
cellule = Selection.Cells(1).Range
cellule = Left(cellule, Len(cellule) - 2)
MsgBox ("Nom du document : " + nomdocu + vbCr + _
"Nombre de tableaux : " + CStr(nbtabs) + vbCr + _
"N° du tableau dans le document : " + CStr(numtab) + vbCr + _
"Nombre de lignes : " + CStr(nbligs) + vbCr + _
"Nombre de colonnes : " + CStr(nbcols) + vbCr + _
"Nombre de cellules : " + CStr(nbcells) + vbCr + _
"Ligne actuelle : " + CStr(numligne) + vbCr + _
"Colonne actuelle : " + CStr(numcol) + vbCr + _
"Contenu cellule actuelle : " + cellule)
End Sub
```

La figure 10.1 illustre les résultats fournis par notre programme.

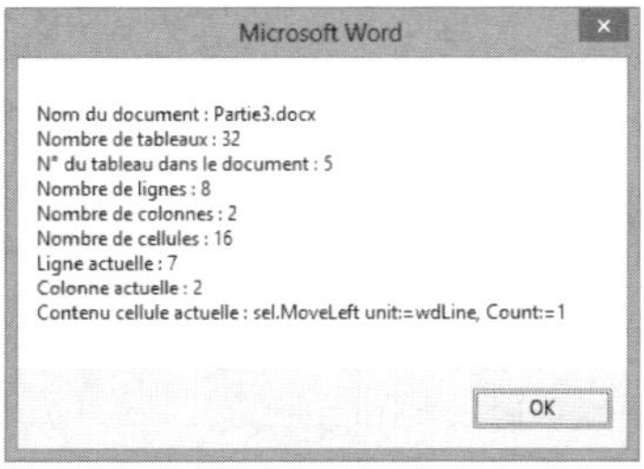

Figure 10.1 – Informations sur un tableau obtenues par programmation

Pour retrouver le numéro d'indice de notre tableau, nous avons dû écrire une fonction dont voici le code :

```
Function indextab() As Long
Dim i
For i = 1 To ActiveDocument.Tables.Count
  If Selection.Characters(1).InRange _
  (ActiveDocument.Tables(i).Range) Then
    indextab = i
    Exit For
  End If
Next i
End Function
```

Cette fonction balaye la collection Tables qui contient la liste de tous les tableaux du document ; la méthode InRange permet de savoir si la sélection `Selection.Characters(1)` se trouve dans la plage spécifiée par l'argument (`ActiveDocument.Tables(i).Range`). Si tel est le cas, on sort de la boucle `For Next` et la valeur de l'incrément i est égale à l'indice du tableau.

Vous pouvez bien évidemment écrire une telle fonction pour trouver l'indice d'une section ou bien d'un paragraphe (en fait tout objet d'une collection possédant une propriété Range). Voici à titre d'exemple le code d'une fonction retrouvant l'indice du paragraphe courant :

```
Function indexpara() As Long
Dim i
For i = 1 To ActiveDocument.Paragraphs.Count
  If Selection.Characters(1).InRange _
  (ActiveDocument.Paragraphs(i).Range) Then
    indexpara = i
    Exit For
  End If
Next i
End Function
```

Le seul problème de cette méthode de balayage de la collection est qu'elle peut se révéler extrêmement longue si la collection comporte de nombreux éléments, ce qui se produit immanquablement pour la collection des paragraphes si le texte du document est important. Il faut alors trouver un algorithme plus performant et nous allons retrouver notre méthode de **tri dichotomique** que vous avez dû utiliser pour trouver le nombre secret (voir le chapitre 7). Petit rappel : pour trouver un nombre secret compris entre 1 et 100, il faut d'abord tester 50 ; puis si le nombre secret est plus petit, il faut tester 25 et dans le cas contraire, il faut tester 75, et ainsi de suite. À chaque fois, on découpe l'espace de recherche en deux, d'où le nom de tri dichotomique.

Notre nouvelle fonction peut alors s'écrire :

```
Public Function indexpara2() As Long
Dim posdepart As Long
Dim min As Long
Dim max As Long
Dim moyen As Long
min = 1
max = ActiveDocument.Paragraphs.Count
posdepart = Selection.Start
Do
   moyen = (min + max) \ 2
   If posdepart < _
     ActiveDocument.Paragraphs(moyen).Range.Start Then
       max = moyen - 1
   ElseIf posdepart > _
     ActiveDocument.Paragraphs(moyen).Range.End Then
       min = moyen + 1
   Else
      Exit Do
   End If
Loop Until max < min
Indexpara2 = moyen
End Function
```

Sur un texte de 70 000 caractères, la procédure `indexpara` met 343 secondes pour trouver l'indice du dernier paragraphe alors que la procédure `indexpara2` ne met que 2,5 secondes ! Voilà qui va peut-être vous inciter à **optimiser votre code**…

Nous terminerons l'étude de l'objet Selection par un programme qui repère si deux paragraphes qui se suivent sont identiques ; si tel est le cas, la macro supprime le doublon. Ce genre de programmes peut s'avérer très utile quand vous souhaitez **dédoublonner une liste** ; il suffit alors de trier la liste par ordre alphabétique puis d'exécuter la macro :

```
Sub supprdoublon()
Dim deplacement As Long
' on se déplace au début du texte
Selection.HomeKey unit:=wdStory
' on sélectionne les deux premiers paragraphes
Selection.MoveDown unit:=wdParagraph, Count:=1, Extend:=wdExtend
deplacement = Selection.MoveDown(unit:=wdParagraph, _
Count:=1, Extend:=wdExtend)
' tant qu'on n'a pas atteint la fin du document
Do While deplacement > 0
   If Selection.Paragraphs(1).Range.Text = _
   Selection.Paragraphs(2).Range.Text Then
   ' les paragraphes sont identiques
      Selection.Paragraphs(2).Range.Delete
      ' on efface le paragraphe
      deplacement = Selection.MoveDown(unit:=wdParagraph, _
      Count:=1, Extend:=wdExtend)
   Else ' les paragraphes ne sont pas identiques
      deplacement = Selection.MoveDown(unit:=wdParagraph, _
      Count:=1, Extend:=wdExtend)
      Selection.MoveStart unit:=wdParagraph, Count:=1
   End If
Loop
End Sub
```

CONCLUSION

Nous n'avons couvert qu'une infime partie du modèle d'objets de Word, mais nous espérons vous avoir fourni l'essentiel pour assurer les tâches courantes ainsi que les outils pour explorer par vous-même tous les méandres de cette myriade d'objets. La documentation de Word n'étant pas toujours un modèle de clarté, il ne faudra pas hésiter à procéder selon une méthode empirique et faire ainsi de nombreux essais (et donc de nombreuses erreurs) afin de percer les mystères de certaines syntaxes. Ne soyez pas dérouté par le fait qu'il existe bien souvent plusieurs manières d'arriver au même résultat ; choisissez la méthode qui vous convient le mieux et oubliez les autres. Pour bien comprendre un objet, il faut le voir en action et, par voie de conséquence, écrire un programme qui le mette en œuvre ; commencez par écrire des programmes très courts qui décomposent bien tous les aspects d'un objet (propriétés et méthodes). Essayez également de visualiser (grâce à la fonction MsgBox ou bien à la méthode Select d'un objet Range) les résultats de vos actions, ce qui vous apportera une meilleure compréhension du modèle d'objets.

11

Programmer Excel

Le modèle d'objets d'Excel est assez similaire à celui de Word, même si son arborescence est moins complexe ; nous examinerons les objets les plus importants tout en sachant très bien que nous ne couvrirons qu'à peine 10 % du modèle d'objets. Ce sera donc à vous, si vous en ressentez le besoin, d'approfondir cette étude grâce à l'aide en ligne d'Excel. En appliquant la méthodologie que nous vous avons indiquée dans les chapitres précédents, vous serez à même de découvrir les objets qui vous intéressent. L'avantage des modèles d'objets d'Office, c'est que quand on a compris comment un modèle fonctionne, on peut facilement apprendre un autre modèle d'objets.

OBJET APPLICATION

Comme pour Word, l'objet Application représente l'application Excel elle-même et se situe au sommet de la hiérarchie du modèle d'objets. Bon nombre de ses propriétés étant globales, vous n'avez pas à les préfixer avec le nom d'objet Application.

Le tableau 11.1 liste les propriétés principales de l'objet Application (les propriétés en grisé sont globales).

Tableau 11.1 – Principales propriétés de l'objet Application

Propriété	Description
ActiveCell	Renvoie un objet Range qui représente la cellule active de la fenêtre active (celle qui se trouve au premier plan) ou la fenêtre spécifiée.
ActiveSheet	Renvoie un objet qui représente la feuille active (feuille au premier plan) dans le classeur actif ou dans la fenêtre ou le classeur spécifié.
ActiveWorkbook	Renvoie un objet Workbook qui représente le classeur de la fenêtre active (celle qui se trouve au premier plan).
Build	Renvoie le numéro de build de Microsoft Excel.
Calculation	Renvoie ou définit le mode de calcul. Il peut s'agir de l'une des constantes XlCalculation suivantes : xlCalculationAutomatic, xlCalculationManual ou xlCalculationSemiautomatic.
Caption	Renvoie le nom affiché dans la barre de titre de la fenêtre Microsoft Excel principale.
Cells	Renvoie un objet Range qui représente toutes les cellules dans la feuille de calcul active.
Columns	Renvoie un objet Range qui représente toutes les colonnes de la feuille de calcul active.
DefaultFilePath	Renvoie ou définit le chemin par défaut utilisé par Microsoft Excel à l'ouverture des fichiers.
DefaultSaveFormat	Renvoie ou définit le format d'enregistrement par défaut des fichiers.
Dialogs	Renvoie une collection Dialogs qui représente toutes les boîtes de dialogue prédéfinies.
Interactive	A la valeur True si Microsoft Excel est en mode interactif. Cette propriété a généralement la valeur True. Si vous lui affectez la valeur False, Microsoft Excel empêchera toute interaction à partir du clavier et de la souris (à l'exception de la saisie dans les boîtes de dialogue affichées par votre code). L'utilisateur ne risque ainsi pas d'entraver l'exécution de la macro qui déplace ou active des objets.
International	Renvoie des informations relatives aux paramètres régionaux et internationaux en cours.

Propriété	Description
LanguageSettings	Renvoie l'objet LanguageSettings, qui contient des informations sur les paramètres de langue de Microsoft Excel. En lecture seule.
Names	L'objet Application renvoie une collection Names qui représente tous les noms du classeur actif.
OperatingSystem	Renvoie le nom et le numéro de version du système d'exploitation en cours, par exemple « Windows (64 bits) NT 6.02 » pour Windows 8.
ReferenceStyle	Renvoie ou définit le style des références utilisées par Microsoft Excel pour afficher les références de cellules et les en-têtes de lignes ou de colonnes : il s'agit du style A1 (valeur 1) ou L1C1 (valeur -4150). On peut aussi employer les constantes xlA1 ou xlR1C1.
Rows	Renvoie un objet Range qui représente toutes les lignes de la feuille de calcul active.
Selection	Renvoie l'objet sélectionné dans la fenêtre active.
Sheets	Renvoie une collection Sheets qui représente toutes les feuilles du classeur actif.
ThisWorkbook	Renvoie un objet Workbook qui représente le classeur dans lequel s'exécute le code de la macro en cours.
UserName	Renvoie ou définit le nom de l'utilisateur actuel.
Version	Renvoie le numéro de version de Microsoft Excel (15 pour Excel 2013).
Visible	A la valeur True si l'objet est visible.
Windows	Renvoie une collection Windows qui représente chacune des fenêtres de l'ensemble des classeurs.
Workbooks	Renvoie une collection Workbooks qui représente l'ensemble des classeurs ouverts.
Worksheets	Renvoie une collection Sheets qui représente toutes les feuilles de calcul du classeur actif.

Pour vous familiariser avec ces propriétés, le plus simple est de les tester dans l'éditeur de programmes en faisant afficher leur valeur à l'aide de la fonction MsgBox ou du symbole ? qui fait afficher le résultat de la propriété dans la fenêtre Exécution. Vous pouvez soit créer une procédure, soit saisir directement l'instruction dans la **fenêtre Exécution**. Si la fenêtre Exécution n'est pas affichée dans l'éditeur, exécutez la commande Affichage→Fenêtre Exécution. Dans cette fenêtre, vous pouvez saisir une instruction et l'exécuter immédiatement en appuyant sur la touche Entrée. La figure 11.1 illustre la saisie d'une instruction dans la fenêtre Exécution.

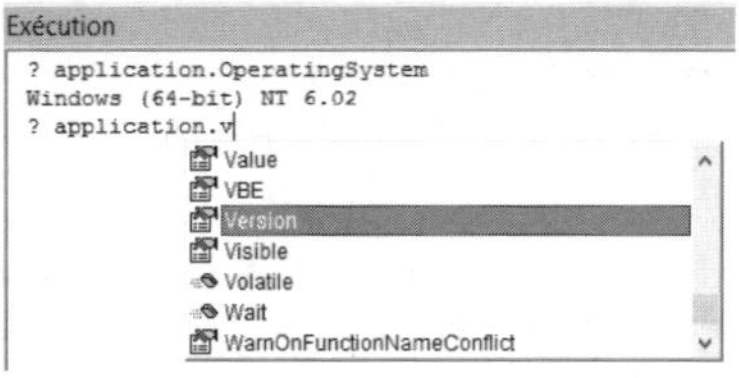

Figure 11.1 – Test d'une propriété dans la fenêtre Exécution

Vous pouvez ainsi saisir les instructions suivantes qui renverront le contenu de la cellule et l'adresse de la cellule active (n'oubliez pas de valider votre saisie avec la touche Entrée après chaque ligne pour exécuter l'instruction) :

```
msgbox Activecell.Address
msgbox Activecell
```

Excel ne possède pas d'objet Options et la plupart des options d'Excel sont des propriétés de l'objet Application.

Comme pour Word, la propriété **Dialogs** permet de renvoyer l'ensemble des boîtes de dialogue d'Excel. Grâce à la méthode Show, on peut afficher n'importe quelle boîte de dialogue d'Excel si l'on précise comme paramètre le numéro de la boîte de dialogue ou une des constantes de l'énumération **xlBuiltInDialog** qui en compte plus de 250.

La ligne de code suivante fait apparaître la boîte de dialogue Mode de calcul :

```
Application.Dialogs(xlDialogCalculation).Show
```

Après avoir étudié les principales propriétés, le tableau 11.2 liste les principales méthodes de l'objet Application.

Tableau 11.2 – Principales méthodes de l'objet Application

Méthode	Description
AddCustomList	Ajoute une liste personnalisée pour la recopie incrémentée et/ou le tri personnalisé.
Calculate	Calcule tous les classeurs ouverts, une feuille de calcul particulière dans un classeur ou une plage de cellules déterminée dans une feuille de calcul, comme indiqué dans le tableau ci-dessous.
CalculateFull	Provoque un calcul intégral des données dans tous les classeurs ouverts.
ConvertFormula	Permet de convertir les références de cellule dans une formule en passant du style de référence A1 au style R1C1, d'une référence relative à une référence relative, voire les deux.
FindFile	Affiche la boîte de dialogue Ouvrir et autorise l'utilisateur à ouvrir un fichier.
Intersect	Renvoie un objet Range qui représente l'intersection rectangulaire de deux plages ou plus.
Quit	Quitte Excel.
SendKeys	Envoie des touches à l'application active.
Wait	Marque une pause dans l'exécution de la macro jusqu'à une heure spécifiée.

OBJET WORKBOOK

L'objet Workbook est un membre de la collection Workbooks qui contient tous les classeurs (*workbook* signifie classeur en anglais) ouverts dans Excel. En tant que membre d'une collection, on accède à un classeur de la même manière qu'à un document Word, à savoir son numéro d'indice. Le programme suivant permet donc d'afficher tous les noms des classeurs :

```
For i = 1 to Workbooks.Count
MsgBox Workbooks(i).Name
Next
```

Il est également possible de désigner un classeur par son nom :

```
Workbooks("Tableau d'amortissement.XLSX").Activate
```

Le tableau 11.3 liste les principales propriétés de l'objet Workbook.

Tableau 11.3 – Principales propriétés de l'objet Workbook

Propriété	Description
ActiveSheet	Renvoie un objet qui représente la feuille active (feuille au premier plan) dans le classeur actif ou dans la fenêtre ou le classeur spécifié.
Charts	Renvoie une collection Sheets qui représente toutes les feuilles graphiques du classeur actif.
Names	Renvoie une collection Names qui représente tous les noms du classeur actif.
ReadOnly	A la valeur True si le classeur a été ouvert en lecture seule.
Saved	A la valeur True si le classeur spécifié n'a pas été modifié depuis son dernier enregistrement.
Sheets	Renvoie une collection Sheets qui représente toutes les feuilles du classeur actif.
Styles	Renvoie une collection Styles qui représente tous les styles du classeur spécifié.
Worksheets	Renvoie une collection Sheets qui représente toutes les feuilles de calcul du classeur actif.
WriteReserved	A la valeur True si le classeur est protégé contre l'écriture.

Le tableau 11.4 liste les principales méthodes de l'objet Workbook.

Tableau 11.4 – Principales méthodes de l'objet Workbook

Méthode	Description
Activate	Active la première fenêtre associée au classeur.
Close	Ferme le classeur.
PrintOut	Imprime le classeur.
PrintPreview	Affiche un aperçu du classeur tel qu'il apparaîtra une fois imprimé.
RefreshAll	Actualise toutes les plages de données externes et les rapports de tableau croisé dynamique du classeur spécifié.
Save	Enregistre les modifications apportées au classeur spécifié.

Méthode	Description
SaveAs	Enregistre les modifications du classeur dans un fichier différent.
SaveCopyAs	Enregistre une copie du classeur dans un fichier sans modifier le classeur ouvert en mémoire.
Unprotect	Supprime la protection d'une feuille ou d'un classeur. Cette méthode est sans effet si la feuille ou le classeur n'est pas protégé.

OBJET WORKSHEET

L'objet Worksheet est un membre de la collection Worksheets qui contient toutes les feuilles de calcul (*worksheets* en anglais) d'un classeur. En tant que membre d'une collection, on accède à une feuille de calcul par son numéro d'indice. Le programme suivant permet d'afficher tous les noms des feuilles d'un classeur :

```
For i = 1 To Worksheets.Count
MsgBox Worksheets(i).Name
Next
```

Il est également possible de désigner une feuille par son nom :

```
Worksheets("Feuil1").Activate
```

Le tableau 11.5 liste les principales propriétés de l'objet Worksheet.

Tableau 11.5 – Principales propriétés de l'objet Worksheet

Propriété	Description
Cells	Renvoie un objet Range qui représente toutes les cellules dans la feuille de calcul active.
Columns	Renvoie un objet Range qui représente toutes les colonnes de la feuille de calcul active.
EnableCalculation	A la valeur True si Microsoft Excel recalcule automatiquement la feuille de calcul quand cela est nécessaire.
Names	Renvoie une collection Names qui représente tous les noms du classeur actif.
Next	Renvoie un objet Chart, Range ou Worksheet qui représente la prochaine feuille ou cellule.

Propriété	Description
PageSetup	Renvoie un objet PageSetup contenant tous les paramètres de mise en page de l'objet spécifié.
Previous	Renvoie un objet Chart, Range ou Worksheet qui représente la cellule ou la feuille précédente.
ProtectContents	A la valeur True si le contenu de la feuille est protégé.
Range	Renvoie un objet Range.
Rows	Renvoie un objet Range qui représente toutes les lignes de la feuille de calcul active.
Visible	A la valeur True si l'objet est visible.

Le tableau 11.6 liste les principales méthodes de l'objet Worksheet.

Tableau 11.6 – Principales méthodes de l'objet Worksheet

Méthode	Description
Activate	Active la feuille (revient à cliquer sur l'onglet de la feuille).
Calculate	Calcule tous les classeurs ouverts, une feuille de calcul particulière dans un classeur ou une plage de cellules déterminée dans une feuille de calcul.
Copy	Copie un objet Range dans la plage spécifiée ou dans le Presse-papiers.
Delete	Supprime un objet.
Evaluate	Convertit un nom Microsoft Excel en un objet ou une valeur.
Move	Déplace la feuille en un autre endroit du classeur.
Paste	Colle le contenu du Presse-papiers dans la feuille.
PasteSpecial	Colle dans la feuille les données provenant du Presse-papiers en respectant le format spécifié. Utilisez cette méthode pour coller des données provenant d'autres applications ou pour coller des données en respectant un format particulier.
PrintOut	Imprime la feuille de calcul.
PrintPreview	Affiche un aperçu de la feuille de calcul telle qu'elle apparaîtra une fois imprimée.
Protect	Protège une feuille de calcul afin d'empêcher toute modification.

Méthode	Description
SaveAs	Enregistre les modifications de la feuille dans un fichier différent.
Select	Sélectionne la feuille de calcul.
Unprotect	Supprime la protection d'une feuille ou d'un classeur. Cette méthode est sans effet si la feuille ou le classeur n'est pas protégé.

OBJET RANGE

L'objet Range est au cœur de tous les programmes Excel car c'est celui qui permet de manipuler les cellules : il représente une cellule, plusieurs cellules (contiguës ou non), des lignes ou des colonnes. Pour désigner une seule cellule, il suffit de passer en paramètre son adresse à la propriété **Range**. Ainsi, `Range("A1")` désigne la cellule A1 de la feuille active (l'utilisation du style de notation L1C1 est interdite). Si l'on souhaite inscrire un libellé dans une cellule, on utilise la propriété **Value** de l'objet Range. La ligne de code suivante inscrit en B5 le mot « Tableau » :

```
Range("B5").Value = "Tableau"
```

Bien évidemment, si vous travaillez avec plusieurs classeurs qui ont eux-mêmes plusieurs feuilles de calcul, il vaut mieux être le plus explicite possible et désigner les cellules en déroulant le chemin d'accès complet à la plage de cellules, comme dans l'exemple suivant :

```
Workbooks("Tableau d'amortissement.XLSX").Worksheets("Feuil2"). _
Range("A1").Value = "Tableau"
```

Si l'on ne précise aucun classeur ni aucune feuille spécifique, l'objet Range désigne la feuille active. Si l'on souhaite utiliser une feuille particulière et ne pas employer de qualificateur d'objet, il faudra donc activer au préalable cette feuille grâce à la méthode Activate.

Si l'on veut désigner une plage de cellules, il suffit d'indiquer la plage comme on le fait sous Excel. Ainsi, le code suivant insère dans la plage A1:A5 le libellé « Moyenne » :

```
Range("A1:A5").Value = "Moyenne"
```

Il est aussi possible d'utiliser un nom défini dans une plage, ce qui permet par exemple d'effacer le contenu d'une plage :

```
Range("données").ClearContents
```

On n'est pas obligé de préciser un littéral comme plage d'adresses et on peut très bien transmettre à la propriété Range une variable contenant une adresse :

```
Dim var
var = "A6"
Worksheets("Feuil2").Range(var).Value = "Démonstration"
```

Une cellule individuelle peut aussi être désignée grâce à la propriété Cells en précisant ses coordonnées (ligne, colonne). Ainsi, `Cells(2, 3).Value = "Janvier"` permet d'inscrire en ligne 2, colonne 3 de la feuille active le premier mois de l'année.

Cette construction permet de générer facilement des séries comme dans l'exemple suivant :

```
For i = 1 To 100
Worksheets("Feuil2").Cells(i, 2).Value = i
Next
```

Vous noterez qu'on peut tout aussi bien utiliser un objet Range pour réaliser la même tâche comme le montre le code suivant :

```
Dim i, var
For i = 1 To 100
var = "C" + CStr(i)
Worksheets("Feuil2").Range(var).Value = i
Next
```

Le premier programme est cependant plus lisible et plus flexible.

Un objet Range peut contenir des cellules non contiguës ; il suffit pour cela de préciser les adresses des cellules en les séparant par des virgules :

```
Range("E8,G8,G13,E13").Select
```

Le tableau 11.7 liste les principales propriétés de l'objet Range.

Le tableau 11.8 liste les principales méthodes de l'objet Range.

Tableau 11.7 – Principales propriétés de l'objet Range

Propriété	Description
Cells	Renvoie un objet Range qui représente toutes les cellules dans la feuille de calcul active.
Column	Renvoie le numéro de la première colonne de la première zone de la plage spécifiée.
Columns	Renvoie un objet Range qui représente toutes les colonnes de la feuille de calcul active.
ColumnWidth	Renvoie ou définit la largeur de toutes les colonnes de la plage spécifiée.
Count	Renvoie le nombre des objets de la collection.
End	Renvoie un objet Range qui représente la cellule située à la fin de la région contenant la plage source. Revient à appuyer sur FIN+HAUT, FIN+BAS, FIN+GAUCHE, ou FIN+DROITE.
EntireColumn	Renvoie un objet Range qui représente la colonne entière (ou plusieurs colonnes) contenant la plage spécifiée.
EntireRow	Renvoie un objet Range qui représente la ligne entière (ou plusieurs lignes) contenant la plage spécifiée.
Formula	Renvoie ou définit la formule de l'objet dans le style de référence A1 et dans la langue de la macro.
HasFormula	A la valeur True si toutes les cellules de la plage contiennent une formule, la valeur False si aucune cellule de la plage ne contient une formule, et la valeur Null dans les autres cas.
Row	Renvoie le numéro de la première ligne de la première zone de la plage.
RowHeight	Renvoie la hauteur, mesurée en points, de toutes les lignes de la plage spécifiée.
Rows	Renvoie un objet Range qui représente toutes les lignes de la feuille de calcul active.
Value	Renvoie ou définit la valeur de la cellule spécifiée. Si la cellule est vide, la propriété Value renvoie la valeur Empty (utilisez la fonction IsEmpty pour tester ce cas).
Worksheet	Renvoie un objet Worksheet qui représente la feuille de calcul contenant la plage spécifiée.

Tableau 11.8 – Principales méthodes de l'objet Range

Méthode	Description
Activate	Active une cellule située à l'intérieur de la sélection courante. Pour sélectionner une plage de cellules, utilisez la méthode Select.
ApplyNames	Attribue des noms aux cellules de la plage spécifiée.
AutoFill	Exécute une recopie incrémentée sur les cellules de la plage spécifiée.
AutoFit	Modifie la largeur des colonnes de la plage ou la hauteur des lignes de la plage pour l'ajuster au mieux.
Calculate	Calcule tous les classeurs ouverts, une feuille de calcul particulière dans un classeur ou une plage de cellules déterminée dans une feuille de calcul.
Clear	Efface l'objet Range.
ClearContents	Efface les formules de la plage.
ClearFormats	Annule la mise en forme de l'objet.
ColumnDifferences	Renvoie un objet Range qui représente toutes les cellules dont le contenu est différent de celui de la cellule de comparaison dans chaque colonne.
Consolidate	Consolide les données provenant de plusieurs plages situées dans différentes feuilles de calcul au sein d'une seule plage située dans une seule feuille de calcul.
Copy	Copie l'objet Range dans la plage spécifiée ou dans le Presse-papiers.
CreateNames	Crée des noms dans la plage spécifiée en fonction des étiquettes de texte de la feuille.
Cut	Coupe l'objet et le place dans le Presse-papiers.
DataSeries	Crée une série de données dans la plage spécifiée.
Delete	Supprime l'objet Range.
FillDown	Remplit la plage spécifiée de haut en bas à partir de la ou des cellules situées en haut de cette plage. Le contenu et le format de la ou des cellules de la ligne du haut d'une plage sont copiés dans toutes les autres lignes de cette plage.

Méthode	Description
FillLeft	Recopie à gauche à partir de la ou des cellules situées les plus à droite de la plage spécifiée. Le contenu et le format de la ou des cellules de la colonne la plus à droite d'une plage sont copiés dans toutes les autres colonnes de cette plage.
FillRight	Recopie à droite à partir de la ou des cellules les plus à gauche de la plage spécifiée. Le contenu et le format de la ou des cellules de la colonne la plus à gauche d'une plage sont copiés dans toutes les autres colonnes de cette plage.
FillUp	Remplit la plage spécifiée de bas en haut à partir de la ou des cellules situées en bas de cette plage. Le contenu et le format de la ou des cellules de la ligne du bas d'une plage sont copiés dans toutes les autres lignes de la plage.
Find	Recherche une information spécifique dans une plage et renvoie un objet Range qui représente la première cellule où cette information apparaît.
FindNext	Poursuit une recherche débutée avec la méthode Find. Recherche la cellule suivante qui correspond aux mêmes critères et renvoie un objet Range qui la représente.
FindPrevious	Poursuit une recherche débutée avec la méthode Find. Recherche la cellule précédente qui correspond aux mêmes critères et renvoie un objet Range qui la représente.
Insert	Insère une cellule ou une plage de cellules dans la feuille de calcul et décale les autres cellules pour libérer la place nécessaire.
ListNames	Colle la liste de tous les noms de la feuille de calcul qui ne sont pas masqués, en commençant au niveau de la première cellule de la plage.
Parse	Redistribue une plage de données et la divise en plusieurs cellules.
PasteSpecial	Colle dans la plage spécifiée les données provenant du Presse-papiers.
PrintOut	Imprime l'objet Range.
PrintPreview	Affiche un aperçu de l'objet tel qu'il apparaîtra une fois imprimé.
Replace	Recherche et remplace des caractères dans les cellules de la plage spécifiée.

Méthode	Description
RowDifferences	Renvoie un objet Range qui représente toutes les cellules dont le contenu est différent de celui de la cellule de comparaison dans chaque ligne.
Select	Sélectionne l'objet Range.
SpecialCells	Renvoie un objet Range qui représente toutes les cellules correspondant au type et à la valeur spécifiés.
Table	Crée une table de données à partir des valeurs d'entrée et des formules que vous définissez dans une feuille de calcul.
TextToColumns	Redistribue sur plusieurs colonnes une colonne de cellules qui comportent du texte.

MISE EN PRATIQUE

Pour illustrer notre propos, nous allons vous présenter des macros qui mettent en situation les objets que nous venons d'étudier.

La macro suivante permet de générer une plage de nombres aléatoires. On demande à l'utilisateur de saisir l'adresse de la plage, puis le programme, grâce à deux boucles imbriquées, insère des nombres aléatoires dans la plage indiquée.

```
Sub aleatoire()
' Remplit une plage de nombres aléatoires dans la feuille active
Const nombre = 1000 ' valeur maximale des nombres aléatoires
Dim i, j As Integer ' compteur de boucles
Dim plage As String ' chaîne de la plage
Dim cellule_debut As String ' cellule du début de la plage
Dim cellule_fin As String ' cellule de la fin de la plage
Dim ligne_debut As Integer
Dim colonne_debut As Integer
Dim ligne_fin As Integer
Dim colonne_fin As Integer
' on demande à l'utilisateur de saisir une plage
plage = InputBox("Indiquez la plage à remplir (par exemple
A3:C7)", _
"Générateur de nombres aléatoires")
' on extrait la cellule de début de la plage
cellule_debut = Left(plage, InStr(plage, ":") - 1)
' on extrait la cellule de fin de la plage
cellule_fin = Mid(plage, InStr(plage, ":") + 1)
' on détermine numéros de ligne et de colonne de la plage
ligne_debut = Range(cellule_debut).Row
```

```
colonne_debut = Range(cellule_debut).Column
ligne_fin = Range(cellule_fin).Row
colonne_fin = Range(cellule_fin).Column
' une double boucle permet de parcourir la plage
For i = ligne_debut To ligne_fin
    For j = colonne_debut To colonne_fin
    ' insertion d'un nombre aléatoire dans la cellule
       Cells(i, j).Value = Int(nombre * Rnd)
    Next
Next
End Sub
```

La macro suivante permet de griser une ligne sur deux de la plage sélectionnée par l'utilisateur. Le programme s'assure d'abord que l'utilisateur a bien sélectionné plusieurs cellules. Si tel n'est pas le cas, l'instruction **Exit Sub** permet de quitter la procédure. Puis grâce à une boucle, on applique, une ligne sur deux un motif de gris à chaque cellule. L'opérateur **modulo** permet de sauter une ligne sur deux. Vous noterez également la construction `With... End With` qui permet d'appliquer la mise en forme aux cellules concernées.

```
Sub alterne_lignes()
' on teste si l'utilisateur a sélectionné plusieurs cellules
If Selection.Count = 1 Then
    MsgBox "Vous devez sélectionner plusieurs lignes !"
    Exit Sub
End If
Dim adresse As String ' contient l'adresse de la plage
sélectionnée
Dim compteur As Integer ' compteur de boucle
adresse = Selection.Address
' MsgBox adresse
' l'instruction commentée ci-dessus permet de s'assurer que
' la valeur renvoyée est correcte. Quand la macro fonctionne
' correctement, on supprime la ligne ou on la met en commentaire
For compteur = 1 To Selection.Rows.Count
    If compteur Mod 2 = 1 Then ' on saute une ligne sur deux
      With Range(adresse).Rows(compteur).Interior
         .Pattern = xlSolid
         .PatternColorIndex = xlAutomatic
         .ThemeColor = xlThemeColorDark1
         .TintAndShade = -0.14996795556505
         .PatternTintAndShade = 0
      End With
    End If
Next compteur
End Sub
```

La figure 11.2 illustre les résultats fournis par notre programme.

	A	B	C	D	E
1	NOM	PRENOM	SERVICE	SALAIRE	CADRE
2	ALISE	Abel	INFORMATIQUE	13052,05	VRAI
3	ALIZE	Abraham	DIRECTION	45381,77	FAUX
4	ARNOUX	Achille	ENTRETIEN	24237,45	FAUX
5	BAEURLE	Ada	MAINTENANCE	5870,85	FAUX
6	BALTHES	Adélaïde	INSPECTION	5319,82	VRAI
7	BARTHELEMY	Adèle	COMPTABILITE	6942,08	FAUX
8	BATAILLE	Adeline	PERSONNEL	8029,72	VRAI
9	BEAUPOIL	Adolphe	ACHATS	5402,49	FAUX
10	BENDER	Adrien	RECHERCHE	10593,92	FAUX
11	BERARD	Adrienne	SECURITE	16885,58	VRAI
12	BERNARD	Agathe	COMMERCIAL	16386,97	FAUX
13	BERNE	Agnès	APRES-VENTE	23813,81	FAUX
14	BERRARD	Aimable	AVANT-VENTE	9615,44	VRAI
15	BIDEL	Aimé	COMMUNICATION	7394,5	FAUX
16	BIEBER	Aimée	JURIDIQUE	8584,1	VRAI
17	BIETZ	Alain	INFORMATIQUE	22268,84	VRAI
18	BIGEREL	Alban	DIRECTION	37194,61	FAUX
19	BOUILLOT	Albane	ENTRETIEN	24270,85	FAUX
20	BOUR	Albéric	MAINTENANCE	16628,69	FAUX
21	BRABLE	Albert	INSPECTION	10326,71	FAUX

Figure 11.2 – Le programme grise une ligne sur deux de la plage sélectionnée

La macro suivante permet de repérer les cellules qui contiennent une formule. En effet, quand vous analysez une feuille de calcul que vous n'avez pas conçue vous-même, il peut être intéressant de détecter rapidement les cellules contenant une formule. L'utilisateur sélectionne une plage de cellules, et la macro parcourt la collection à l'aide de la structure `For Each`. Si la cellule contient une formule, une boîte de dialogue affiche l'adresse de la cellule puis le libellé de la formule (après avoir sauté une ligne).

```
Sub affiche_formules()
Dim adresse As String ' contient l'adresse de la plage
sélectionnée
For Each cellule In Selection
    adresse = cellule.Address
        If Range(adresse).HasFormula Then
            MsgBox cellule.Address + vbCr + _
            Range(adresse).Formula
        End If
Next cellule
End Sub
```

La figure 11.3 illustre les résultats fournis par notre programme.

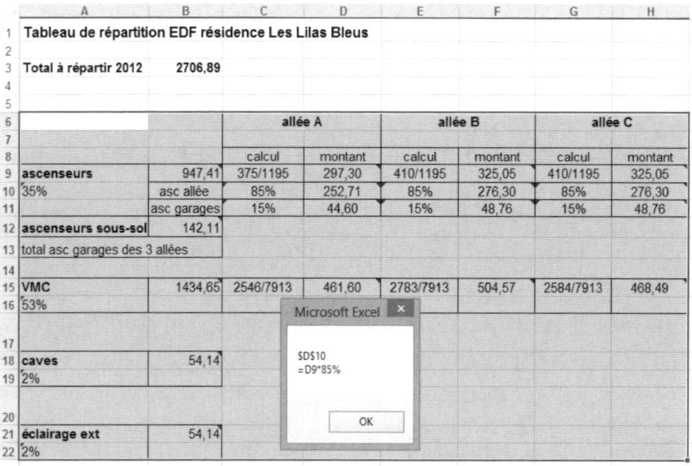

Figure 11.3 – Le programme affiche les cellules qui contiennent une formule

Si vous le voulez, vous pouvez, au lieu d'afficher la formule dans une boîte de dialogue, griser les cellules qui contiennent une formule en utilisant la technique que nous avons employée dans la première macro. Mais le plus judicieux est encore de placer un commentaire dans les cellules contenant une formule. De cette manière, chaque cellule qui contient une formule est identifiée par un petit triangle rouge dans son coin supérieur droit.

Le code suivant insère le libellé de la formule comme texte du commentaire :

```
For Each cellule In Selection
    adresse = cellule.Address
        If Range(adresse).HasFormula Then
            Range(adresse).AddComment (cellule.Formula)
        End If
Next cellule
```

Il suffit alors de passer le curseur de la souris au-dessus des cellules commentées pour voir apparaître le texte de la formule.

CONCLUSION

Nous n'avons couvert qu'une infime partie du modèle d'objets d'Excel et nous nous sommes concentrés sur les objets les plus courants que sont Application, Workbook, Worksheet et Range. Dans la mesure où vous aurez très souvent à balayer une collection, vous devez apprendre à bien maîtriser la construction `For Each` qui améliorera la lisibilité de vos macros. Comme la hiérarchie du modèle d'objets d'Excel peut comporter de nombreux niveaux pour arriver jusqu'à la cellule qui est l'entité de base d'une feuille de calcul, il ne faut pas hésiter à procéder par étapes et à tester chaque niveau pour arriver à ses fins. Pour bien comprendre le modèle d'objets d'Excel, commencez par écrire des macros très courtes qui mettent en œuvre les méthodes et les propriétés des principaux objets. Utilisez aussi souvent que possible l'enregistreur de macros qui permet d'obtenir rapidement un squelette de programme.

12 Programmer Access

Le modèle d'objets d'Access est assez différent des modèles de Word et d'Excel. Cela tient d'abord aux différences entre ces applications ; Word et Excel sont des applications orientées document alors qu'Access ne sait gérer que des bases de données. Access, dès sa sortie, était doté d'un langage nommé Access Basic ; à la parution d'Office 97, Access Basic a été fondu dans le moule commun qu'était VBA. De plus, Access possède des macros, mais pas d'enregistreur ; les macros d'Access ne sont pas écrites en VBA, mais dans un langage spécial ; elles s'apparentent plus aux macro-commandes (empilement d'instructions sans possibilité de modifier le flux des commandes) des anciens logiciels qu'à des programmes VBA.

Le modèle d'objets d'Access comporte moins d'objets que ceux de Word et d'Excel car les niveaux d'arborescence sont plus restreints et la structure en est par conséquent plus simple. Access contient en natif des objets identifiés en tant que tel qui s'affichent dès l'ouverture d'une base de données : tables, requêtes, formulaires, états et pages.

Cela étant, la programmation Access est beaucoup moins aisée que la programmation de Word ou d'Excel ; il y a plusieurs raisons à cela : premièrement, une base de données est un objet plus complexe qu'un document Word ou Excel. Deuxièmement, une base de données est souvent utilisée en réseau par plusieurs personnes en même temps, ce qui pose toute une série de problèmes particuliers. Enfin, le développeur Access doit construire sa propre interface utilisateur, ce qui n'est pas vraiment le cas avec Word et Excel. Toutes ces raisons font qu'il faudrait plusieurs ouvrages de ce type pour couvrir de manière exhaustive le sujet de la programmation d'Access. Nous nous contentons ici d'une introduction à la programmation des formulaires et nous vous donnons des pistes pour aller plus loin.

COLLECTIONS D'ACCESS

Comme pour Word ou Excel, on peut accéder à un objet d'Access en fournissant son numéro dans la collection ou bien son nom :

```
AllForms(0)
AllReports("Bordereau journalier")
```

Access autorise également une autre forme de syntaxe :

```
AllForms![Saisie de la fiche]
```

Nous nous contenterons dans ce chapitre de lister les principaux objets d'Access, puis nous détaillerons les objets DoCmd et Form.

Le tableau 12.1 énumère les principales collections (les cellules en grisé correspondent aux objets natifs d'Access).

Tableau 12.1 – Principales collections d'Access

Collection	Description
AllForms	Formulaire dans l'objet CurrentProject ou CodeProject.
AllModules	Module dans l'objet CurrentProject ou CodeProject.
AllQueries	Requête dans l'objet CurrentData ou CodeData.
AllReports	État dans l'objet CurrentProject ou CodeProject.
AllTables	Table dans l'objet CurrentData ou CodeData.
AllViews	Vue dans l'objet CurrentData ou CodeData.
Controls	Contrôles d'un formulaire, d'un état ou d'une section, ou ceux qui figurent dans un autre contrôle ou qui y sont attachés. La collection Controls fait partie d'un objet Form, Report, Section ou Control.
FormatConditions	Formats conditionnels d'un contrôle Zone de liste modifiable ou Zone de texte. Chaque format conditionnel est représenté par un objet FormatCondition.
Forms	Formulaires ouverts en cours dans une base de données Access.

Collection	Description
Modules	Modules standard et modules de classe ouverts dans une base de données Access.
Pages	Objets Page d'un contrôle Onglet.
Printers	Objets Printer représentant toutes les imprimantes disponibles sur le système actuel.
Properties	Propriétés prédéfinies d'une instance d'un objet Form, Report ou Control ouvert.
References	Objets Reference représentant chaque référence actuellement définie.
Reports	États actuellement ouverts dans une base de données Access.

OBJETS D'ACCESS

Le tableau 12.2 liste les principaux objets d'Access.

Tableau 12.2 – Principaux objets d'Access

Objet	Description
AccessObject	Fait référence à un objet Access déterminé dans les collections AllDataAccessPages, AllDatabaseDiagrams, AllForms, AllMacros, AllModules, AllQueries, AllReports, AllStoredProcedures, AllTables, AllViews.
Application	Fait référence à l'application Access active.
CodeData	Objets stockés dans la base de données du code par l'application source (serveur) (Jet ou SQL).
Control	Contrôle de formulaire, d'état ou de section, ou un contrôle dans un autre contrôle ou attaché à un autre contrôle.
CurrentData	Objets stockés dans la base de données en cours par l'application source (serveur) (Jet ou SQL).
CurrentProject	Projet du projet Access (.adp) ou de la base de données Access en cours.
DoCmd	Sert à exécuter des actions Access à partir de VBA.
Form	Formulaire Access.

Objet	Description
FormatCondition	Mise en forme conditionnelle d'un contrôle Zone de liste modifiable ou Zone de texte (membre de la collection FormatConditions).
Hyperlink	Lien hypertexte associé à un contrôle dans un formulaire, un état ou une page d'accès aux données.
Module	Fait référence à un module standard ou un module de classe.
Page	Membre de la collection Pages.
Report	État.
Screen	Fait référence au formulaire, à l'état ou au contrôle particulier qui est actif.

OBJET DOCMD

L'objet DoCmd est un objet un peu à part car il ne possède aucune propriété ; la raison en est que cet objet ne sert en fait qu'à exécuter des actions qui sont normalement effectuées en mode interactif, comme l'ouverture d'un formulaire. Voici la syntaxe d'utilisation de l'objet DoCmd :

[*application*.]**DoCmd**.*méthode* [*arg1*, *arg2*, ...]

L'objet **DoCmd** possède les arguments suivants :

Argument	Description
application	Facultatif. L'objet **Application**.
méthode	Une des méthodes prises en charge par cet objet.
arg1, arg2...	Arguments de la méthode sélectionnée. Ces arguments sont semblables aux arguments d'action de l'action correspondante.

Voici un exemple d'impression d'un état :

```
DoCmd.OpenReport strNomDoc, acViewNormal, "Filtre factures"
```

Vous vous servirez très souvent dans vos programmes de la commande `DoCmd.OpenForm` qui permet d'ouvrir un formulaire. Une nouvelle fois, Intellisense vous guidera dans l'utilisation de la syntaxe et des commandes de cette méthode (figure 12.1).

Figure 12.1 – L'éditeur nous guide dans la saisie des paramètres de l'objet DoCmd

La plupart des méthodes de l'objet DoCmd ont des paramètres facultatifs. Par exemple, la méthode OpenForm utilise sept arguments dont seul le premier (le nom du formulaire) est obligatoire.

Le tableau 12.3 liste les principales méthodes de l'objet DoCmd.

Tableau 12.3 – Principales méthodes de l'objet DoCmd

Méthode	Description
ApplyFilter	Applique un filtre, une requête ou une clause WHERE SQL à un formulaire.
CancelEvent	Annule l'événement qui a entraîné l'exécution par Access de la macro contenant cette action.
Close	Ferme une fenêtre Microsoft Access spécifiée, ou la fenêtre active au cas où aucune fenêtre n'est spécifiée.
CopyObject	Copie l'objet de base de données spécifié dans une autre base de données Access ou dans la même base de données sous un nom nouveau.
DeleteObject	Supprime un objet de base de données spécifié. Cette action équivaut à sélectionner un objet dans la fenêtre Base de données, puis à appuyer sur la touche SUPPR ou à cliquer sur Supprimer dans le menu Edition.
FindNext	Trouve l'enregistrement suivant qui satisfait aux critères spécifiés par l'action TrouverEnregistrement précédente ou la boîte de dialogue Rechercher dans le champ.
FindRecord	Trouve la première instance des données qui satisfont aux critères spécifiés par les arguments de l'action TrouverEnregistrement.
GoToControl	Active le champ ou le contrôle spécifié de l'enregistrement en cours du formulaire ouvert, de la feuille de données du formulaire, de la table ou de la requête.
GoToPage	Active le premier contrôle d'une page spécifiée dans le formulaire actif.
GoToRecord	Transforme l'enregistrement spécifié en enregistrement courant dans une table ouverte, un formulaire ou une feuille de réponses dynamique de requête.

Méthode	Description
Maximize	Agrandit la fenêtre active de manière à ce qu'elle remplisse la fenêtre Access.
Minimize	Réduit la fenêtre active en icône au bas de la fenêtre Microsoft Access.
MoveSize	Déplace ou redimensionne la fenêtre active.
OpenForm	Ouvre un formulaire en mode Formulaire, en mode Création de formulaire, en mode Aperçu avant impression ou en mode Feuille de données. Vous pouvez sélectionner les modes de saisie et d'affichage des données du formulaire et limiter les enregistrements affichés.
OpenQuery	Ouvre une requête Sélection ou Analyse croisée en mode Feuille de données, en mode Création ou en mode Aperçu avant impression. Cette action exécute une requête action. Vous pouvez aussi sélectionner un mode de saisie de données pour la requête.
OpenReport	Ouvre un état en mode Création ou en mode Aperçu avant impression, ou imprime cet état immédiatement. Vous pouvez aussi limiter les enregistrements imprimés dans l'état.
OpenTable	Ouvre une table en mode Feuille de données, en mode Création ou en mode Aperçu avant impression. Vous pouvez aussi sélectionner un mode de saisie de données pour la table.
OpenView	Ouvre une vue en mode Feuille de données, en mode Création ou en mode Aperçu avant impression. Cette action exécute la vue nommée lors de son ouverture en mode Feuille de données. Vous pouvez sélectionner la saisie de données pour la vue et limiter les enregistrements affichés par la vue.
OutputTo	Copie les données de l'objet de base de données Access spécifié (feuille de données, formulaire, état, module, page d'accès aux données) dans un fichier au format Microsoft Excel 98 (*.xls), MS-DOS text (*.txt), ou Rich Text Format (*.rtf).
Quit	Quitte Access. L'action Quitter vous donne le choix entre plusieurs options pour enregistrer les objets de la base de données avant de sortir de Microsoft Access.

Méthode	Description
Requery	Met à jour les données d'un contrôle spécifié dans l'objet en actualisant la source du contrôle. Si aucun contrôle n'est spécifié, cette action actualise la source de l'objet lui-même. Utilisez cette action pour vérifier que l'objet actif ou l'un de ses contrôles affiche les données les plus récentes.
Restore	Rend à une fenêtre agrandie ou réduite sa taille précédente.
RunCommand	Exécute une des commandes intégrées de Microsoft Access. La commande peut apparaître sur une barre de menus, une barre d'outils ou un menu contextuel de Microsoft Access.
RunMacro	Exécute l'action ExécuterMacro dans Visual Basic.
Save	Enregistre soit un objet Microsoft Access spécifique, soit l'objet actif si aucun objet n'est spécifié. Vous pouvez également enregistrer l'objet actif sous un nouveau nom dans certains cas (ceci fonctionne de manière identique à la commande Enregistrer sous du menu Fichier).
SelectObject	Sélectionne un objet de la base de données spécifié.
SetWarnings	Active ou désactive les messages système.
ShowAllRecords	Supprime tout filtre appliqué de la table, du jeu résultant de requête ou du formulaire actif, et affiche tous les enregistrements de la table ou de la feuille de réponses dynamique ou tous les enregistrements de la table ou de la requête sous-jacente du formulaire.
TransferDatabase	Importe ou exporte des données entre la base de données Access active et une autre base de données.
TransferSpreadsheet	Importe ou exporte des données entre la base de données Access en cours et un fichier de feuille de calcul.
TransferText	Importe ou exporte du texte entre la base de données Access en cours et un fichier texte.

OBJET FORM

Les formulaires sont à la base de tout développement Access car ils constituent l'interface utilisateur du programme qui va permettre de réaliser les opérations courantes de gestion de la base de données : créer, modifier, supprimer et rechercher des données.

Les formulaires (UserForm) gérés par VBA, qui seront étudiés dans la dernière partie de cet ouvrage, constituent une forme générique de dialogue homme-machine quelque peu différente des formulaires Access ; en effet, Access dispose de ses propres formulaires et n'utilise pas les UserForm VBA car il a des besoins spécifiques, comme la gestion des sous-formulaires qui sont indispensables dans l'établissement d'une relation d'un à plusieurs. Les formulaires d'Access sont donc une version beaucoup plus évoluée des UserForm de VBA ; la collection Forms contient tous les formulaires ouverts en cours dans une base de données Access. On fait référence à un objet Form issu de la collection Forms en mentionnant son nom ou son indice dans la collection. Il est toujours préférable de faire référence à son nom parce que l'indice de la collection d'un formulaire peut changer. La collection Forms est indicée à partir de zéro. Si vous faites référence à un formulaire par son indice, le premier formulaire ouvert est Forms(0), le second est Forms(1), et ainsi de suite. Si le nom du formulaire comprend un espace, il doit être entouré de crochets droits ([ ]).

Voici un résumé de toutes les syntaxes possibles pour faire référence à un formulaire :

Syntaxe	Exemple
Forms!nomformulaire	Forms!FormulaireCommandes
Forms![nom formulaire]	Forms![Formulaire Commandes]
Forms("nomformulaire")	Forms("FormulaireCommandes")
Forms(index)	Forms(0)

Si vous souhaitez connaître par programme le nom de tous vos formulaires, vous pouvez utiliser le code suivant :

```
Dim formulaire As Object
For Each formulaire In Application.CurrentProject.AllForms
MsgBox formulaire.Name
Next
```

Notez que la propriété **CurrentProject** de l'objet Application fait référence à la base de données ouverte et que l'objet Application peut être omis puisque CurrentProject est une propriété globale.

Chaque objet Form comprend une collection Controls qui contient tous les contrôles du formulaire. Vous pouvez faire référence à un contrôle situé sur un formulaire en vous référant à la collection Controls de manière implicite ou explicite. L'utilisation de votre code sera plus efficace si vous y faites référence implicitement. Les exemples suivants montrent deux manières possibles de faire référence au contrôle NouvDonnées du formulaire Commandes :

```
' Référence implicite.
Forms!Commandes!NouvDonnées
' Référence explicite.
Forms!Commandes.Controls!NouvDonnées
```

Les deux exemples suivants montrent comment faire référence à un contrôle intitulé `NouvDonnées` dans un sous-formulaire `ctlSousForm` contenu dans le formulaire appelé Commandes :

```
Forms!Commandes.ctlSousForm.Form!Controls.NouvDonnées
Forms!Commandes.ctlSousForm!NouvDonnées
```

Vous pouvez, grâce à la commande `For Each`, énumérer tous les contrôles d'un formulaire. Le programme suivant se contente de lister leur nom dans la **fenêtre Exécution** de l'éditeur de programme (commande **Debug.Print**), mais on peut très bien imaginer un programme qui modifierait automatiquement leur taille :

```
Dim controle As Control
For Each controle In Application.Forms(0).Controls
' Le formulaire doit déjà être ouvert
Debug.Print controle.Name
Next
```

Le tableau 12.4 liste les propriétés les plus importantes de l'objet Form.

Tableau 12.4 – Principales propriétés de l'objet Form

Propriété	Description
ActiveControl	Identifie le contrôle actif.
AllowAdditions	Permet de spécifier si un utilisateur peut ajouter un enregistrement lorsqu'il utilise un formulaire.
AllowDeletions	Permet de spécifier si un utilisateur peut supprimer un enregistrement lorsqu'il utilise un formulaire.
AllowEdits	Permet de spécifier si un utilisateur peut modifier des enregistrements sauvegardés lorsqu'il utilise un formulaire.
AutoCenter	Permet de spécifier si un formulaire sera centré automatiquement dans la fenêtre de l'application lors de l'ouverture de ce dernier.

Propriété	Description
AutoResize	Permet de déterminer si une fenêtre Formulaire doit être automatiquement dimensionnée lors de son ouverture de manière à afficher des enregistrements complets.
CloseButton	Permet de spécifier si le bouton Fermer d'un formulaire est activé.
ControlBox	Permet de spécifier si un formulaire contient un menu Système en mode Formulaire et en mode Feuille de données.
Controls	Permet de faire référence à la collection Controls d'un formulaire ou d'un sous-formulaire.
CurrentRecord	Identifie l'enregistrement en cours dans le jeu d'enregistrements affiché dans un formulaire.
Cycle	Permet de spécifier ce qui se produit lorsque vous appuyez sur la touche TAB quand le dernier contrôle d'un formulaire dépendant est activé.
DataEntry	Spécifie si un formulaire dépendant ne doit s'ouvrir que pour permettre à l'utilisateur de taper des données. La propriété EntréeDonnées (DataEntry) ne détermine pas si des enregistrements peuvent être ajoutés; elle détermine uniquement si des enregistrements existants sont affichés.
DefaultView	Permet de spécifier le mode d'affichage d'un formulaire lors de son ouverture.
Dirty	Permet de déterminer si l'enregistrement en cours a subi des modifications depuis sa dernière sauvegarde.
Filter	Spécifie un sous-jeu d'enregistrements à afficher lorsqu'un filtre est appliqué à un formulaire.
FilterOn	Spécifie ou détermine si la propriété Filtre (Filter) d'un formulaire ou d'un état est appliquée.
FrozenColumns	Détermine le nombre de colonnes gelées en mode Feuille de données. Les colonnes gelées sont affichées dans la partie gauche de la feuille de données et ne bougent pas lorsque vous faites défiler la feuille de données horizontalement.
Modal	Spécifie si un formulaire s'ouvre en tant que formulaire modal. Dans ce cas, vous devez fermer ce formulaire avant de pouvoir activer un autre objet.
NavigationButtons	Spécifie si un formulaire comprend des boutons de déplacement et une zone « Enr. ».

Propriété	Description
NewRecord	Détermine si l'enregistrement en cours est un nouvel enregistrement.
OrderBy	Spécifie de quelle manière les enregistrements doivent être triés dans un formulaire.
OrderByOn	Spécifie si le paramétrage de la propriété OrderBy d'un objet est appliqué.
PopUp	Spécifie si un formulaire doit s'ouvrir en tant que formulaire indépendant.
Properties	Renvoie une référence à l'objet de collection Properties d'un contrôle.
RowHeight	Spécifie la hauteur de toutes les lignes en mode Feuille de données.
Visible	Affiche ou masque un formulaire. Cela s'avère utile si vous souhaitez conserver l'accès aux informations sans pour autant afficher le formulaire. Vous pouvez, par exemple, vous servir de la valeur d'un contrôle d'un formulaire masqué comme critère pour une requête.

Le tableau 12.5 liste les méthodes de l'objet Form.

Tableau 12.5 – Méthodes de l'objet Form

Méthode	Description
GoToPage	Permet d'activer le premier contrôle de la page spécifiée dans le formulaire actif.
Move	Déplace l'objet spécifié aux coordonnées passées en argument.
Recalc	Effectue une mise à jour immédiate de tous les contrôles calculés d'un formulaire.
Refresh	Effectue une mise à jour immédiate des enregistrements de la source d'enregistrements sous-jacente d'un formulaire ou d'une feuille de données, de manière à tenir compte de vos modifications et de celles des autres utilisateurs dans un environnement multi-utilisateur.
Repaint	Effectue toutes les mises à jour d'écran en attente pour un formulaire spécifié. La méthode Repaint effectue aussi tous les calculs en attente des contrôles du formulaire.

Méthode	Description
Requery	Met à jour les données sous-jacentes d'un formulaire spécifié ou un contrôle du formulaire actif, en interrogeant à nouveau la source de données du formulaire ou du contrôle.
SetFocus	Active le formulaire spécifié, le contrôle spécifié du formulaire actif ou le champ spécifié de la feuille de données active.
Undo	Restaure un contrôle ou un formulaire tel qu'il était avant d'être modifié. Par exemple, la méthode Undo vous permet d'effacer une modification dans un enregistrement qui contient une entrée non valide.

Programmation des événements

Avant l'apparition de Windows, les programmes qui s'exécutaient sous MS-DOS, dans une interface en mode texte, étaient assez simples à concevoir : une fenêtre unique contenait un menu et l'utilisateur ne pouvait exécuter qu'une seule commande à la fois. Avec l'avènement de Windows, les choses ont considérablement évolué du point de vue du programmeur ; les fenêtres ont envahi l'écran et deux périphériques de saisie supplémentaires ont vu le jour : la souris et les doigts. Là où le programmeur devait se contenter de gérer la saisie au clavier d'une commande, les développeurs doivent à présent gérer le multi-fenêtrage, le redimensionnement des fenêtres, la saisie au clavier, les actions de la souris sur tous les objets constituant l'interface utilisateur ainsi que l'interface tactile sur les tablettes. Si la vie est devenue plus simple pour l'utilisateur, elle a eu tendance à se complexifier pour le programmeur. Il a donc fallu inventer un nouveau modèle de développement logiciel : le modèle événementiel. Windows considère en effet que chaque objet peut réagir à des événements et définit pour chaque type d'objet une série d'événements. Ainsi, tous les objets d'un formulaire, c'est-à-dire principalement les contrôles, réagissent à des événements. Quand on programme sous Access, il faut donc prévoir les événements qui sont susceptibles de se déclencher pour un objet donné et écrire des programmes pour traiter ces événements. Un programme qui traite un événement s'appelle un **gestionnaire d'événement**.

Pour connaître la liste des événements rattachés à un contrôle, il suffit de regarder la feuille de propriétés. Vous devez faire attention à l'ordre d'exécution des différents événements d'un formulaire ou d'un contrôle.

MISE EN PRATIQUE

Pour illustrer notre propos, nous allons vous présenter du code qui illustre la programmation des formulaires.

Remplir une liste par programmation

Les listes de choix améliorent l'ergonomie d'un formulaire en permettant à un utilisateur de sélectionner, à l'aide de la souris, une valeur plutôt que de la saisir au clavier. La plupart du temps, les éléments de la liste sont stockés dans une table. Mais il peut arriver qu'il soit préférable que la liste soit générée par programmation, notamment parce que ses éléments dépendent du contenu d'un champ saisi précédemment. Pour remplir une liste par programmation, il faut en fait écrire un programme qui attribue des valeurs à des propriétés. Ce que vous auriez pu faire manuellement, en remplissant la feuille de propriétés d'un contrôle, doit alors être accompli par un programme.

Notre exemple permet de remplir une liste d'un formulaire en fonction de la valeur d'un autre contrôle. Dans le formulaire illustré à la figure 12.2, le champ Catégorie est une liste composée de deux valeurs : Travailleur et Sans emploi. Si l'utilisateur sélectionne la valeur Travailleur, la liste Sous-choix comprend les valeurs Ouvrier, Cadre moyen et Cadre supérieur. Si l'utilisateur sélectionne la valeur Sans emploi, la liste Sous-choix comprend les valeurs Étudiant, Chômeur et Retraité.

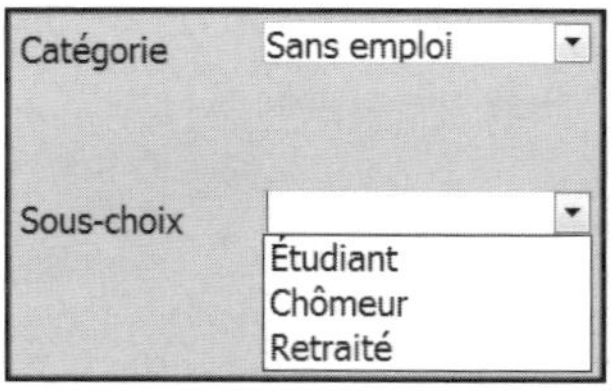

Figure 12.2 – La saisie dans la liste Catégorie conditionne le contenu de la liste Sous-choix

Pour arriver à ce résultat, il est nécessaire de programmer un gestionnaire d'événement de la liste Sous-choix. Pour commencer, il faut tout d'abord remplir le contenu de la liste Catégorie. La propriété Origine source d'un contrôle de zone de liste déroulante offre trois possibilités : Table/Requête, Liste valeurs et Liste des champs. Dans la mesure où il n'y a que deux choix dans notre liste, nous aurions très bien pu les saisir manuellement dans la feuille de propriétés en choisissant l'option Liste valeurs de la propriété Origine source.

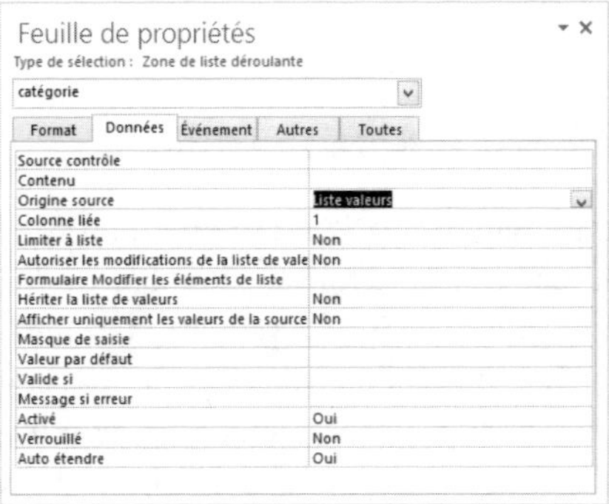

Figure 12.3 – La propriété Origine source permet de définir le type de contenu d'une liste

Nous avons choisi une autre méthode qui consiste à définir cette liste dans un gestionnaire d'événement du contrôle. Pour ce faire, vous devez cliquer sur l'onglet Événement de la feuille de propriétés du contrôle Catégorie. Cet onglet affiche la liste de tous les événements gérés par le contrôle (cette liste dépend du type de contrôle, tous les contrôles ne gérant pas les mêmes événements).

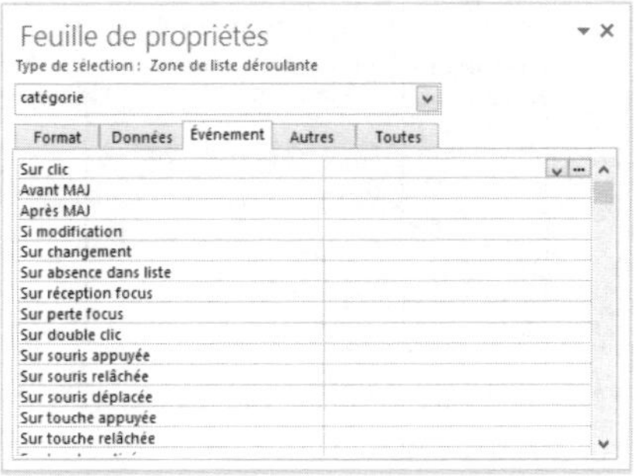

Figure 12.4 – Événements d'un contrôle zone de liste déroulante

Il nous faut ici revenir sur la notion d'**événement** qui est complexe à appréhender pour un débutant. Il y a plusieurs raisons à cela : les événements sont nombreux et on a bien souvent du mal à les différencier ; la temporalité des événements est également primordiale et, pour ne rien arranger, Microsoft mélange la terminologie anglaise et la terminologie française.

Le plus simple pour appréhender la notion d'événement est sans doute de donner quelques exemples. Voici un tableau qui liste quelques objets et des événements auxquels ils sont susceptibles de réagir :

Objet	Événements associés
Fenêtre	Ouverture, fermeture, agrandissement
Formulaire Access	Activation, initialisation, fermeture
Contrôle zone de liste déroulante	Clic, activation, sortie
Contrôle bouton de commande	Clic, double clic
Contrôle zone de texte	Modification, entrée, sortie

Quand on programme un formulaire Access, il faut donc prévoir les événements qui sont susceptibles de se déclencher pour un contrôle donné et écrire des programmes pour traiter ces événements. Un programme qui traite un événement s'appelle un **gestionnaire d'événement**. Dans le cas qui nous occupe, il va falloir écrire un gestionnaire d'événement du contrôle de la liste Catégorie de notre formulaire.

Le premier problème qui se pose est celui du choix de l'événement ; dans le cas qui nous intéresse, le contrôle zone de liste déroulante comporte 18 événements et il est impossible de choisir le bon événement tant que l'on ne connaît pas précisément à quoi ils réagissent et surtout, le moment où ils réagissent. Votre premier réflexe doit dont être de consulter l'aide en ligne. Les événements étant considérés, au même titre que les propriétés et les méthodes, comme des membres d'un objet, vous devez consulter dans l'aide en ligne les membres de l'objet zone de liste déroulante. Pour trouver la réponse à vos interrogations, vous allez vous plonger dans la référence du modèle objet Access et chercher les membres de l'objet ComboBox… puisque c'est le terme anglais (traduit en français par zone de liste déroulante) qui est employé dans l'aide en ligne.

Vous devez donc parcourir la liste de tous les événements et voir si l'un convient à ce que vous souhaitez, à savoir remplir le contenu de la liste. En parcourant la liste, vous vous apercevrez que l'événement **Enter** se produit avant qu'un contrôle ne soit activé depuis un autre contrôle dans le même formulaire ou état. Cet événement semble convenir à ce que nous souhaitons et c'est par conséquent celui-ci que nous allons utiliser. Notez cependant que d'autres événements auraient pu être choisis et notamment certains événements du formulaire lui-même (par exemple, l'événement Sur ouverture). Quand vous quitterez l'aide en ligne, satisfait d'avoir trouvé l'événement qui convient, vous retournerez à l'onglet Événements de la feuille de propriétés du contrôle de liste, et vous vous apercevrez à ce moment-là que les noms des événements sont inscrits cette fois-ci en français. Il n'y a donc pas d'événement Enter, mais un événement **Sur entrée**. Si vous connaissez un peu d'anglais technique, vous n'aurez pas trop de mal à établir la correspondance, mais cela n'est pas toujours évident. Par exemple, il n'est pas facile de deviner que l'événement Dirty s'appelle en français Si modification.

Astuce

Afin de vous faciliter la tâche, vous trouverez dans les fichiers électroniques qui accompagnent ce livre une table de correspondance entre les noms anglais et français des événements.

Pour saisir votre gestionnaire d'événement, cliquez sur l'icône de la ligne Sur entrée représentant des points de suspension. La boîte de dialogue **Choisir Générateur** apparaît ; sélectionnez l'option **Générateur de code** et cliquez sur le bouton OK.

Figure 12.5 – Boîte de dialogue Choisir Générateur

Access affiche l'éditeur Visual Basic avec un squelette de procédure de gestionnaire d'événement.

Astuce

Dans Access 2013, on accède aussi à l'éditeur Visual Basic par un bouton disponible sur l'onglet Outils de base de données.

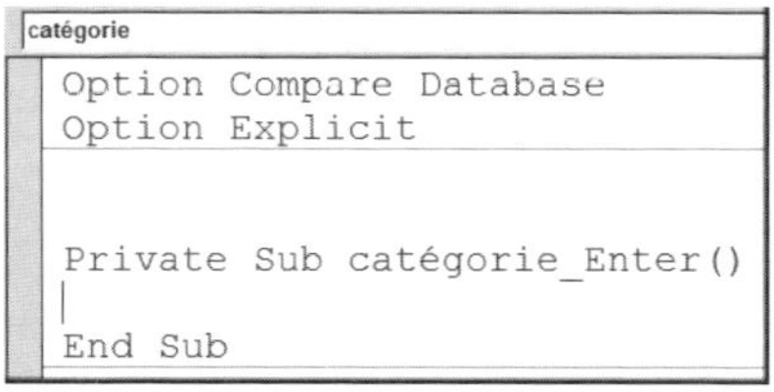

Figure 12.6 – Gestionnaire de l'événement Sur entrée

C'est à l'intérieur de cette procédure que vous allez saisir le code pour définir le contenu de la liste. Pour ce faire, il suffit de définir les deux propriétés Contenu et Origine source. Bien entendu, il faudra utiliser les noms anglais de ces propriétés, ce qui donne au final :

```
catégorie.RowSourceType = "Liste valeurs"
catégorie.RowSource = "Travailleur;Sans emploi"
```

Il faut ensuite réaliser la même chose pour le contenu de la liste Sous-choix. Le problème étant identique, nous allons à nouveau utiliser l'événement Sur entrée. Le gestionnaire d'événement s'écrira donc de la manière suivante :

```
Private Sub souschoix_Enter()
souschoix.RowSourceType = "Liste valeurs"
' En fonction de la saisie dans la ComboBox précédente
' le contenu de la liste est modifié
If Me!catégorie = "Travailleur" Then
souschoix.RowSource = "Ouvrier;Cadre moyen;Cadre supérieur"
Else
souschoix.RowSource = "Étudiant;Chômeur;Retraité"
End If
End Sub
```

Même si cet exemple est très simple, il a le mérite de bien montrer le cheminement intellectuel qu'il faut réaliser pour arriver à programmer les événements d'un formulaire Access.

Remplir un champ automatiquement

Il y a une fonctionnalité qui est très prisée des utilisateurs : il s'agit du remplissage automatique d'un champ en fonction de la valeur d'un autre champ. L'exemple le plus classique consiste à compléter le nom d'une ville quand l'utilisateur a saisi son code postal. Pour ce faire, il suffit de disposer d'une table qui contienne les codes postaux et les noms des villes associées. En utilisant la fonction `DLookup`, qui retourne la valeur d'un champ en fonction d'un critère de recherche, on peut récupérer le nom de la commune qui correspond au code postal qui vient d'être saisi. Un programme de deux lignes, comme le montre l'exemple suivant, permet de réaliser cette fonctionnalité :

```
varville = DLookup("[LOCALITE]", _
"Cpostal", _
"[CODPOST] = '" & [code] & "'")
Me![ville] = varville
```

Dans notre exemple, la fonction `DLookup` va rechercher dans la table Cpostal le champ LOCALITE (qui contient le nom de la commune) qui correspond au critère de recherche `[CODPOST] = [code]` ; `[CODPOST]` est le nom du champ contenant le code postal dans la table Cpostal, et `[code]` est le nom du contrôle dans lequel l'utilisateur a saisi le code postal. La valeur trouvée par la fonction `DLookup` est stockée dans une variable baptisée varville. Il suffit ensuite d'initialiser le contrôle `[ville]`, qui contient le nom de la ville, avec cette variable, pour que le champ soit automatiquement rempli. Pour exécuter ce programme, on utilisera l'événement Sur sortie du contrôle `[code]`.

Attention

Dans le programme notez bien la différence entre les guillemets simples et les guillemets doubles. Le critère de recherche est une chaîne de caractères qui contient des guillemets simples.

CONCLUSION

Nous n'avons parcouru qu'une petite partie du modèle d'objets d'Access en nous focalisant sur l'objet Form. Nous vous conseillons de commencer par la programmation des formulaires dans Access car c'est dans ce domaine que vous constaterez le meilleur retour sur investissement. En effet, une base de données ne vaut que par la qualité des données qui y sont stockées. En programmant des formulaires, vous pouvez créer des contrôles de saisie sophistiqués et améliorer grandement l'ergonomie de la saisie en procurant des fonctionnalités que l'interface utilisateur d'Access ne sait pas gérer en mode interactif.

Inspirez-vous des programmes de ce chapitre pour tenter d'en créer d'autres ; vous trouverez dans les fichiers qui accompagnent ce livre d'autres gestionnaires d'événements qui vous donneront des idées que vous pourrez imiter facilement.

Le prochain chapitre aborde une technologie qui permet de programmer le moteur de base de données d'Access.

13

ADO

ADO, qui est l'acronyme d'*ActiveX Data Objects* (objets de données ActiveX), est un modèle de données qui permet de se connecter à toutes sortes de bases de données, comme les fichiers Access (.MDB et .ACCDB), mais aussi aux fichiers **SQL Server**. Grâce à ADO, il est ainsi possible de développer une application Access qui pilote une base de données SQL Server ou tout type de fichiers représentant des données structurées (fichier texte ou fichier XML, par exemple). Dans ce chapitre, nous allons étudier le modèle d'objets d'ADO et nous concentrer sur ses principaux objets.

INSTALLATION D'ADO

Pour bénéficier d'ADO il faut que cette technologie d'accès aux données soit installée sur votre ordinateur. ADO est installé avec de nombreux logiciels (Access, par exemple), mais il peut être absent de votre machine. Pour vérifier sa présence, il suffit de regarder s'il existe un dossier ADO dans le chemin \Program Files\Fichiers communs\System\. Si ADO n'est pas présent sur votre machine, il faut installer **MDAC** (*Microsoft Data Access Components*). MDAC, comme son nom l'indique, est une suite de composants qui permet l'accès aux données. Téléchargeable gratuitement sur le site web de Microsoft (http://msdn.microsoft.com/fr-fr/data dans la rubrique Téléchargements), MDAC contient entre autres ADO, ce qui signifie qu'en installant MDAC vous allez installer ADO sur votre ordinateur.

Afin de vous assurer qu'ADO est bien présent sur votre système, ouvrez l'éditeur Visual Basic (dans n'importe quelle application d'Office) et exécutez la commande Outils→Références.

Dans la liste des **références** disponibles, vous devez voir la référence à la bibliothèque d'objets Microsoft ActiveX Data Objects 2.X Library (figure 13.1). X représente le numéro de version de la bibliothèque installée et il est parfaitement possible d'avoir plusieurs versions installées sur un même ordinateur.

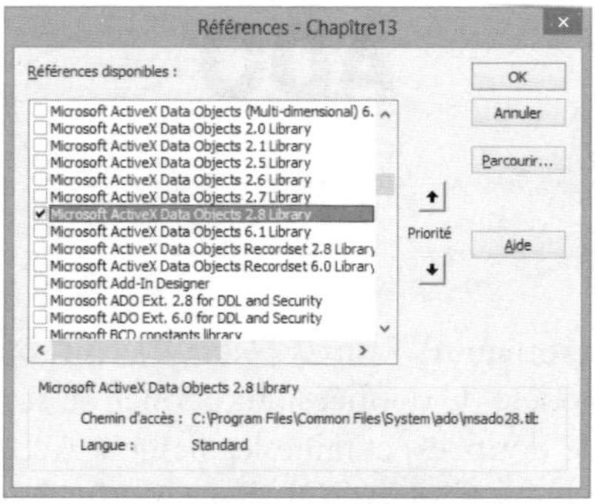

Figure 13.1 – Références à la bibliothèque d'objets ADO

Afin de pouvoir utiliser la technologie ADO, cochez, si cela n'est déjà fait, une référence à ADO et cliquez sur le bouton OK. Si vous avez plusieurs versions d'ADO sur votre machine, il est préférable de sélectionner la version qui a le numéro le plus élevé (2.8 au moment de la rédaction de ce livre) car c'est celle qui possède le plus de fonctionnalités et, en théorie, le moins de bugs...

SQL Server 2012 Express

Vous ne disposez pas d'Access et vous voulez quand même utiliser une base de données : SQL Server 2012 Express est fait pour vous ! Son ancêtre, le MSDE (Microsoft Database Engine, c'est-à-dire Moteur de base de données Microsoft) était précédemment livré avec certaines versions d'Office ; SQL Server 2012 Express, qui fait partie des versions Express de Visual Studio, est accessible gratuitement en téléchargement sur le site de Microsoft à l'adresse suivante :
http://www.microsoft.com/fr-fr/download/details.aspx?id=29062
SQL Server 2012 Express fournit aux développeurs un environnement de travail côté client entièrement compatible avec SQL Server, ce qui facilite la migration des solutions vers SQL Server. SQL Server 2012 Express, qui peut être utilisé avec des solutions bureautiques de base de données partagées construites aussi bien avec Access, Excel, Word, Outlook ou PowerPoint, autorise une dizaine d'accès concurrents à la base de données dont la taille maximale est limitée à 10 Go.

OBJETS D'ADO

ADO se compose de neuf objets et de quatre collections. La figure 13.2 illustre le diagramme de ce modèle d'objets.

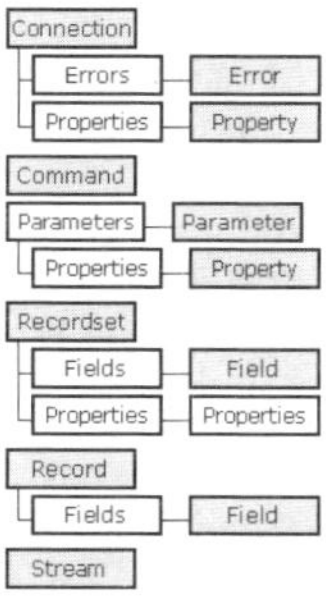

Figure 13.2 – Modèle d'objets ADO

Le tableau 13.1 donne une courte description de chacun des objets d'ADO (les collections apparaissent en grisé).

Tableau 13.1 – Collections et objets d'ADO

Objet/Collection	Description
Connection	Représente une session unique avec une source de données. Dans le cas d'une base de données client/serveur, cela peut être un équivalent d'une connexion réseau au serveur. La nature de la source de données conditionne la disponibilité des collections, des méthodes ou des propriétés d'un objet Connection.
Command	Utilisé pour définir une commande spécifique, comme une requête SQL, qui est exécutée sur la source de données.
Recordset	Représente l'ensemble des enregistrements d'une table ou bien les résultats de l'exécution d'une requête SQL. Les objets Recordset se composent d'enregistrements (lignes) et de champs (colonnes).
Record	Représente une ligne de données issue d'un objet Recordset ou bien d'une source de données. Il peut s'agir d'un enregistrement d'une base de données ou bien d'un autre type d'objet comme un fichier ou un dossier, en fonction de la source de données.

Objet/Collection	Description
Stream	Représente un flux (stream) de données binaires ou textuelles. Par exemple, un document XML peut être chargé dans un flux pour servir de fichier de commandes ; un document XML peut aussi être retourné par certaines sources de données en tant que résultat d'une requête. Un objet Stream peut être utilisé pour manipuler des champs ou des enregistrements qui contiennent des flux de données.
Parameter	Représente un paramètre ou un argument associé à un objet Command basé sur une requête paramétrée ou une procédure stockée.
Field	Représente une colonne de données d'un type de données courant. Chaque objet Field correspond à une colonne d'un objet Recordset.
Property	Représente une caractéristique d'un objet ADO qui est défini par la source de données. Les objets ADO ont deux types de propriétés : les propriétés intégrées et les propriétés dynamiques. Les propriétés intégrées sont les propriétés implémentées dans ADO et immédiatement disponibles dans tout nouvel objet. L'objet Property est un conteneur pour les propriétés dynamiques qui sont définies par la source de données sous-jacente.
Error	Contient les détails des erreurs d'accès aux données qui dépendent d'une seule opération impliquant la source de données.
Fields	Contient tous les objets Field d'un objet Recordset ou Record.
Properties	Contient tous les objets Property d'une instance spécifique d'un objet.
Parameters	Contient tous les objets Parameter d'un objet Command.
Errors	Contient tous les objets Error créés à la suite d'une erreur d'accès aux données.

OBJET CONNECTION

L'objet Connection est le premier objet auquel on est confronté quand on travaille avec ADO car c'est celui qui fait le trait d'union entre la source de données et le programmeur. Afin de pouvoir manipuler des données, vous devez d'abord créer un objet Connection qui définit la source des données que vous allez utiliser. L'emploi de cet objet peut se révéler assez complexe si vous souhaitez vous connecter à une source de données un peu exotique, mais si vous voulez travailler avec une base Access, la syntaxe est extrêmement simple à utiliser. En effet, la propriété CurrentProject.Connection d'Access permet d'initialiser directement et simplement un objet Connection ADO.

Pour initialiser un objet Connection sous Access, il suffit d'utiliser le code suivant :

```
Dim connex As ADODB.Connection
Set connex = CurrentProject.Connection
```

La première ligne déclare une variable `connex` en tant qu'objet **Connection** du modèle d'objets ADODB (c'est le nom d'ADO quand on veut initialiser un type de données ADO). Avec une autre source de données, il faut définir une chaîne de connexion (ConnectionString) dont l'utilisation peut se révéler relativement complexe. Pour s'en persuader, on peut visualiser la propriété `ConnectionString` d'un objet Connection Access à l'aide de la commande suivante :

```
MsgBox connex.ConnectionString
```

Le résultat est illustré à la figure 13.3 et vous pouvez voir que les informations listées par la propriété ConnectionString sont nombreuses (pas moins de 18 paramètres sont passés à cette propriété).

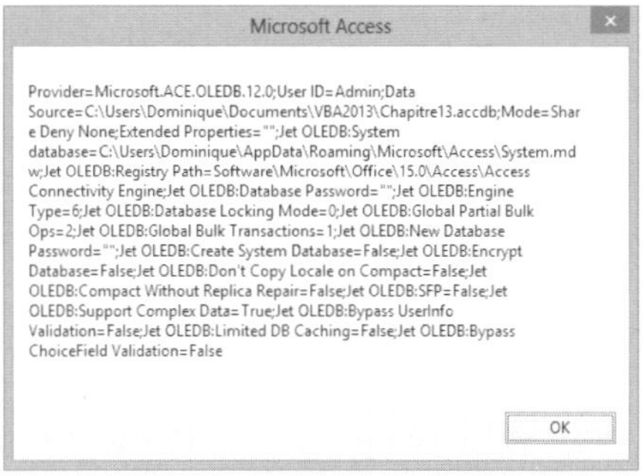

Figure 13.3 – Affichage de la propriété ConnectionString d'un fichier Access

Astuce

Si vous voulez récupérer le texte d'une propriété ConnectionString pour le réutiliser dans un programme, saisissez dans la fenêtre Exécution la commande Debug.Print CurrentProject.Connection.ConnectionString. Cela aura pour effet d'écrire dans la fenêtre d'Exécution le texte de la propriété que vous pourrez alors copier puis coller dans un programme.

Heureusement, quand vous programmerez en ADO, vous vous rendrez vite compte que de nombreux paramètres sont facultatifs. Dans la chaîne ConnectionString, il y a d'abord le nom du paramètre suivi d'un signe égal, puis la valeur assignée au paramètre. Un point-virgule sépare chaque paramètre. Le paramètre le plus important est **Provider** (fournisseur) : il détermine le type de données auquel on souhaite se connecter. De plus, ce paramètre détermine également le nombre et la nature des autres paramètres de la propriété ConnectionString. Comme Provider, on peut définir une base de données ODBC, une base de données SQL Server, une base de données Oracle ou bien encore un fichier séquentiel indexé, une feuille de calcul, un fichier de courrier électronique, etc.

Le deuxième paramètre le plus important est **Data Source (source de données)**. Bien évidemment, ce paramètre désigne l'emplacement physique du fichier avec lequel vous souhaitez travailler. Si vous voulez travailler avec une base de données Access à partir d'une application Office comme Word, Excel ou Outlook, les paramètres Provider et Data Source sont les seuls arguments obligatoires.

OBJET RECORDSET

Une fois que l'on a établi la connexion avec une source de données, il faut définir un objet Recordset qui représente les enregistrements avec lesquels on souhaite travailler. Dans le cas d'une base de données Access, le Recordset permet de préciser la table que l'on va manipuler. Il est également possible de définir le jeu d'enregistrements à l'aide d'une requête écrite en langage SQL, ce qui permet de restreindre le nombre d'enregistrements.

Si vous utilisez une base de données Access, vous n'êtes pas obligé de définir un objet Connection et vous pouvez vous contenter de déclarer un objet **Recordset**. Il faudra cependant préciser la propriété ActiveConnection de l'objet Recordset afin de pouvoir utiliser cet objet dans un programme. L'extrait de code suivant définit un objet Recordset qui utilise la table Disques :

```
Dim rst As ADODB.Recordset
Set rst = New ADODB.Recordset
Set rst.ActiveConnection = CurrentProject.Connection
rst.CursorType = adOpenStatic
rst.Open ("Disques")
```

Arrêtons-nous un moment sur la propriété **CursorType** de l'objet Recordset. Comme son nom l'indique, cette propriété définit le type de **curseur** d'un Recorset. Microsoft définit un curseur comme un élément de base de données qui contrôle la navigation entre les enregistrements, la possibilité de mettre à jour les données et la visibilité des modifications apportées à la base de données par d'autres utilisateurs. La propriété CursorType peut prendre les valeurs suivantes :

- `adOpenForwardOnly` (valeur par défaut)
- `adOpenKeyset`
- `adOpenDynamic`
- `adOpenStatic`

Cette propriété permet de spécifier le type de curseur qui doit être utilisé à l'ouverture de l'objet Recordset. Il est impératif de définir cette propriété avant l'ouverture d'une table et c'est pour cette raison que la propriété se place avant la méthode Open qui désigne la table à ouvrir.

La valeur par défaut (`adOpenForwardOnly`) du type de curseur permet juste de parcourir la table dans un seul sens (en avant, c'est-à-dire du premier jusqu'au dernier enregistrement). Un curseur statique permet de parcourir une table dans les deux sens. Les curseurs Keyset et dynamique sont identiques à un curseur statique, mais ils permettent de visualiser les modifications faites par les autres utilisateurs, ce qui n'est pas le cas des deux premiers types de curseurs.

Une fois que l'objet Recordset a été défini, il est ensuite facile d'utiliser des méthodes et des propriétés pour manipuler des enregistrements. Par exemple, la propriété **AddNew** permet l'**ajout d'un nouvel enregistrement**. Les propriétés MoveFirst, MoveLast, MoveNext et MovePrevious permettent de déplacer le pointeur d'enregistrement et par conséquent de passer d'un enregistrement à l'autre. Avec une boucle et la méthode MoveNext, vous pouvez ainsi facilement parcourir une table.

La propriété **Fields** d'un **Recordset** permet d'accéder en lecture ou en écriture au contenu d'un champ.

Par exemple, le code suivant permet d'ajouter un nouvel enregistrement et de saisir le contenu de deux champs :

```
Dim rst As ADODB.Recordset
Set rst = New ADODB.Recordset
Set rst.ActiveConnection = CurrentProject.Connection
rst.CursorType = adOpenDynamic
rst.LockType = adLockOptimistic
rst.Open ("Disques")
rst.AddNew
rst.Fields("titre") = "Duck soup"
rst.Fields("date_saisie") = Now()
rst.Update
```

Vous noterez l'utilisation de la propriété **LockType** qui définit le type de **verrouillage** des enregistrements lors des modifications. La méthode **Update** enregistre les modifications effectuées dans la ligne en cours d'un objet Recordset.

Remarque

Il nous est impossible de couvrir l'ensemble des propriétés et des méthodes des objets du modèle d'objets ADO ; si vous souhaitez approfondir l'étude d'ADO, il vous faudra donc vous plonger dans l'aide en ligne qui est livrée avec le MDAC ou bien avec les logiciels qui prennent en charge ADO (notamment Access).

MISE EN PRATIQUE

Afin d'illustrer notre propos, nous allons vous présenter plusieurs macros qui illustrent la programmation ADO.

Exemples pour Access

Les programmes Access suivants utilisent une base de données intitulée DVD.ACCDB qui comporte une table Disques contenant des DVD. La macro listée ci-dessous compte le nombre d'enregistrements qui répondent à un critère de recherche :

```
Sub compte_enreg()
Dim rst As ADODB.Recordset ' le recordset contenant la table des
disques
Set rst = New ADODB.Recordset
Set rst.ActiveConnection = CurrentProject.Connection
rst.CursorType = adOpenStatic
```

```
rst.Open "SELECT titre, genre FROM Disques WHERE genre =
'comédie'"
MsgBox rst.RecordCount ' affiche le nombre d'enregistrement du
recordset
End Sub
```

Dans la mesure où Access et ADO sont étroitement liés, il n'y a nul besoin de définir un objet Connection. Il suffit de définir un objet Recordset et de lui assigner la propriété **CurrentProjetConnection**.

Au lieu d'utiliser un nom de table, la méthode Open a pour paramètre une requête écrite en langage SQL. Le Recordset est donc peuplé avec tous les enregistrements qui remplissent le critère énoncé dans la requête. Vous noterez l'utilisation des guillemets simples dans le code SQL pour délimiter une chaîne de caractères dans la mesure où la totalité du code SQL de la requête doit être encadrée par des guillemets doubles.

Enfin, la propriété **RecordCount** de l'objet Recordset permet de connaître le **nombre d'enregistrements** du Recordset. Il est ainsi facile de récupérer le résultat de requêtes si l'on souhaite faire des statistiques sur les enregistrements d'une table.

Le programme suivant réalise la même tâche tout en employant une autre technique :

```
Sub requete()
Dim cmd As ADODB.Command
Dim test As Variant ' variable contenant le résultat de la
commande
Set cmd = New ADODB.Command
cmd.ActiveConnection = CurrentProject.Connection
cmd.CommandType = adCmdText
cmd.CommandText = "SELECT Count(Genre) FROM Disques WHERE Genre
='Policier'"
Set test = cmd.Execute
MsgBox (test(0).Value)
End Sub
```

Cette fois-ci, on utilise un objet **Command** qui permet de définir une commande pouvant être exécutée sur une table. On stocke le texte de la commande dans la propriété **CommandText** de l'objet Command, puis la commande est exécutée grâce à la méthode Execute. Dans notre exemple, la **requête SQL** effectue une totalisation du nombre d'enregistrements de la table Disques répondant au critère Genre = policier. Le résultat de la requête est envoyé dans la variable test qui est un tableau. Le premier élément de ce tableau contient le nombre d'enregistrements satisfaisant le critère.

Il faut noter que l'on peut passer n'importe quelle commande SQL à l'objet Command, y compris des requêtes qui modifient une table ou un jeu d'enregistrements (suppression, ajout ou modification d'enregistrements).

Le programme suivant modifie en série un champ d'une table ; il adopte une technique de **parcours d'une table** que l'on rencontre très souvent en programmation Access :

```
Sub modifie_serie()
Dim rst As ADODB.Recordset ' le recordset contenant la table des
disques
Set rst = New ADODB.Recordset
Set rst.ActiveConnection = CurrentProject.Connection
rst.CursorType = adOpenStatic
rst.LockType = adLockOptimistic
rst.Open ("Disques")
rst.MoveFirst
While Not rst.EOF
rst.Fields("prix_francs") = rst.Fields("prix") * 6.55957
rst.MoveNext
Wend
End Sub
```

Après avoir défini un Recordset sur la table Disques, le pointeur d'enregistrement est placé au tout début de la table grâce à la méthode **MoveFirst**. Ensuite, grâce à une boucle While Wend, on parcourt la table en se déplaçant d'enregistrement en enregistrement à l'aide de la méthode **MoveNext**. La condition d'arrêt est la propriété **EOF** de l'objet Recordset. EOF signifie *End Of File*, ce qui se traduit par Fin de fichier. La condition indique donc que tant que l'on n'a pas atteint la fin du fichier on continue à déplacer le pointeur d'enregistrement. À l'intérieur de la boucle, le champ prix_franc est mis à jour avec la valeur du champ prix multiplié par la valeur de l'euro.

Grâce à cette technique de boucle, vous pouvez facilement effectuer des modifications en série ou bien exporter les données d'une table Access dans une autre table ou bien un fichier texte, voire un autre logiciel.

Il est en effet possible de définir plusieurs objets Recordset afin, par exemple, de comparer une table à une autre. Le programme suivant cherche à savoir si tous les enregistrements de la table Premier sont dans la table Second :

```
Sub compare()
Dim rst1 As ADODB.Recordset
Set rst1 = New ADODB.Recordset
```

```
Set rst1.ActiveConnection = CurrentProject.Connection
rst1.CursorType = adOpenStatic
rst1.LockType = adLockOptimistic
rst1.Open ("Premier") ' la première table
Dim rst2 As ADODB.Recordset '
Set rst2 = New ADODB.Recordset
Set rst2.ActiveConnection = CurrentProject.Connection
rst2.CursorType = adOpenStatic
rst2.LockType = adLockOptimistic
rst2.Open ("Second") ' la deuxième table
rst1.MoveFirst
rst2.MoveFirst
' On parcourt la première table
While Not rst1.EOF
Var_nom = rst1.Fields("Nom")
rst2.Find "Nom = " & Var_nom
If rst2.EOF Then
Debug.Print Var_nom
rst2.MoveFirst
End If
rst1.MoveNext
Wend
End Sub
```

Ce programme crée deux objets Recordset (`rst1` et `rst2`) qui ouvrent respectivement les tables Premier et Second. On imagine que ces deux tables ont la même structure et comportent un champ intitulé Nom. L'algorithme de comparaison est extrêmement simple :

- On parcourt tous les enregistrements de la table Premier à l'intérieur d'une boucle While Wend.
- On stocke dans la variable Var_nom le contenu du champ Nom de la table Premier.
- Grâce à la méthode Find, on effectue dans le deuxième Recordset une recherche pour comparer les champs Nom des deux tables.
- Si la fin du deuxième Recordset a été atteinte (EOF), cela signifie que l'enregistrement de la table Premier ne se trouve pas dans la table Second.
- Dans ces conditions, on inscrit le contenu du champ Nom dans la fenêtre Exécution (on pourrait tout aussi bien l'afficher à l'écran, dans une autre table ou bien encore dans un fichier texte).
- On passe ensuite à l'enregistrement suivant (rst1.MoveNext) du premier Recordset et on retourne au sommet de la boucle.

Voici un algorithme très simple de comparaison de deux listes qui vous rendra de grands services quand vous aurez à établir la différence entre deux ensembles de données. S'il y a énormément de données, le programme peut mettre un peu de temps à s'exécuter, mais cela sera toujours infiniment plus rapide que si vous deviez faire la comparaison à la main.

Exemples d'utilisation d'un fichier ACCDB sans Access

Comme nous l'avons déjà souligné, ADO permet d'attaquer une base de données Access (fichier MDB ou ACCDB) sans pour autant disposer d'Access. En effet, certaines versions d'Office sont livrées sans Access et il peut donc se révéler très intéressant de manipuler un fichier Access, même si l'on ne possède pas ce logiciel.

Les exemples que nous allons vous montrer peuvent donc s'exécuter indifféremment à partir de Word, d'Excel, de PowerPoint, d'Outlook, c'est-à-dire à partir de toute application qui prend en charge VBA.

Interrogation d'une base de données

Dans les exemples pour Access, le premier programme illustrait la manière de passer une requête à une table d'un fichier Access. Ce type de programme est intéressant, mais il manque cruellement d'interactivité. Pour l'améliorer sensiblement, il faudrait pouvoir poser une question à l'utilisateur qui pourrait ainsi saisir le genre de film dont il souhaite comptabiliser le nombre d'enregistrements. Grâce à la fonction **InputBox**, ce genre de script est facile à programmer comme le montre l'exemple suivant :

```
Sub interro_BD()
genre = InputBox("Saisissez un genre de film")
Dim connex ' la connexion à la base de données
Set connex = CreateObject("ADODB.Connection")
connex.Open "Provider=Microsoft.ACE.OLEDB.12.0;Data Source=C:\
Bases\DVD.ACCDB;"
Dim rst ' l'objet RecordSet
Set rst = CreateObject("ADODB.Recordset")
Set rst.ActiveConnection = connex
rst.CursorType = 3 ' adOpenStatic
rst.Open "SELECT titre FROM Disques WHERE genre ='" & genre & "'"
' affiche le nombre d'enregistrement du recordset
MsgBox rst.RecordCount & " films trouvés"
rst.Close
connex.Close
End Sub
```

Attention

Vous noterez bien dans la construction de la **requête SQL** l'utilisation des **guillemets** simples et des guillemets doubles. Comme le genre doit être encadré par des guillemets simples dans le **code SQL**, la première chaîne de caractères (qui est délimitée par des guillemets doubles) doit se terminer par un guillemet simple. On ajoute ensuite le contenu de la variable, qui est la valeur de retour de la fonction InputBox, et on termine enfin la chaîne par l'adjonction d'un guillemet simple (qui est encadré par des guillemets doubles).

Si la requête renvoie un faible nombre d'enregistrements, vous pouvez même très simplement afficher les informations filtrées dans une boîte de message. Le script suivant, qui reprend le programme précédent, affiche la liste des films dont le genre a été saisi comme condition :

```
Sub interro_BD2()
genre = InputBox("Saisissez un genre de film")
Dim connex ' la connexion à la base de données
Set connex = CreateObject("ADODB.Connection")
connex.Open "Provider=Microsoft.ACE.OLEDB.12.0;Data Source=C:\
Bases\DVD.ACCDB;"
Dim rst ' l'objet RecordSet
Set rst = CreateObject("ADODB.Recordset")
Set rst.ActiveConnection = connex
rst.CursorType = 3 ' adOpenStatic
rst.Open "SELECT titre FROM Disques WHERE genre ='" & genre & "'"
' affiche le nombre d'enregistrement du recordset
info = rst.RecordCount & " films trouvés" + vbCr
While Not rst.EOF
info = info + rst.Fields("titre") + vbCr
rst.movenext
Wend
rst.Close
connex.Close
MsgBox info, , "Catégorie de films = " & genre
End Sub
```

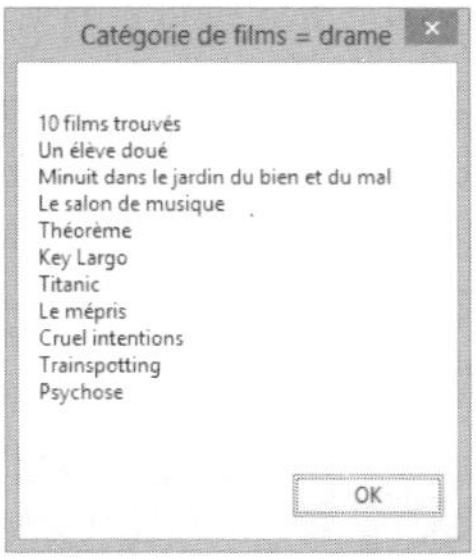

Figure 13.4 – Affichage du résultat de la requête dans une boîte de message

Le principe de ce genre de programme est extrêmement simple et peut rendre de grands services. Outre le fait que vous pouvez interroger de manière interactive un fichier de base de données Access sans disposer de ce logiciel, vous gagnez également du temps dans la mise en œuvre de la requête car l'exécution d'une simple macro sera toujours plus rapide que le lancement d'Access, suivi de l'exécution d'une requête dans Access.

Programmation d'un jeu

Accordons-nous une petite récréation et tentons de programmer un jeu qui utilise une base de données. Il s'agit d'un jeu de lettres que nous avons baptisé Mastermot en hommage au célèbre jeu Mastermind. Au Mastermind, il faut trouver une combinaison de pions de couleur en faisant des déductions ; le Mastermot est équivalent au Mastermind, sauf qu'il ne faut pas découvrir une combinaison de couleurs, mais un mot. Voici la description du jeu tel que nous le souhaitons, ce texte constituant le cahier des charges de notre application :

L'ordinateur choisit un mot de *x* lettres (*x* étant un nombre variant de 5 à 10) dans une table qui en compte plusieurs milliers. Le joueur saisit un mot et l'ordinateur lui dit le nombre de lettres bien placées et le nombre de lettres mal placées. Par déduction, le joueur doit arriver à trouver le mot sélectionné par l'ordinateur en affinant à chaque tour sa proposition. Le nombre de tentatives du joueur n'est pas illimité. Si le joueur n'a pas trouvé la réponse correcte au bout du nombre d'essais déterminé au départ, la solution est affichée. L'historique des tentatives du joueur est affiché, de manière à ce que le joueur puisse faire ses déductions sans avoir à utiliser un papier et un crayon.

Pour notre réservoir de mots, nous utilisons un fichier Access intitulé MASTERMOT.ACCDB. Cette base de données Access contient 6 tables nommées lettres5, lettres6, lettres7, lettres8, lettres9 et lettres10.

Comme vous l'aurez deviné, la table lettres5 contient des mots de 5 lettres, la table lettres6 des mots de 6 lettres, et ainsi de suite. On pourra ainsi faire varier le niveau de jeu en choisissant un mot dans une table ou une autre, la difficulté augmentant avec la longueur des mots. La structure de chaque table est identique et ne comporte qu'un seul champ baptisé **terme**.

Avant de passer au codage de notre programme, il est préférable d'expliciter l'**algorithme** de la solution envisagée. Rappelons qu'un algorithme est l'ensemble des règles opératoires qui permettent d'effectuer un traitement de données ; ainsi, l'algorithme décrit formellement toutes les étapes d'un programme. Dans cette phase-là, vous allez décrire précisément les règles de calcul de votre logiciel. Plus les procédés seront minutieusement décrits, plus le codage informatique de la solution sera facile. Pour décrire les algorithmes, nous allons employer ce que nous appelons un pseudo-code, c'est-à-dire un langage intermédiaire entre le langage naturel et le langage de programmation. Voici donc le pseudo-code de notre programme de jeu :

- Ouvrir le fichier de base de données.
- Choisir un nombre aléatoire.
- Extraire aléatoirement un enregistrement de la base de données qui constituera le mot à rechercher.
- Afficher une boîte de message qui contient la règle du jeu.
- Tant que le nombre de tentatives du joueur n'est pas dépassé.
- Demander au joueur de saisir un mot de x lettres.
- Si le mot ne fait pas x caractères, demandez au joueur de recommencer la saisie.
- Si la saisie du joueur est égale au mot recherché.
- Afficher un message de félicitations et de fin du jeu.
- Sortir de la boucle.
- Sinon.
- Analyser la réponse et afficher le nombre de lettres mal placées et le nombre de lettres bien placées.
- Fin de la boucle tant que.

Une fois l'algorithme du jeu terminé, vous pouvez passer à la phase de codage. Le jeu se compose d'une procédure Sub et d'une fonction qui sert à analyser la réponse de l'utilisateur. Le code source de ce programme étant commenté, vous ne devriez pas avoir de difficulté à le comprendre.

Le programme commence par définir deux constantes qui représentent le nombre de tentatives auquel le joueur a droit ainsi que la longueur du mot à trouver. Il est ainsi très facile de modifier ces paramètres si l'on veut changer les règles du jeu. Vous pourriez également envisager l'utilisation de la fonction InputBox en début de jeu afin de demander à l'utilisateur de choisir la valeur de ces deux paramètres.

```
Sub mastermot()
Const max_coups = 10 ' le nombre d'essais du joueur
Const longueur_mot = 7 ' la longueur du mot à trouver
```

```
Dim connex ' la connexion à la base de données
Set connex = CreateObject("ADODB.Connection")
connex.Open "Provider=Microsoft.ACE.OLEDB.12.0; _
Data Source=C:\Bases\MASTERMOT.ACCDB;"
Dim rst ' l'objet RecordSet
Set rst = CreateObject("ADODB.Recordset")
Set rst.ActiveConnection = connex
rst.CursorType = adOpenStatic
nomtable = "lettres" + LTrim(Str(longueur_mot))
rst.Open (nomtable)
Dim max_mots As Integer ' le nombre de mots dans la table
max_mots = rst.RecordCount
rst.MoveFirst
Dim mot ' le mot secret à retrouver
Dim coup ' le numéro de la tentative du joueur
Dim histo ' l'historique des tentatives
Dim essai ' la saisie du joueur
Dim vainqueur ' drapeau pour savoir si le joueur a gagné
' Initialise le générateur de nombres aléatoires
Randomize
' x est le n° de l'enregistrement sur lequel on se positionne
x = Int(max_mots * Rnd)
rst.Move x
mot = rst.Fields("terme")
' Affichage de la règle du jeu
MsgBox "Vous devez trouver un nom de " & longueur_mot & " lettres." + vbCr & _
"Proposez un nom au singulier de " & longueur_mot & " lettres " & _
"et l'ordinateur vous dira :" + vbCr & _
"- le nombre de lettres bien placées (BP)" + vbCr & _
"- le nombre de lettres mal placées (MP)" + vbCr & _
"Vous avez droit à " & max_coups & " tentatives pour trouver le mot secret !" _
, , "Jeu de Mastermot"
coup = 1
histo = ""
Do
   Do While Len(essai) <> longueur_mot
   essai = InputBox("Saisissez un nom au singulier de " & longueur_
   mot & " lettres en minuscules" _
   + vbCr & histo, _
   "Essai n° " & coup)
   ' Analyse de la réponse
   ' on supprime les espaces éventuellement saisis
   essai = Trim(essai)
   ' on teste si le mot a la bonne longueur
      If Len(essai) <> longueur_mot Then
      MsgBox essai & " n'est pas un nom de " & longueur_
      mot & " caractères" _
      , vbExclamation + vbOKOnly, "Erreur de saisie !!!"
      Else
      Exit Do
      End If
   Loop
```

```
' si le mot a été trouvé
   If essai = mot Then
   MsgBox "Bravo ! Vous avez gagné en " & coup & " coups." _
   + vbCr + "Le mot à trouver était bien : " & mot _
   + vbCr + histo, , "Fin de la partie"
   vainqueur = True
   Exit Do ' on sort de la boucle principale
   Else ' analyse de la réponse
   ' on utilise une fonction pour une plus grande lisibilité
   histo = histo + essai + " : " + analyse(essai, mot, longueur_
   mot) + vbCr
   End If
coup = coup + 1
essai = ""
Loop Until coup = max_coups + 1
If Not vainqueur Then
MsgBox "Vous n'avez pas trouvé le mot secret !" + vbCr & _
"La solution était : " & mot _
+ vbCr + histo, , "Fin de la partie !"
End If
End Sub
```

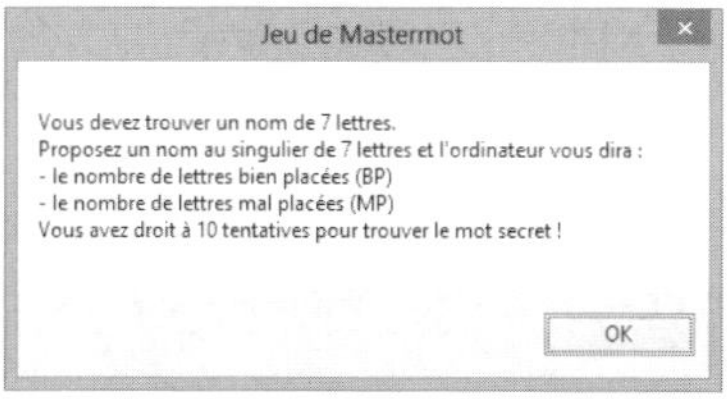

Figure 13.5 – Affichage de la règle du jeu

```
Function analyse(chaine, motif, longueur)
' cette fonction analyse une chaîne de caractères
' par rapport à un motif (le mot à deviner)
' elle renvoie le nombre de lettres bien placées
' et le nombre de lettres mal placées
' calcul du nombre de lettres bien placées
bp = 0 'compteur du nombre de lettres bien placées
chainemp = "" ' chaine de la saisie du joueur
motifmp = "" ' chaine du mot à deviner
For i = 1 To longueur
If Mid(chaine, i, 1) = Mid(motif, i, 1) Then
bp = bp + 1
Else
' les caractères bien placés sont supprimés des chaînes
chainemp = chainemp + Mid(chaine, i, 1)
motifmp = motifmp + Mid(motif, i, 1)
End If
Next
' calcul du nombre de lettres mal placées
mp = 0 ' compteur du nombre de lettres mal placées
' on analyse la chaîne des caractères mal placés
```

```
For j = 1 To Len(chainemp)
' on teste la présence de chaque caractère
' de chainemp dans motifmp
' si un caractère de chainemp est trouvé dans motifmp
' on le retire de motifmp
If InStr(1, chainemp, Mid(motifmp, j, 1)) > 0 Then
mp = mp + 1
' on supprime ce caractère de motifmp
' en le remplaçant par le caractère dollar
motifmp = Left(motifmp, j - 1) + "$" + Mid(motifmp, j + 1)
End If
Next
' la fonction renvoie le résultat de l'analyse
analyse = "BP : " & bp & " ; " & "MP : " & mp
End Function
```

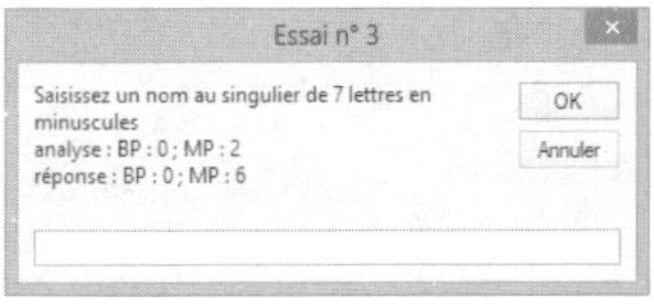

Figure 13.6 – Déroulement d'une partie de MasterMot

Vous pouvez, grâce à ce programme, constater que la programmation d'un jeu de lettres n'est pas si complexe que cela. Un des aspects essentiels de ce logiciel est qu'il utilise une base de données Access par le biais d'ADO, sans que la présence d'Access soit nécessaire (vous devez cependant bien cocher la référence à la bibliothèque ADO, nommée *Microsoft ActiveX Data Objects*, dans la boîte de dialogue Références accessible à partir de la commande Outils→Références de l'éditeur Visual Basic). Bien évidemment, ce programme, même s'il fonctionne très bien, est minimaliste à dessein afin de diminuer la taille de son code. De nombreuses améliorations sont envisageables et nous vous encourageons à vous retrousser les manches.

Une amélioration intéressante consisterait notamment à tester si la saisie du joueur est un mot valide. Dans la mesure où notre base de données est assez complète, le joueur serait obligé de faire des propositions de mots véritables figurant dans la base de données. Il ne pourrait pas ainsi proposer des solutions du genre « elinsur » pour tester la présence d'une lettre. On pourrait aussi proposer une aide qui consisterait à indiquer les lettres qui sont bien placées, plutôt que d'afficher leur nombre. Ces quelques propositions ne sont pas exhaustives et n'ont pour but que de vous donner quelques pistes. Il peut être très formateur pour vous de reprendre le programme que nous avons écrit et de tenter d'implémenter les améliorations que nous venons de suggérer.

La plus grosse amélioration concernerait l'interface utilisateur qui est assez pauvre. Vous verrez dans la dernière partie de cet ouvrage que l'utilisation de formulaires pourrait grandement améliorer les choses et notamment apporter un peu de couleur à l'ensemble. Il est évident que l'utilisation exclusive des fonctions InputBox et MsgBox appauvrit l'interface utilisateur, mais il faut cependant reconnaître qu'il n'est déjà pas si mal d'arriver à programmer un jeu avec ces deux fonctions. Cela prouve qu'en tirant le maximum d'outils simples on peut déjà réaliser des choses intéressantes.

CONCLUSION

Nous n'avons parcouru qu'une petite partie du modèle d'objets ADO en nous concentrant sur les objets Connection et Recordset. ADO est un modèle d'objets extrêmement riche qui mériterait un livre à lui tout seul. Les exemples qui illustrent ce chapitre permettent néanmoins d'accomplir simplement des tâches courantes qui se révèlent à l'usage extrêmement pratiques. Ne perdez cependant pas de vue qu'ADO représente une méthode universelle d'accès aux données qui n'est pas réservée aux tables Access. Toutes sortes d'autres types de données peuvent être gérées avec ADO. Cette universalité mérite qu'on s'intéresse à ADO.

Pour ceux qui ont déjà une bonne connaissance des bases de données, nous vous conseillons de prendre le temps d'étudier le couple SQL Server 2012 Express Edition et ADO. À l'aide de ces deux technologies qui sont disponibles gratuitement, il est possible de produire des applications de bases de données sophistiquées et robustes.

Enfin, ceux qui ne possèdent pas Access peuvent néanmoins manipuler des bases de données Access (fichier .MDB et .ACCDB) à l'aide d'ADO à partir de Word, d'Excel, d'Outlook ou de PowerPoint.

14

Programmer Outlook

À la différence de Word et d'Excel qui sont des applications orientées document, Outlook regroupe toutes les informations qu'il gère dans un environnement unique. Outlook, qui appartient à la catégorie des programmes de gestion d'informations personnelles, permet d'organiser de nombreux objets : événements du calendrier, tâches, contacts et notes. De plus, Outlook fait office de logiciel de messagerie. Nous nous concentrerons, dans le cadre de cet ouvrage, sur l'étude de la programmation de la fonctionnalité de courrier électronique d'Outlook.

MODÈLE D'OBJETS

Le modèle d'objets d'Outlook comporte moins de membres que celui de Word ou d'Excel (il totalise cependant près de 160 objets et collections), mais il reste assez déroutant. Il y a principalement deux raisons à cela : l'utilisation du terme Item et l'emploi du concept de *namespace*. Si vous avez bien suivi jusque-là, vous savez qu'item désigne en anglais un élément d'un tableau (*array*) ou bien un objet au sein d'une collection, ce qui est un peu la même chose dans la mesure où les collections sont considérées comme des tableaux. Malheureusement, dans Outlook, les items sont les différents objets que gère Outlook, à savoir un courrier électronique, une tâche, un événement, un contact, etc.

Le modèle d'objets d'Outlook introduit le concept de **namespace (espace de noms** ou espace de nommage) que la documentation de Microsoft définit comme un « objet racine abstrait pour un type de source de données quelconque ». Un namespace sert donc d'espace de stockage pour des données d'un type particulier ; on peut assimiler un namespace à un type de données. L'objet NameSpace est un passage obligé pour accéder à la collection Items qui renferme tous les objets gérés par Outlook. Le concept de namespace implique en général que l'on puisse choisir de travailler avec plusieurs namespaces en fonction des objets que l'on veut manipuler. Dans Outlook, il n'existe pourtant qu'un seul namespace appelé **MAPI** (*Messaging Application Programming Interface* ou interface de programmation d'application de messagerie) si bien que l'on pourrait légitimement penser que l'appartenance des objets au namespace MAPI soit implicite. Malheureusement, il n'en est rien et tout programme Outlook doit obligatoirement faire référence à MAPI, un peu de la même manière que vous définissez une référence à ADODB quand vous voulez programmer un objet Recordset en ADO. Cela étant, il n'est pas interdit de penser qu'à l'avenir Microsoft définisse d'autres namespaces.

OBJET MAILITEM

L'objet MailItem représente un **courrier électronique**. On utilise cet objet pour créer un message électronique et l'envoyer. On emploie également cet objet quand on souhaite manipuler les courriers qui sont stockés dans la Boîte de réception. Le tableau 14.1 liste les principales propriétés d'un objet MailItem.

Tableau 14.1 – Principales propriétés d'un objet MailItem

Propriété	Description
Attachments	Renvoie une collection qui représente les pièces jointes d'un message.
BCC	Contient la liste des destinataires en BCC (Blind Carbon Copy ou CCI pour Copie Carbone Invisible).
Body	Contient le texte du message électronique.
BodyFormat	Renvoie ou définit une constante OlBodyFormat indiquant le format du corps de texte. Ce format détermine la norme utilisée pour afficher le texte du message. Microsoft Outlook propose trois options de format du corps de texte : Texte brut, Texte enrichi (RTF, Rich Text Format) et HTML.
CC	Contient la liste des destinataires en CC (Carbon Copy ou Copie Carbone).
CreationTime	Renvoie une valeur de type Date qui indique l'heure de création de du message.

Propriété	Description
Importance	Renvoie ou définit une constante OlImportance qui indique le niveau d'importance du message parmi les trois choix suivants : olImportanceHigh, olImportanceLow et olImportanceNormal.
ReceivedTime	Renvoie ou définit une valeur de type Date qui indique la date et l'heure de réception du message.
Recipients	Renvoie une collection Recipients qui représente tous les destinataires du message.
SenderName	Renvoie une valeur de type String qui indique le nom complet de l'expéditeur du message.
SendUsingAccount	Renvoie ou définit un objet Account qui représente le compte à partir duquel l'objet MailItem est envoyé.
Size	Renvoie une valeur de type Long qui indique la taille (en octets) du message.
Subject	Renvoie ou définit une valeur de type String qui indique l'objet (sujet) du message.
To	Renvoie ou définit une valeur de type String délimitée par des points-virgules présentant la liste des noms complets des destinataires À du message.

Le tableau 14.2 liste les principales méthodes d'un objet MailItem.

Tableau 14.2 – Principales méthodes d'un objet MailItem

Méthode	Description
Copy	Crée une copie d'un message.
Delete	Supprime un message.
Display	Affiche un message.
Forward	Transfère un message.
Move	Déplace un message dans un dossier.
PrintOut	Imprime un message.
Reply	Crée, à partir du message d'origine, une réponse préadressée à l'expéditeur d'origine et renvoie la réponse sous la forme d'un objet MailItem.

Méthode	Description
ReplyAll	Crée, à partir du message d'origine, une réponse destinée à tous les destinataires d'origine et renvoie la réponse sous la forme d'un objet MailItem.
Send	Envoie un message.

Pour **envoyer un courrier électronique** par programmation, on utilise un code similaire à celui-ci :

```
Dim courriel As MailItem
Dim destinataire As Recipient
' création d'un nouvel objet MailItem
Set courriel = Application.CreateItem(olMailItem)
' définition du destinataire
Set destinataire = _courriel.Recipients.Add("dm@dunod.fr")
' définition de l'objet
courriel.Subject = "Test"
' définition du corps du message
courriel.Body = _"Message envoyé par programme"
' envoi à partir du premier compte
courriel.SendUsingAccount = Application.Session.Accounts.Item(1)
' envoi du message
courriel.Send
```

Il s'agit là d'un exemple minimaliste et vous pouvez facilement l'enrichir en rajoutant d'autres propriétés à l'objet MailItem. Si vous voulez, par exemple, attribuer une importance haute à votre message, il suffit d'ajouter la ligne suivante :

```
courriel.Importance = olImportanceHigh
```

De la même manière, pour ajouter un destinataire en copie carbone, il suffit de définir la propriété CC.

Il n'est pas rare de gérer plusieurs comptes de messagerie au sein d'Outlook et vous avez pu voir que l'exemple précédent envoyait le courriel à partir du premier compte de messagerie. Le programme suivant permet de connaître le numéro de chaque **compte de messagerie** :

```
For i = 1 To Application.Session.Accounts.Count
        MsgBox Application.Session.Accounts.Item(i) & " :
        compte n° " & i
    Next i
```

OBJET MAPIFOLDER

L'objet MAPIFolder qui représente un **dossier d'Outlook** est un objet important car dans ce logiciel, tous les éléments sont stockés dans des dossiers. Un objet MAPIFolder peut contenir d'autres objets MAPIFolder et ainsi de suite. Dès que l'on veut parcourir le contenu d'un dossier, il faut employer un objet MAPIFolder.

On utilise souvent la méthode **GetDefaultFolder** qui permet d'assigner un dossier par défaut en fonction du type d'élément. Cette méthode emploie les constantes suivantes :

- `olFolderCalendar` (Calendrier),
- `olFolderContacts` (Contacts),
- `olFolderDeletedItems` (Éléments supprimés),
- `olFolderDrafts` (Brouillons),
- `olFolderInbox` (Boîte de réception),
- `olFolderJournal` (Journal),
- `olFolderNotes` (Notes),
- `olFolderOutbox` (Boîte d'envoi),
- `olFolderSentMail` (Éléments envoyés),
- `olFolderTasks` (Tâches),
- `olPublicFoldersAllPublicFolders` (Tous les dossiers publics).

Ainsi, le code suivant permet de définir la Boîte de réception comme dossier par défaut :

```
Set monOlApp = CreateObject("Outlook.Application")
Set monNameSpace = monOlApp.GetNamespace("MAPI")
Set monDossier = monNameSpace.GetDefaultFolder(olFolderInbox)
```

L'instruction `MsgBox monDossier.Name` affiche d'ailleurs bien le libellé « Boîte de réception ».

Pour parcourir la liste des dossiers, on utilise la propriété Folders qui renvoie la collection **Folders** qui représente tous les dossiers contenus dans le dossier ou l'espace de noms spécifié. L'objet NameSpace est la racine de tous les dossiers de l'espace de noms indiqué (MAPI en l'occurrence).

Si l'on reprend l'extrait de code précédent, l'instruction suivante affiche le nombre de dossiers dans la Boîte de réception :

```
MsgBox monDossier.Folders.Count
```

Il est souvent nécessaire d'avoir à parcourir l'arborescence d'une série de dossiers. Le fait que des dossiers puissent être imbriqués impose un **algorithme récursif**. La **récursivité** consiste à écrire un programme qui s'appelle lui-même. Ainsi, le programme suivant affiche dans la fenêtre Exécution la liste de tous les dossiers et sous-dossiers de la Boîte de réception. Pour afficher le nom du dossier, il utilise une fonction `affiche_dossier` qui s'appelle elle-même à l'intérieur de la fonction. L'instruction `For Each` permet de parcourir la collection Folders.

```
Sub affiche_dossiers()
Dim monOlApp, monNameSpace, monDossier, a
Set monOlApp = CreateObject("Outlook.Application")
Set monNameSpace = monOlApp.GetNamespace("MAPI")
Set monDossier = monNameSpace.GetDefaultFolder(olFolderInbox)
Dim dossier2 As MAPIFolder
    For Each dossier2 In monDossier.Folders
        a = affiche_dossier(dossier2)
    Next dossier2
End Sub

Function affiche_dossier(ByVal dossier_départ As MAPIFolder)
Dim dossier2, b
Debug.Print dossier_départ.Name
    For Each dossier2 In dossier_départ.Folders
        ' appel récursif
        b = affiche_dossier(dossier2)
    Next dossier2
End Function
```

Accès à un sous-dossier de la Boîte de réception

Dans Outlook, afin de classer son courrier, il est recommandé de créer des sous-dossiers thématiques qui correspondent à un thème de votre activité ou bien à un expéditeur. On crée ce type de dossier en faisant un clic droit sur la Boîte de réception et en choisissant la commande Nouveau dossier dans le menu contextuel. Bien entendu, il est possible de créer un sous-dossier à partir d'un dossier. Dans ces cas-là, l'accès au sous-dossier se fera de la manière suivante :

```
Set monOlApp = CreateObject("Outlook.Application")
Set monNameSpace = monOlApp.GetNamespace("MAPI")
Set monDossier = monNameSpace.GetDefaultFolder(olFolderInbox)
Set monDossier2 = monDossier.Folders("Compta").Folders("Factures")
```

Notez bien la syntaxe d'utilisation où la collection **.Folders** sert finalement de séparateur entre les dossiers de niveau hiérarchique différent. Cette syntaxe n'est pas très intuitive et si vous ne la connaissez pas, vous aurez du mal à la trouver dans l'aide en ligne. Si vous avez une arborescence à trois niveaux de dossiers, il faudra donc employer la syntaxe suivante :

```
Set monDossier = monNameSpace.GetDefaultFolder(olFolderInbox)
Set monDossier2 = monDossier.Folders("Niveau1").
Folders("Niveau2").Folders("Niveau3")
```

Il est également possible de définir directement le chemin du dossier sans passer par la première ligne de code :

```
Set monDossier = monNameSpace.Folders("Dossiers personnels").
Folders("Boîte de réception").Folders("Niveau1").
Folders("Niveau2").Folders("Niveau3")
```

MISE EN PRATIQUE

Afin d'illustrer notre propos, nous allons vous présenter plusieurs macros qui montrent comment utiliser le modèle d'objets d'Outlook.

Envoyer un message à partir d'une BD

La macro suivante utilise une table Access qui possède la structure suivante :

Nom du champ	Type de données	Description
Email	Texte	Adresse électronique du destinataire
Titre	Texte	Titre de politesse, par exemple Cher Monsieur
Cotisation	Numérique	Montant de la cotisation

Ces champs permettent de créer un courrier personnalisé et la macro illustre la possibilité de réaliser très simplement un **publipostage** électronique à l'aide d'Outlook et d'une table Access.

L'exemple suivant n'emploie que deux champs pour personnaliser le message, mais vous pouvez envisager des traitements beaucoup plus sophistiqués :

```
Sub mailing_personnalisé()
' On envoie un mailing à partir d'une table Access
' qui stocke l'adresse du destinataire
' et des éléments pour personnaliser le courrier
```

```
' Déclaration d'un recordset
Dim rst As ADODB.Recordset
Dim conn As ADODB.Connection
Set conn = New ADODB.Connection
conn.Provider = "Microsoft.Jet.OLEDB.4.0"
conn.ConnectionString = "data source=C:\Bases\Email.accdb" changer
pour une base Accdb
conn.Open
Set rst = New ADODB.Recordset
rst.CursorType = adOpenStatic
rst.Source = "Mailing"
rst.LockType = adLockOptimistic
rst.ActiveConnection = conn
rst.Open
rst.MoveFirst
' on parcourt toute la table grâce à une boucle
While Not rst.EOF
    Dim courriel As MailItem
    Dim destinataire As Recipient
    Dim adresse As String
    Dim message As String
    ' création d'un nouvel objet MailItem
    Set courriel = Application.CreateItem(olMailItem)
    ' définition du destinataire
    adresse = rst.Fields("Email")
    Set destinataire = courriel.Recipients.Add(adresse)
    ' définition de l'objet
    courriel.Subject = "Montant de la cotisation"
    ' définition du corps du message
    message = rst.Fields("Titre")
    message = message + vbCr
    message = message + "Cette année, votre cotisation s'élève à " _
    + Str(rst.Fields("Cotisation")) + " euros." + vbCr
    message = message + "Bien cordialement." + vbCr
    message = message + "Le trésorier de l'Association"
    courriel.Body = message
    ' envoi du message
    courriel.Send
    ' on passe à l'enregistrement suivant
    rst.MoveNext
Wend
End Sub
```

Analyser tous les messages entrants

Outlook ne possède qu'un seul fichier projet qui s'appelle **VbaProject.OTM**. L'objet Application de **ThisOutlookSession** possédant un événement NewMail, il est relativement facile d'appliquer un traitement à tout nouveau courriel. Pour ce faire, sélectionnez l'élément Application dans la liste déroulante de gauche de la fenêtre de code qui affiche par défaut la mention (Général).

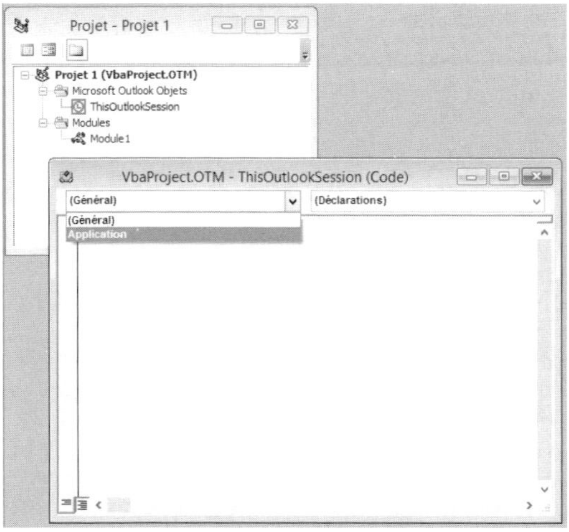

Figure 14.1 – Projet Outlook

Dans la liste de droite, sélectionnez l'événement `NewMail`. La fenêtre de code affiche le squelette suivant :

```
Private Sub Application_NewMail()

End Sub
```

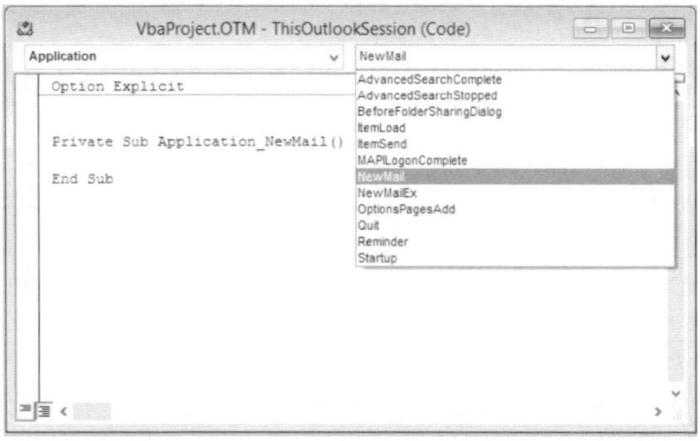

Figure 14.2 – Sélection de l'événement NewMail

Il ne vous reste alors plus qu'à écrire du code entre ces deux lignes et, à l'arrivée de chaque nouveau message, ce code sera exécuté. Gardez cependant à l'esprit que les règles de message que vous avez pu définir s'exécutent avant la procédure événementielle `NewMail`.

Le code suivant analyse tous les messages entrants et affiche une boîte de dialogue contenant le nom de l'expéditeur (dans la barre de titre) ainsi que le sujet et le corps du message si l'importance du courriel est haute :

```
Private Sub Application_NewMail()
Dim monOlApp As Object
Dim monNameSpace As NameSpace
Dim monDossier As Folder
Dim message As String
Dim titre As String
Dim alerte As Byte
Set monOlApp = CreateObject("Outlook.Application")
Set monNameSpace = monOlApp.GetNamespace("MAPI")
Set monDossier = monNameSpace.GetDefaultFolder(olFolderInbox)
If monDossier.Items(monDossier.Items.Count).Importance = 2 Then
' Importance haute
message = monDossier.Items(monDossier.Items.Count).Subject + _
vbCr + monDossier.Items(monDossier.Items.Count).Body
titre = "Message de " + monDossier.Items(monDossier.Items.Count).
SenderName
alerte = MsgBox(message, vbCritical, titre)
End If
End Sub
```

Vous noterez que le courrier qui vient d'arriver est le dernier élément de la collection ; on y accède donc par la syntaxe :

```
monDossier.Items(monDossier.Items.Count).propriété
```

Bien évidemment, vous pouvez envisager des traitements beaucoup plus sophistiqués ; grâce à cet événement, vous allez pouvoir écrire des règles de messages très complexes. En matière de lutte contre le spam, vous pouvez ainsi rédiger des filtres qui seront bien plus efficaces que des simples listes d'exclusion comportant les termes « viagra » ou « enlargement »...

Vous pouvez même, dans certains cas, envisager un système de réponse automatique. Dans cette optique, les possibilités sont immenses et votre imagination sera votre seule limite.

Exporter les messages dans une BD

Avez-vous déjà songé à sauvegarder ou à archiver vos courriers électroniques dans un format qui soit facilement exploitable ? Le problème est en fait épineux car si vous voulez faire une sauvegarde de vos courriels, la solution la plus simple consiste à faire une copie du fichier PST. Outlook peut également archiver vos messages, mais il les stocke dans un fichier ARCHIVE.PST qui reste difficilement exploitable immédiatement. Dans ces conditions, le plus simple est d'exporter ses messages dans une base de données Access où vous pourrez alors facilement les consulter. La macro suivante sauvegarde le contenu de la Boîte de réception dans une table Access. Seules les informations suivantes sont sauvegardées : l'expéditeur, la date, le sujet, le message et sa taille.

```
Sub sauve_bal()
Dim monOlApp As Object
Dim monNameSpace As NameSpace
Dim monDossier As Folder
Dim mel As MailItem
Set monOlApp = CreateObject("Outlook.Application")
Set monNameSpace = monOlApp.GetNamespace("MAPI")
Set monDossier = monNameSpace.GetDefaultFolder(olFolderInbox)
' déclaration d'un recordset
' pour stockage dans une table Access
Dim rst As ADODB.Recordset
Dim conn As ADODB.Connection
Set conn = New ADODB.Connection
conn.Provider = "Microsoft.Jet.OLEDB.4.0"
conn.ConnectionString = "data source=C:\Email.accdb "
conn.Open
Set rst = New ADODB.Recordset
rst.CursorType = adOpenStatic
rst.Source = "Courriers"
rst.LockType = adLockOptimistic
rst.ActiveConnection = conn
rst.Open
For Each mel In monDossier.Items
        rst.AddNew
        rst.Fields("Expéditeur") = mel.SenderName
        rst.Fields("Date") = mel.ReceivedTime
        rst.Fields("Sujet") = Left(mel.Subject, 255)
        rst.Fields("Message") = mel.Body
        rst.Fields("Taille") = mel.Size
rst.Update
Next mel
rst.Close
End Sub
```

Vous noterez la construction `For Each` qui permet de parcourir l'intégralité du contenu d'un dossier.

Vous pouvez bien évidemment adapter ce programme et sauvegarder d'autres informations. Vous pouvez également faire une analyse du corps du message et décider selon des critères que vous aurez définis, de ne pas sauvegarder le message.

Exporter les contacts dans une BD

La macro suivante exporte certaines informations du dossier des contacts dans une table Access. Contrairement au programme précédent, c'est cette fois-ci le dossier Contacts qui est parcouru et non pas la Boîte de réception. La macro récupère le prénom, le nom et les deux premières adresses électroniques du contact.

```
Sub sauve_contacts()
Dim ol As New Outlook.Application
Dim olns As Outlook.NameSpace
Dim cf As Outlook.MAPIFolder
Dim c As Outlook.ContactItem
Dim objItems As Outlook.Items
Dim Prop As Outlook.UserProperty
Set olns = ol.GetNamespace("MAPI")
Set cf = olns.GetDefaultFolder(olFolderContacts)
Set objItems = cf.Items
iNumContacts = objItems.Count
' déclaration d'un recordset
' pour stockage dans une table Access
Dim rst As ADODB.Recordset
Dim conn As ADODB.Connection
Set conn = New ADODB.Connection
conn.Provider = "Microsoft.Jet.OLEDB.4.0"
conn.ConnectionString = "data source=C:\Bases\Email.accdb"
conn.Open
Set rst = New ADODB.Recordset
rst.CursorType = adOpenStatic
rst.Source = "Contacts"
rst.LockType = adLockOptimistic
rst.ActiveConnection = conn
rst.Open
For i = 1 To iNumContacts
    If TypeName(objItems(i)) = "ContactItem" Then
        Set c = objItems(i)
        rst.AddNew
        rst.Fields("Prénom") = c.FirstName
        rst.Fields("Nom") = c.LastName
        rst.Fields("Email1") = c.Email1Address
        rst.Fields("Email2") = c.Email2Address
rst.Update
End If
Next i
rst.Close
End Sub
```

Les spammeurs en puissance noteront qu'il est facile, avec les propriétés de l'objet MailItem, de récupérer toutes les adresses électroniques qui traînent dans les messages que vous recevez. En effet, bon nombre d'utilisateurs ne maîtrisent pas les subtilités du champ Cci et sont prompts à vider leur carnet d'adresses au moindre *hoax* reçu, ce qui a pour conséquence que certains courriels regorgent d'adresses électroniques…

CONCLUSION

L'aspect un peu particulier du modèle d'objets d'Outlook est de prime abord un peu déroutant, mais il ne faut pas se laisser impressionner car les possibilités de programmation d'Outlook sont très vastes. Nous n'avons abordé que la partie qui concerne la messagerie électronique, mais le modèle d'objets gère bien évidemment les autres éléments d'Outlook que sont le calendrier, les contacts, les notes et les tâches.

Le courrier électronique tient aujourd'hui une place considérable et bon nombre d'utilisateurs consacrent un temps important de leur journée de travail à lire ou à répondre à des courriels. Une programmation bien pensée d'Outlook peut faire gagner un temps précieux et éviter bien des mésaventures.

15

Programmer PowerPoint

Le modèle d'objets de PowerPoint est moins important en volume que celui de Word ou d'Excel, mais il recèle néanmoins tous les objets dont vous avez besoin pour gérer ou créer des présentations. Comme pour les autres applications de la suite Office, notre prétention n'est pas de couvrir de manière exhaustive l'ensemble du modèle d'objets, mais de vous en faire une présentation générale et d'attirer votre attention sur les principaux objets qui le composent.

Le code des macros PowerPoint ne peut être stocké qu'à l'intérieur du fichier de la présentation et il n'existe pas comme dans Word (avec Normal.dotm) ou Excel (avec le classeur de macros personnelles) de modèle qui puisse servir de conteneur aux macros les plus souvent utilisées. Le code est stocké dans un projet nommé VBAProject et vous devez au préalable insérer un module pour écrire une macro.

OBJET APPLICATION

Comme pour Word et Excel, l'objet Application représente l'application PowerPoint et se situe au sommet de la hiérarchie du modèle d'objets. Une dizaine de propriétés sont globales et vous n'avez donc pas à les préfixer avec le nom d'objet Application.

Le tableau 15.1 liste les principales propriétés de l'objet Application (les propriétés en grisé sont globales).

Tableau 15.1 – Principales propriétés de l'objet Application

Propriété	Description
Active	Spécifie si la fenêtre est active.
ActivePresentation	Renvoie un objet Presentation qui représente la présentation ouverte dans la fenêtre active.
ActivePrinter	Renvoie le nom de l'imprimante active.
ActiveWindow	Renvoie un objet DocumentWindow qui représente la fenêtre de document active.
Build	Renvoie le numéro de build de PowerPoint.
Caption	Affiche le texte apparaissant dans la barre de titre de l'application.
FileDialog	Permet d'ouvrir la boîte de dialogue Fichier pour ouvrir ou enregistrer des fichiers.
OperatingSystem	Renvoie le nom du système d'exploitation.
Presentations	Renvoie une collection Presentations qui représente toutes les présentations ouvertes.
ShowStartupDialog	Permet d'activer ou de désactiver l'affichage du volet Office.
SlideShowWindows	Renvoie une collection SlideShowWindows qui représente toutes les fenêtres de diaporama ouvertes.
Version	Renvoie le numéro de version de PowerPoint
Windows	Renvoie une collection DocumentWindows représentant l'intégralité des fenêtres de document ouvertes.
WindowState	Gère l'état de la fenêtre spécifiée.

Pour vous familiariser avec ces propriétés, le plus simple est de les tester dans l'éditeur de programmes en faisant afficher leur valeur à l'aide de la fonction MsgBox. Vous pouvez, par exemple saisir directement l'instruction dans la **fenêtre Exécution**. Si la fenêtre Exécution n'est pas affichée dans l'éditeur, exécutez la commande Affichage→Fenêtre Exécution. Dans cette fenêtre, vous pouvez saisir une instruction et l'exécuter immédiatement en appuyant sur la touche Entrée.

Parmi toutes les propriétés de l'objet Application, vous vous servirez très souvent de la propriété `ActivePresentation` qui permet d'accéder à la présentation qui est actuellement en cours d'utilisation. Cette propriété étant globale, vous n'avez pas besoin de la préfixer par Application.

Ainsi, la propriété suivante renvoie le nom du fichier de la présentation active :

```
MsgBox ActivePresentation.Name
```

L'objet Application compte peu de méthodes et vous utiliserez principalement les trois méthodes Activate, Quit et Run dont la dénomination est suffisamment significative pour que l'on n'en dise pas plus.

COLLECTION PRESENTATIONS

La collection Presentations regroupe des objets Presentation qui, comme leur nom l'indique, désignent une présentation PowerPoint. Le tableau 15.2 liste les principales propriétés de l'objet Presentation.

Tableau 15.2 – Principales propriétés de l'objet Presentation

Propriété	Description
BuiltInDocumentProperties	Renvoie une collection **DocumentProperties** qui représente toutes les propriétés de la présentation spécifiée.
ColorSchemes	Renvoie une collection **ColorSchemes** qui représente les jeux de couleurs de la présentation.
Fonts	Renvoie une collection **Fonts** qui représente toutes les polices utilisées dans la présentation.
FullName	Renvoie le nom de la présentation avec le chemin d'accès complet.
HandoutMaster	Renvoie un objet **Master** qui représente le masque du document.
Name	Renvoie le nom de la présentation avec son extension, mais pas le chemin.
NotesMaster	Renvoie un objet **Master** qui représente le masque de commentaires.
PageSetup	Renvoie un objet **PageSetup** dont les propriétés contrôlent les attributs de mise en page des diapositives de la présentation.
Path	Renvoie le chemin d'accès de la présentation.

Propriété	Description
PrintOptions	Renvoie un objet **PrintOptions** qui représente les options d'impression enregistrées avec la présentation.
Saved	Détermine si des modifications ont été apportées à la présentation depuis son dernier enregistrement.
SlideMaster	Renvoie un objet **Master** qui représente le masque des diapositives.
Slides	Renvoie une collection **Slides** qui représente toutes les diapositives de la présentation.
SlideShowSettings	Renvoie un objet **SlideShowSettings** qui représente les paramètres du diaporama de la présentation spécifiée.
SlideShowWindow	Renvoie un objet **SlideShowWindow** qui représente la fenêtre du diaporama dans laquelle la présentation est en cours d'exécution.
TemplateName	Renvoie le nom du modèle de présentation associé à la présentation.
Windows	Renvoie une collection **DocumentWindows** qui représente toutes les fenêtres de document associées à la présentation.

Le tableau 15.3 liste les principales méthodes de l'objet Presentation.

Tableau 15.3 – Principales méthodes de l'objet Presentation

Méthode	Description
ApplyTemplate	Applique un modèle de conception à la présentation en cours.
Close	Ferme la fenêtre ouverte d'une présentation.
Export	Exporte chaque diapositive de la présentation à l'aide du filtre graphique spécifié et enregistre les fichiers exportés dans le dossier spécifié.
Merge	Fusionne une présentation au sein d'une autre présentation.
PrintOut	Imprime la présentation.

Méthode	Description
Save	Enregistre la présentation.
SaveAs	Enregistre une présentation qui ne l'a pas encore été, ou enregistre sous un autre nom une présentation déjà enregistrée précédemment.
SaveCopyAs	Enregistre une copie de la présentation spécifiée dans un fichier sans modifier l'original.

Quand on souhaite faire l'apprentissage d'un nouveau modèle d'objets, la difficulté réside dans l'abondance des objets, des propriétés et des méthodes ; comme il n'existe plus de documentation papier des modèles d'objets, il est même difficile d'appréhender l'ampleur d'un modèle. Dans cette masse d'informations, il faut donc tenter de faire le tri entre ce qui est important et ce qui est superflu.

Les tableaux de cet ouvrage, en vous signalant les principales méthodes et propriétés des objets importants vous aident dans cette tâche, mais vous devez aussi essayer par vous-même le plus grand nombre possible de propriétés et de méthodes pour voir si elles peuvent vous rendre service dans vos programmes VBA.

L'aide propose pour la plupart des objets des exemples de code qui illustrent l'emploi des propriétés et des méthodes. Il est vivement conseillé de copier et de coller ces exemples dans l'éditeur de programme afin de les exécuter. N'ayez pas peur de modifier tous les paramètres de la macro afin de bien comprendre l'incidence des différentes variables sur le programme. Très souvent, vous pouvez partir d'un de ces extraits de code et l'améliorer considérablement sans beaucoup d'efforts. Nous allons illustrer notre propos par un exemple.

À la lecture du tableau des propriétés de l'objet Presentation, votre attention a été attirée par la propriété **BuiltInDocumentProperties**. Comme vous voulez en savoir plus, vous invoquez l'aide en ligne et trouvez la rubrique consacrée à cette propriété (figure 15.1).

Presentation.BuiltInDocumentProperties, propriété (PowerPoint)

Office 2013 | Ce sujet n'a pas encore été évalué - Évaluez ce sujet

Cette propriété renvoie une collection **DocumentProperties** qui représente toutes les propriétés de document prédéfinies de la présentation spécifiée. En lecture seule.

Syntaxe

expression .**BuiltInDocumentProperties**

expression Variable qui représente un objet **Presentation**.

Valeur renvoyée

DocumentProperties

Remarques

Utilisez la propriété **CustomDocumentProperties (Traduction automatique)** pour renvoyer la collection des propriétés de document personnalisées.

Pour plus d'informations sur le renvoi d'un seul membre d'une collection, voir Renvoi d'un objet à partir d'une collection (Traduction automatique).

Exemple

Cet exemple montre comment afficher le nom de toutes les propriétés de document prédéfinies de la présentation en cours.

VBA Copier

```
For Each p In Application.ActivePresentation _

        .BuiltInDocumentProperties

    bidpList = bidpList & p.Name & Chr$(13)

Next

MsgBox bidpList
```

Figure 15.1 – Aide en ligne de la propriété BuiltInDocumentProperties

Dans la mesure où l'aide propose un extrait de code, vous pouvez le copier (chaque exemple de l'aide en ligne peut être copié en un simple clic sur le bouton Copier qui est présent en haut à droite de l'encadré) puis le coller dans l'éditeur de programmes. Si vous avez activé, comme cela est recommandé, la déclaration obligatoire des variables, il faudra légèrement modifier le programme proposé :

```
Sub affiche_props()
Dim p, bidpList
For Each p In Application.ActivePresentation _
         .BuiltInDocumentProperties
    bidpList = bidpList & p.Name & Chr$(13)
Next
MsgBox bidpList
End Sub
```

L'exécution de ce programme affiche une boîte de dialogue contenant une liste de noms de propriétés.

L'aide en ligne propose un deuxième extrait de code :

```
With ActivePresentation.BuiltInDocumentProperties
    If .Item("author").Value = "Jake Jarmel" Then
        .Item("category").Value = "Creative Writing"
    End If
End With
```

Ce deuxième exemple est intéressant car il montre que grâce aux propriétés Item et Value, on peut lire ou modifier les propriétés d'une présentation. Votre premier réflexe doit donc être de tester toutes les propriétés renvoyées par la propriété BuiltInDocumentProperties. Pour ce faire, il suffit d'exécuter dans une macro ou dans la fenêtre Exécution une instruction du genre de celle-ci :

```
MsgBox ActivePresentation.BuiltInDocumentProperties.
Item("Author").Value
```

Malheureusement pour nous, la propriété BuiltInDocumentProperties renvoie une trentaine de propriétés et il peut se révéler assez fastidieux de saisir une trentaine de lignes de code afin de tester toutes ces propriétés. Vous devez à ce moment-là vous souvenir que l'un des buts de la programmation est d'automatiser les tâches répétitives et ennuyeuses. Ce principe s'applique bien évidemment à la création du code, si bien que l'on peut écrire une macro dont le but va être d'écrire une macro...

Le principe est finalement assez simple : on va reprendre l'extrait de code de l'aide en ligne et faire en sorte que la boucle For Each génère des lignes de code prêtes à l'emploi. Le code sera généré, grâce à la commande **Debug.Print**, dans la **fenêtre Exécution** et il n'y aura ensuite plus qu'à coller le résultat de ce programme entre deux instructions Sub et End Sub pour obtenir un programme de test des propriétés de la collection DocumentProperties. En fait, le programme se contente de générer une instruction de la forme :

```
Debug.Print ActivePresentation.BuiltInDocumentProperties.
Item("Title").Value
```

Nous employons à nouveau l'instruction Debug.Print pour diriger l'affichage de la valeur de la propriété dans la fenêtre Exécution. Nous aurions pu employer la fonction MsgBox, mais cela aurait nécessité de cliquer une trentaine de fois sur le bouton OK de la boîte de dialogue. Grâce à notre petit programme, nous testons d'un seul coup la valeur d'une trentaine de propriétés.

Comme vous pourrez le constater, notre générateur de code est extrêmement simple :

```
Sub GenereProps()
Dim prop
For Each prop In ActivePresentation.BuiltInDocumentProperties
    Debug.Print "Debug.Print ActivePresentation.
    BuiltInDocumentProperties.Item(" & Chr(34)
    & prop.Name & Chr(34) & ").Value"
Next
End Sub
```

Vous noterez l'utilisation de la fonction **Chr**(34) dont le but est de produire des **guillemets** qui encadrent le nom de la propriété testée, comme dans `Item("Title").Value`.

Une fois que vous avez exécuté ce programme, il suffit de récupérer les lignes de code générées dans la fenêtre Exécution et de les coller dans l'éditeur de programmes à l'intérieur d'une paire de commandes `Sub... End Sub`. Vous pouvez alors exécuter ce programme pour voir le résultat du test des propriétés dans la fenêtre Exécution.

Malheureusement, l'exécution de notre programme provoque une erreur (la méthode 'Value' de l'objet 'DocumentProperty' a échoué). Pour une fois, le message d'erreur est relativement clair, même si la boîte de message appelle méthode ce qui est en réalité une propriété. Pour voir d'où vient l'erreur, cliquez sur le bouton **Débogage** (nous en apprendrons plus sur le débogage des programmes dans la dernière partie de cet ouvrage). Cela a pour effet de vous ramener dans l'éditeur Visual Basic et de surligner en jaune la ligne de code litigieuse :

```
Debug.Print ActivePresentation.BuiltInDocumentProperties.
Item("Last print date").Value
```

Ne vous posez pas de question métaphysique et choisissez la commande Exécution→Réinitialiser qui a pour effet d'**arrêter le débogage**. Mettez ensuite une apostrophe devant la ligne de code qui était surlignée en jaune ; cela la transforme en commentaire et empêche donc son exécution. Relancez le programme et vous constaterez que l'erreur déjà rencontrée se produit à nouveau six fois. Appliquez le même remède en transformant en commentaires les lignes qui posent problème. Ce programme vous permet donc de tester dans la fenêtre Exécution une bonne vingtaine de propriétés d'une présentation PowerPoint sans que vous ayez pris la peine d'écrire une seule ligne de code.

Vous vous demandez sans doute pourquoi certaines propriétés ne fonctionnent pas. La raison est donnée dans l'aide en ligne. En fait, l'objet **DocumentProperty** ne fait pas partie du modèle d'objets de PowerPoint, mais du modèle d'objets d'Office et, comme son nom l'indique, il s'agit d'un objet générique qui liste les propriétés des documents Office. Si vous consultez la documentation de l'objet DocumentProperty qui est disponible dans la rubrique Référence Visual Basic Microsoft Office, vous pourrez lire la remarque suivante :

« Les applications conteneur ne définissent pas nécessairement une valeur pour chaque propriété de document prédéfinie. Si une application donnée ne définit pas une valeur pour une des propriétés de document prédéfinies, renvoyer la propriété **Value** pour cette propriété de document provoque une erreur. »

COLLECTION SLIDES

Les adeptes du franglais savent que la collection Slides renferme les diapositives d'une présentation. Un **objet Slide** désigne une des diapositives d'une présentation. Il existe également une collection baptisée **SlideRange** qui représente une page de commentaires ou un ensemble de diapositives ; cet ensemble peut être formé de plusieurs diapositives, voire de la totalité des diapositives de la présentation. Les collections Slides et SlideRange partagent de nombreuses propriétés et méthodes.

Le tableau 15.4 liste les principales propriétés de l'objet Slide.

Tableau 15.4 – Principales propriétés de l'objet Slide

Propriété	Description
Background	Renvoie un objet **ShapeRange** qui représente l'arrière-plan de la diapositive.
ColorScheme	Renvoie ou définit un objet **ColorScheme** représentant les couleurs du jeu de la diapositive, du groupe de diapositives ou du masque de diapositive spécifié.
Design	Renvoie un objet **Design** représentant une conception.
DisplayMasterShapes	Détermine si la diapositive ou plage de diapositives spécifiée affiche les objets d'arrière-plan sur le masque des diapositives.

Propriété	Description
FollowMasterBackground	Détermine si l'arrière-plan de la diapositive ou de la plage de diapositives spécifiée est identique à celui du masque des diapositives.
Layout	Renvoie ou définit une constante **PpSlideLayout** qui représente la mise en page de la diapositive.
Master	Renvoie un objet **Master** qui représente le masque des diapositives.
Name	Renvoie le nom de la diapositive qui est égal à Slide suivi d'un numéro qui n'est pas forcément séquentiel.
Shapes	Renvoie une collection **Shapes** représentant tous les éléments qui ont été placés ou insérés sur la diapositive, la plage de diapositives ou le masque de diapositives.
SlideID	Renvoie un numéro d'identification unique pour la diapositive spécifiée.
SlideIndex	Renvoie le numéro d'index de la diapositive spécifiée au sein de la collection **Slides**.
SlideNumber	Numéro qui s'affiche dans le coin inférieur droit de la diapositive lorsque vous affichez les numéros de diapositive.
SlideShowTransition	Renvoie un objet **SlideShowTransition** qui représente les effets spéciaux pour la transition spécifiée entre les diapositives.
TimeLine	Renvoie un objet **TimeLine** représentant la chronologie d'animation de la diapositive.

Le tableau 15.5 liste les méthodes de l'objet Slide.

Tableau 15.5 – Méthodes de l'objet Slide

Méthode	Description
ApplyTemplate	Applique un modèle de conception à la diapositive spécifiée.
ApplyTheme	Applique un thème ou un modèle de conception à la diapositive spécifiée.
Copy	Copie l'objet spécifié dans le Presse-papiers.
Cut	Supprime l'objet spécifié et le place dans le Presse-papiers.

Méthode	Description
Delete	Supprime l'objet spécifié.
Duplicate	Crée une copie de l'objet **Slide** spécifié, ajoute la nouvelle diapositive à la collection **Slides** immédiatement après la diapositive spécifiée à l'origine, puis renvoie un objet **Slide** représentant la copie de la diapositive.
Export	Exporte une diapositive à l'aide du filtre graphique spécifié et enregistre le fichier exporté sous le nom de fichier spécifié.
MoveTo	Déplace l'objet Slide à un emplacement précis au sein de la même collection et renumérote en conséquence tous les autres éléments de la collection.
Select	Sélectionne l'objet spécifié.

À la lecture des propriétés et des méthodes de l'objet Slide, vous pouvez constater que grâce à cet objet il est possible de modifier de nombreux paramètres d'une diapositive. La propriété Layout notamment permet de définir la mise en page d'une diapositive. Par exemple, l'instruction :

```
MsgBox ActivePresentation.Slides(6).Layout
```

affiche la mise en page de la sixième diapositive de la présentation active. Cette instruction renvoie un numéro qui correspond à une énumération qui liste tous les types de mise en page disponibles pour une diapositive. Cette énumération apparaît d'ailleurs grâce à la technologie Intellisense dans l'éditeur de code dès que vous saisissez le signe égal à la suite de la propriété Layout. Une nouvelle fois, nous désirons tester rapidement toutes les possibilités de mise en page qu'offre PowerPoint pour une diapositive. Vous pouvez utiliser la liste Intellisense pour écrire une macro de test, mais nous allons cette fois-ci utiliser une boucle qui balaye l'énumération. Voici la liste complète de l'énumération PpSlideLayout :

ppLayoutMixed = 0xfffffffe,	ppLayoutTitle = 1,
ppLayoutText = 2,	ppLayoutTwoColumnText = 3,
ppLayoutTable = 4,	ppLayoutTextAndChart = 5,
ppLayoutChartAndText = 6,	ppLayoutOrgchart = 7,

ppLayoutChart = 8,	ppLayoutTextAndClipart = 9,
ppLayoutClipartAndText = 10,	ppLayoutTitleOnly = 11,
ppLayoutBlank = 12,	ppLayoutTextAndObject = 13,
ppLayoutObjectAndText = 14,	ppLayoutLargeObject = 15,
ppLayoutObject = 16,	ppLayoutTextAndMediaClip = 17,
ppLayoutMediaClipAndText = 18,	ppLayoutObjectOverText = 19,
ppLayoutTextOverObject = 20,	ppLayoutTextAndTwoObjects = 21,
ppLayoutTwoObjectsAndText = 22,	ppLayoutTwoObjectsOverText = 23,
ppLayoutFourObjects = 24,	ppLayoutVerticalText = 25,
ppLayoutClipArtAndVerticalText = 26,	ppLayoutVerticalTitleAndText = 27,
ppLayoutVerticalTitleAndTextOverChart = 28,	ppLayoutTwoObjects = 29,
ppLayoutObjectAndTwoObjects = 30,	ppLayoutTwoObjectsAndObject = 31,
ppLayoutCustom = 32,	ppLayoutSectionHeader = 33,
ppLayoutComparison = 34,	ppLayoutContentWithCaption = 35,
ppLayoutPictureWithCaption = 36	

Si l'on excepte la première valeur, on remarque que les numéros de cette énumération vont de 1 à 36. Il n'y a donc rien de plus simple que d'écrire une boucle qui va parcourir cette énumération et tester ainsi chaque type de mise en page :

```
Sub test_mise_en_page()
Dim i
For i = 1 To 36
ActivePresentation.Slides(6).Layout = i
MsgBox "Propriété Layout = " & i
Next i
End Sub
```

Ce programme teste toutes les mises en page possibles pour la sixième diapositive de la présentation active. La fonction `MsgBox` affiche le numéro de la constante `PpSlideLayout`, si bien que vous pouvez facilement noter les mises en page qui vous conviennent.

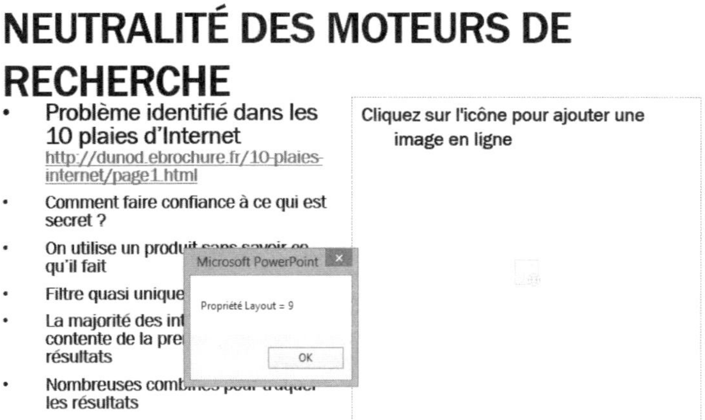

Figure 15.2 – Programme de test de la propriété Layout

Vous avez pu constater que dans le programme précédent nous avons désigné une diapositive particulière d'une présentation en passant son numéro comme paramètre à la collection Slides de l'objet ActivePresentation. Comme nous allons le constater, il existe plusieurs manières de faire référence à une diapositive spécifique.

Il existe trois propriétés qui renvoient un numéro de diapositive : `SlideID`, `SlideIndex` et `SlideNumber`. Ces propriétés désignent des informations différentes et il convient de ne pas les confondre. `SlideID` renvoie un numéro qui est attribué par PowerPoint et qui n'est jamais modifié, même si la diapositive est déplacée au sein de la présentation ou si vous supprimez ou insérez des diapositives. La méthode `FindBySlideID` permet d'accéder à une diapositive par l'identifiant `SlideID` d'une diapositive. Il faudra donc privilégier cette méthode d'accès si des diapositives sont insérées, supprimées ou déplacées dans votre présentation.

La propriété `SlideIndex` renvoie le numéro d'indice de la diapositive spécifiée au sein de la collection Slides. Ce numéro peut changer si des diapositives sont insérées, supprimées ou déplacées.

La propriété `SlideNumber`, quant à elle, renvoie le numéro qui s'affiche dans le coin inférieur droit de la diapositive lorsque votre présentation affiche les numéros des diapositives. Ce numéro est déterminé par le nombre de diapositives de la présentation (`ActivePresentation.Slides.Count`) et le numéro de la première diapositive de la présentation qui est représenté par la valeur de la propriété `FirstSlideNumber`.

Afin de bien faire la différence entre toutes ces propriétés, placez-vous sur une diapositive de votre présentation et exécutez le programme suivant :

```
Sub num_diapo()
MsgBox "Nombre de diapos : " & ActivePresentation.Slides.Count & vbCrLf _
& "Numéro de la diapo : " & ActiveWindow.View.Slide.SlideNumber & vbCrLf _
& "Numéro sur la diapo : " & ActiveWindow.View.Slide.SlideIndex & vbCrLf _
& "Identifiant de la diapo : " & ActiveWindow.View.Slide.SlideID
End Sub
```

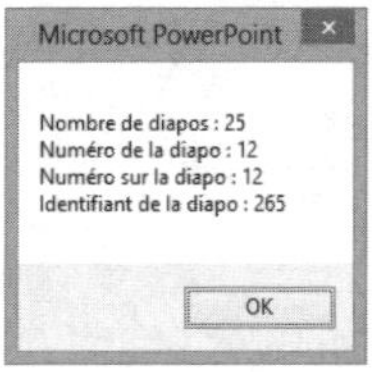

Figure 15.3 – Différentes manières de désigner une diapositive

COLLECTION SHAPES

La collection Shapes contient les **objets Shape** qui sont présents sur un objet Slide. Un objet Shape est une forme qui se situe sur la couche dessin ; cette forme peut être aussi bien une forme automatique, qu'une forme libre ou un objet OLE. Cette collection renferme de très nombreuses possibilités de création graphique et ceux qui aiment la géométrie peuvent s'en donner à cœur joie pour programmer de très jolis motifs basés sur des équations mathématiques. De manière plus simple, vous pouvez vous servir de cette collection pour programmer l'affichage d'objets dont la création manuelle serait fastidieuse. Ainsi, le programme suivant permet de tracer la grille qui est illustrée à la figure 15.4 :

```
Sub Grille()
Dim x As Integer, y As Integer, i As Byte, j As Byte
x = 70
y = 100
For i = 1 To 16
ActiveWindow.Selection.SlideRange.Shapes.AddLine _
(x, y, x + 600, y).Select
y = y + 25
Next
x = 70
y = 100
For j = 1 To 25
ActiveWindow.Selection.SlideRange.Shapes.AddLine _
```

```
(x, y, x, y + 375).Select
x = x + 25
Next
End Sub
```

Si vous aviez dû réaliser ce tracé manuellement, le résultat aurait sans doute été moins précis et la tâche fastidieuse !

Figure 15.4 – Dessin d'une grille par programmation

Le tableau 15.6 liste les principales propriétés de l'objet Shape.

Tableau 15.6 – Principales propriétés de l'objet Shape

Propriété	Description
ActionSettings	Renvoie un objet **ActionSettings** qui contient des informations sur l'action qui est exécutée lorsque l'utilisateur clique ou fait glisser la souris sur la forme ou la plage de texte spécifiée au cours d'un diaporama.
AnimationSettings	Renvoie un objet **AnimationSettings** qui représente tous les effets spéciaux que vous pouvez appliquer à l'animation de la forme spécifiée.
AutoShapeType	Renvoie ou définit le type de forme pour l'objet **Shape** ou **ShapeRange** spécifié, qui doit représenter une forme automatique autre qu'un trait, une forme libre ou un connecteur.

Propriété	Description
Fill	Renvoie un objet **FillFormat** qui contient les propriétés de mise en forme du remplissage pour la forme spécifiée.
Height	Renvoie ou définit, en points, la hauteur de l'objet spécifié.
Id	Renvoie une valeur de type **Long** identifiant la forme.
Left	Renvoie ou définit une valeur de type **Single** qui spécifie, en points, la distance entre le bord gauche du cadre de la forme et le bord gauche de la diapositive.
Line	Renvoie un objet **LineFormat** qui contient les propriétés de mise en forme des traits pour la forme spécifiée.
LockAspectRatio	Détermine si la forme spécifiée conserve ses proportions d'origine lorsque vous la redimensionnez.
Name	Renvoie le nom de la forme spécifiée.
PictureFormat	Renvoie un objet **PictureFormat** qui contient les propriétés de mise en forme d'images pour la forme spécifiée.
Table	Renvoie un objet **Table** qui représente un tableau contenu dans une forme ou dans une plage de formes.
TextFrame	Renvoie un objet **TextFrame** qui contient les propriétés d'alignement et d'ancrage pour la forme spécifiée ou le style du texte du masque.
Top	Renvoie ou définit une valeur de type **Single** représentant la distance entre le bord supérieur du cadre de la forme et le bord supérieur du document.
Type	Renvoie une constante **MsoShapeType** représentant le type d'une forme.
Visible	Renvoie ou définit la visibilité de l'objet spécifié ou la mise en forme appliquée à l'objet spécifié.
Width	Renvoie ou définit en points la largeur de l'objet spécifié.

Le tableau 15.7 liste les principales méthodes de l'objet Shape.

Tableau 15.7 – Principales méthodes de l'objet Shape

Méthode	Description
Apply	Applique à la forme spécifiée la mise en forme qui a été copiée à l'aide de la méthode **PickUp**.
Copy	Copie l'objet spécifié dans le Presse-papiers.
Cut	Supprime l'objet spécifié et le place dans le Presse-papiers.
Delete	Supprime l'objet spécifié.
Duplicate	Crée une copie de l'objet **Shape** spécifié, ajoute la nouvelle forme à la collection **Shapes** immédiatement après la forme spécifiée à l'origine, puis renvoie le nouvel objet **Shape**.
PickUp	Copie la mise en forme de la forme spécifiée.
ScaleHeight	Met à l'échelle la hauteur de la forme selon un facteur spécifié.
ScaleWidth	Met à l'échelle la largeur de la forme selon un facteur spécifié.
Select	Sélectionne l'objet spécifié.
SetShapesDefaultProperties	Applique le formatage de la forme spécifiée à la forme par défaut.

MISE EN PRATIQUE

Pour illustrer notre propos, nous allons vous présenter une macro qui montre en situation les objets que nous venons d'étudier.

Cette macro génère automatiquement une présentation à partir du texte d'un document Word. Nous avons en effet souvent constaté que les présentations sont écrites à partir de documents qui existent déjà au format Word. Plutôt que de réaliser une série de copier-coller, la macro va lire le texte du document Word et créer automatiquement les diapositives. Notre document Word se présente sous la forme d'une série de paragraphes ; les paragraphes impairs contiennent les titres des diapositives et les paragraphes pairs contiennent les textes des diapositives.

Remarque

Cet exemple de code constitue une bonne illustration de la programmation interapplications dans Office puisque PowerPoint est piloté à partir d'une macro Word.

Fondamentalement, le programme déclare quelques variables et initialise une nouvelle variable objet afin de pouvoir **piloter PowerPoint à partir de Word**. Cela permet de créer une nouvelle présentation PowerPoint à partir de Word. Ensuite, la collection des paragraphes du texte Word est balayée grâce à une boucle et à l'intérieur de la boucle, on ajoute une diapositive, puis on remplit automatiquement le titre et le texte de la diapositive.

```
Sub génère_présentation()
' Déclaration des variables
Dim nomforme As String
Dim titre As Variant, para As Variant
Dim nb_para As Integer, num_para As Integer
' Nombre de paragraphes du texte Word
nb_para = ActiveDocument.Paragraphs.Count
' On déclare un nouvel objet pour pouvoir
' appeler PowerPoint à partir de Word
' Ne pas oublier d'inclure la référence à PowerPoint
' grâce à la commande Outils --> Références
' sélectionner Microsoft PowerPoint 14.0 Object Library
Dim AppliPPT As New PowerPoint.Application
' ajout d'une nouvelle présentation
AppliPPT.Presentations.Add WithWindow:=msoTrue
' On balaye les paragraphes du document Word
For num_para = 1 To nb_para / 2
' Ajout d'une diapositive
AppliPPT.ActiveWindow.View.GotoSlide Index:=AppliPPT.
ActivePresentation.Slides.Add _
(Index:=num_para, Layout:=ppLayoutText).SlideIndex
' Récupération du titre et du texte de la diapositive
titre = ActiveDocument.Paragraphs(num_para * 2 - 1)
para = ActiveDocument.Paragraphs(num_para * 2)
' Ajout d'une forme
AppliPPT.ActiveWindow.Selection.SlideRange.Shapes.AddShape _
(Type:=msoShapeRectangle, _
Left:=10, Top:=10, Width:=700, Height:=100).Select
' on récupère le nom de la forme créée
nomforme = AppliPPT.ActiveWindow.Selection.ShapeRange.Name
' on sélectionne la forme
AppliPPT.ActiveWindow.Selection.SlideRange.Shapes(nomforme).Select
AppliPPT.ActiveWindow.Selection.ShapeRange.TextFrame.TextRange.
Characters(Start:=1, Length:=0).Select
' On définit le titre de la diapositive avec un paragraphe de Word
    With AppliPPT.ActiveWindow.Selection.TextRange
```

```
        .Text = titre
        With .Font
            .Name = "Arial"
            .Size = 44
            .Bold = msoFalse
            .Italic = msoFalse
            .Underline = msoFalse
            .Shadow = msoFalse
            .Emboss = msoFalse
            .BaselineOffset = 0
            .AutoRotateNumbers = msoFalse
            .Color.SchemeColor = ppTitle
        End With
    End With
' Ajout d'une forme
AppliPPT.ActiveWindow.Selection.SlideRange.Shapes.AddShape _
(Type:=msoTextBox, _
Left:=110, Top:=120, Width:=500, Height:=350).Select
' on récupère le nom de la forme créée
nomforme = AppliPPT.ActiveWindow.Selection.ShapeRange.Name
' on sélectionne la forme
AppliPPT.ActiveWindow.Selection.SlideRange.Shapes(nomforme).Select
'AppliPPT.ActiveWindow.Selection.SlideRange.Shapes(2).Select
'AppliPPT.ActiveWindow.Selection.ShapeRange.TextFrame.TextRange.Select
AppliPPT.ActiveWindow.Selection.ShapeRange.TextFrame.TextRange.
Characters(Start:=1, Length:=0).Select
' On définit le titre de la diapositive avec un paragraphe de Word
    With AppliPPT.ActiveWindow.Selection.TextRange
        .Text = para
        With .Font
            .Name = "Arial"
            .Size = 14
            .Bold = msoFalse
            .Italic = msoFalse
            .Underline = msoFalse
            .Shadow = msoFalse
            .Emboss = msoFalse
            .BaselineOffset = 0
            .AutoRotateNumbers = msoFalse
            .Color.SchemeColor = ppForeground
        End With
    End With
Next num_para
End Sub
```

Le résultat de la macro est illustré à la figure 15.5.

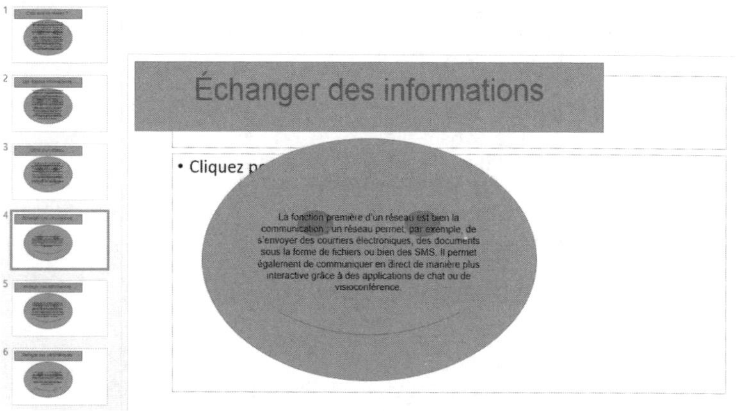

Figure 15.5 – Présentation générée à partir d'un texte Word

CONCLUSION

Bien que moins important en volume que les modèles d'objets de Word et d'Excel, le modèle d'objets de PowerPoint n'en demeure pas moins complexe. Il est surtout difficile à appréhender si l'on cherche à tout prix à faire des analogies avec Word ou Excel. Pour bien comprendre le modèle d'objets de PowerPoint, il est préférable de considérer avant tout cette application comme un programme de dessin qui rassemble des formes sur des diapositives. De la même manière, il faut se représenter les objets SlideRange, ShapeRange et TextRange comme étant bien différents des objets Range de Word ou d'Excel.

On ne peut que regretter l'absence de l'enregistreur de macro dans PowerPoint 2013 et il ne faudra peut-être pas hésiter à conserver une copie d'une version de PowerPoint 2003 afin de générer des extraits de code et étudier le modèle d'objets dans la mesure où cette version intègre un enregistreur de macro.

PARTIE 4

Programmation VBA avancée

16

Créer des formulaires

Un programme sert à traiter des données et il faut donc qu'il existe un moyen pour récupérer les informations en provenance de l'utilisateur. Dans les chapitres précédents, nous avons déjà utilisé les fonctions MsgBox et InputBox pour dialoguer entre le programme et l'utilisateur. Si ces deux fonctions remplissent bien leur rôle lorsqu'il s'agit de ne communiquer qu'une seule information, elles sont nettement insuffisantes dès que le programme a besoin de toute une série de données. C'est alors que les **formulaires UserForm** rentrent en jeu. Grâce à eux, vous allez pouvoir créer des boîtes de dialogue beaucoup plus sophistiquées qui seront parfaitement adaptées à vos besoins.

Ceux qui utilisent Access savent ce qu'est un formulaire ; il existe également dans Word des formulaires qui sont des documents structurés contenant des espaces réservés pour la saisie d'informations. Les formulaires que nous allons à présent étudier ne sont pas différents dans leur principe, mais s'appellent UserForm (formulaire utilisateur) ; ils sont créés à l'intérieur de l'éditeur de programmes Visual Basic et offrent un moyen efficace d'échanger des informations entre l'utilisateur et le programmeur.

Comme tout est objet dans Windows, les formulaires ne dérogent pas à cette règle et ils bénéficient à ce titre d'un modèle d'objets que nous vous présentons figure 16.1.

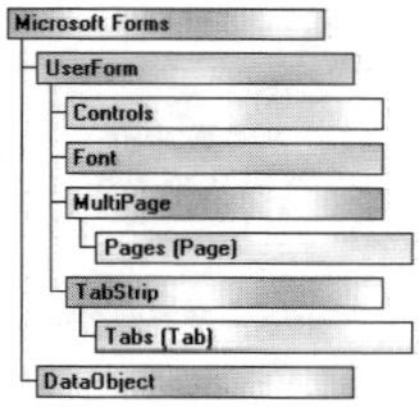

Figure 16.1 – Modèle d'objet Microsoft Forms

Vous noterez que dans certains ouvrages en français, on emploie également le terme **feuille** à la place de formulaire.

EXEMPLE DE USERFORM PAS À PAS

Si la saisie d'une information avec la fonction InputBox se révèle assez pratique, il faut reconnaître que dès que l'on a plusieurs informations à demander à un utilisateur, ce système se révèle peu opérationnel ; en effet, l'utilisateur doit valider chaque réponse individuellement et n'a pas une vision globale de l'ensemble de ses choix. Pour contourner ce problème, on peut créer un formulaire UserForm. Nous allons reprendre notre exemple de macro de calendrier permettant de créer un calendrier du mois en cours (voir le chapitre 7). Le fait que l'on ne puisse pas choisir le mois dont on veut visualiser le calendrier est une limitation qui diminue l'intérêt de ce programme et il suffirait de pouvoir sélectionner le mois et l'année pour le rendre plus convivial. Deux appels à une fonction InputBox pourraient résoudre notre problème, mais vous allez voir que la création d'un formulaire, même si elle est plus complexe, est une solution beaucoup plus élégante.

Pour réaliser notre nouveau programme, exécutez Word 2013 et ouvrez l'éditeur Visual Basic.

Dans la fenêtre Projet, vous découvrez le projet qui correspond au document que vous venez d'ouvrir. Si le document vide dans lequel vous allez créer le formulaire UserForm porte un autre numéro que Document1, cela n'a aucune importance.

Faites un clic droit sur le nom du projet, Project (Document1), et choisissez la commande **Insertion→UserForm** (figure 16.2).

Figure 16.2 – Insertion d'un UserForm dans un projet

Cela a pour effet d'afficher à droite de l'Explorateur de projets une grille et une **boîte à outils** (figure 16.3).

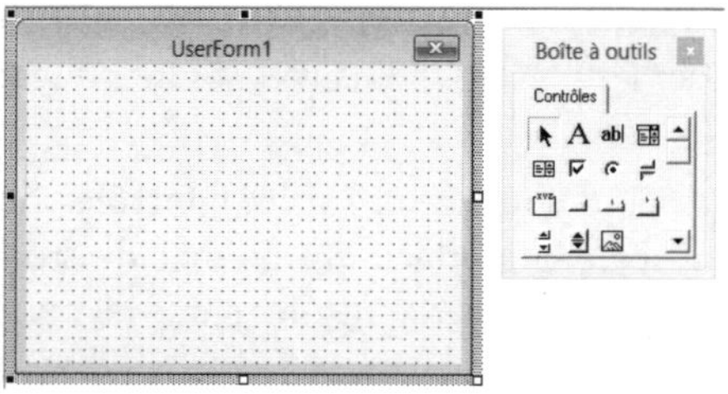

Figure 16.3 – Grille du formulaire et boîte à outils

Cette grille est un canevas sur lequel nous allons dessiner notre formulaire et la boîte à outils renferme des éléments d'interface utilisateur appelés **contrôles** que nous pouvons placer sur le formulaire.

Le formulaire comporte des poignées qui permettent de modifier la taille de la fenêtre. Dans la barre de titre de la fenêtre apparaît le libellé UserForm1. Commençons par modifier ce titre : faites un clic droit sur le formulaire et choisissez **Propriétés**. Une autre fenêtre apparaît dans l'éditeur (figure 16.4).

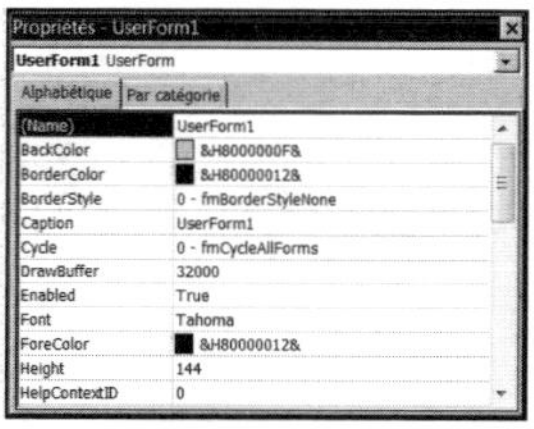

Figure 16.4 – Fenêtre Propriétés du formulaire

Il s'agit de la **feuille de propriétés du formulaire**. En effet, les formulaires, qui sont des objets, sont par conséquent dotés de propriétés et de méthodes. Le grand avantage des formulaires par rapport aux autres objets, c'est que leurs propriétés peuvent aussi être définies de manière interactive, par le biais de la feuille de propriétés ; on n'a donc pas besoin d'écrire du code pour initialiser les propriétés. La première propriété qui apparaît dans la feuille est Name et a pour valeur UserForm1. Changez cette propriété et saisissez **Calendrier**.

Vous pouvez constater que ceci ne modifie pas le titre de la fenêtre, ce qui signifie qu'il existe une autre propriété pour gérer cela. Il s'agit de la propriété **Caption** et vous allez modifier sa valeur en saisissant **Choix du mois et de l'année**. Dès que vous avez modifié la feuille de propriétés, le titre de la fenêtre est changé.

Vous remarquerez qu'il existe de nombreuses autres propriétés pour ce formulaire et vous pouvez découvrir leur utilité en essayant de modifier leur valeur.

Il faut ensuite nous concentrer sur les **contrôles du formulaire**. Un **contrôle** est un objet d'interface qui permet de stocker des informations ; vous connaissez tous ces contrôles parce qu'on les rencontre dans les boîtes de dialogue des applications Windows. Examinons cependant l'ensemble des contrôles que propose la boîte à outils. Nous n'évoquerons ici que les contrôles standard, mais vous devez savoir qu'il est possible de rajouter d'autres contrôles à la boîte à outils (des **contrôles ActiveX**) qui procurent des fonctionnalités supplémentaires.

Astuce

Si vous voulez rajouter d'autres contrôles à la boîte à outils, vous devez utiliser la commande Outils→Contrôles supplémentaires… Dans la boîte de dialogue Contrôles supplémentaires, cochez les contrôles qui vous intéressent, puis cliquez sur OK. Les contrôles que vous avez sélectionnés apparaissent dans la boîte à outils et peuvent être utilisés sur le formulaire. L'étude de ces contrôles supplémentaires dépasse cependant le cadre de cet ouvrage.

Le tableau 16.1 décrit les contrôles dans leur ordre d'apparition dans la boîte à outils.

Tableau 16.1 – Contrôles standard de la boîte à outils

Nom de l'outil	**Nom du contrôle**	**Description**
Sélectionner des objets		L'outil Sélectionner des objets est le seul élément de la boîte à outils qui ne trace pas un contrôle. Une fois sélectionné, il permet de déplacer ou de redimensionner un contrôle précédemment tracé sur un formulaire.
Intitulé	Label	Permet d'insérer une chaîne de texte non modifiable par l'utilisateur, comme la légende d'une image.
Zone de texte	TextBox	Contient du texte insérable ou modifiable par l'utilisateur.
Zone de liste modifiable	ComboBox	Contrôle réunissant les caractéristiques de la zone de liste et de la zone de texte. L'utilisateur peut choisir un élément dans la liste ou entrer une chaîne dans la zone de texte.
Zone de liste	ListBox	Permet d'afficher une liste d'éléments que l'utilisateur peut sélectionner. Il est possible de faire défiler la liste si tous les éléments ne peuvent être affichés simultanément.
Case à cocher	CheckBox	Crée une case que l'utilisateur peut facilement sélectionner pour activer ou désactiver un élément ou sélectionner plusieurs options parmi des choix multiples.
Bouton d'option	OptionButton	Permet d'afficher plusieurs choix, l'utilisateur ne pouvant en sélectionner qu'un seul.
Bouton bascule	ToggleButton	Crée un bouton basculant entre deux positions.

Nom de l'outil	Nom du contrôle	Description
Cadre	Frame	Permet de créer un groupe de contrôles graphique ou fonctionnel. Pour grouper des contrôles, placez d'abord l'élément Frame, puis faites glisser des contrôles à l'intérieur du cadre.
Bouton de commande	CommandButton	Crée un bouton que l'utilisateur peut sélectionner pour exécuter une commande.
Contrôle Onglet	TabStrip	Permet de définir plusieurs pages pour la même zone d'une fenêtre ou d'une boîte de dialogue de votre application.
Multipage	MultiPage	Présente en un même ensemble plusieurs écrans d'informations.
Barre de défilement	ScrollBar	Outil graphique permettant de parcourir rapidement une longue liste d'éléments ou une grande quantité d'informations, d'indiquer une position sur une échelle, d'entrer des données ou d'indiquer une vitesse ou une quantité.
Toupie	SpinButton	Contrôle de compteur utilisable avec un autre contrôle pour incrémenter ou décrémenter des nombres. Il permet également de faire défiler vers l'avant et vers l'arrière une plage de valeurs ou une liste d'éléments.
Image	Image	Affiche une image sur la feuille à partir d'une image bitmap, d'une icône ou d'un métafichier. Les images affichées dans un contrôle Image ont un usage purement décoratif.

Quand on parle d'un contrôle, on le désigne aussi bien par le nom de l'outil que par son nom d'objet. Ainsi, vous entendrez parler de zone de liste ou de ListBox pour désigner le même objet.

Pour notre programme, nous avons besoin de quatre contrôles :

- un contrôle pour afficher la consigne,
- un contrôle pour stocker le mois,
- un contrôle pour stocker l'année,
- un contrôle pour valider le formulaire.

Le choix du type de contrôle est très important et il n'est pas toujours facile de se décider car il existe bien souvent plusieurs possibilités pour arriver au même résultat. Prenons l'exemple du contrôle pour stocker le mois de notre calendrier ; on pourrait choisir parmi les cinq possibilités suivantes :

- TextBox,
- ListBox,
- ComboBox,
- OptionButton,
- ScrollBar.

Dans la mesure où il s'agit d'une liste fermée (il n'y a que 12 mois), un contrôle TextBox ne paraît pas très approprié. Nous choisirons donc un contrôle ComboBox, mais les trois autres types de contrôles sont également possibles. Pour la saisie de l'année, nous opterons aussi pour un contrôle ComboBox. Encore une fois, d'autres choix auraient été tout aussi légitimes. Pour la validation du formulaire, seul un contrôle Bouton de commande s'impose véritablement.

Pour placer un contrôle sur un formulaire, il faut au préalable choisir l'outil dans la boîte à outils, puis cliquer sur le formulaire pour désigner l'emplacement du contrôle. Quand on relâche le bouton de la souris, le contrôle est placé sur le formulaire. Si l'emplacement ne convient pas, on peut déplacer le contrôle, voire le supprimer (clic droit pour appeler un menu contextuel et commande **Supprimer**). Si les dimensions du contrôle ne sont pas conformes à vos souhaits, vous pouvez également modifier sa taille à l'aide des huit poignées qui encerclent l'objet.

Sur le formulaire, placez un contrôle Zone de texte (pour afficher la consigne), deux contrôles Zone de liste (pour saisir le mois et l'année) et un contrôle Bouton de commande (pour valider le formulaire) afin d'arriver au résultat suivant (figure 16.5) :

Figure 16.5 – Contrôles TextBox, ComboBox et CommandButton sur un formulaire

Vous pouvez constater que la feuille de propriétés ne présente plus les propriétés du formulaire mais celles de l'objet actif ; la figure 16.6 illustre la feuille de propriétés de l'objet CommandButton que nous avons renommé **valider** (par défaut, le premier objet CommandButton d'un formulaire a pour nom CommandButton1, le deuxième CommandButton2, et ainsi de suite, ce qui n'est guère explicite).

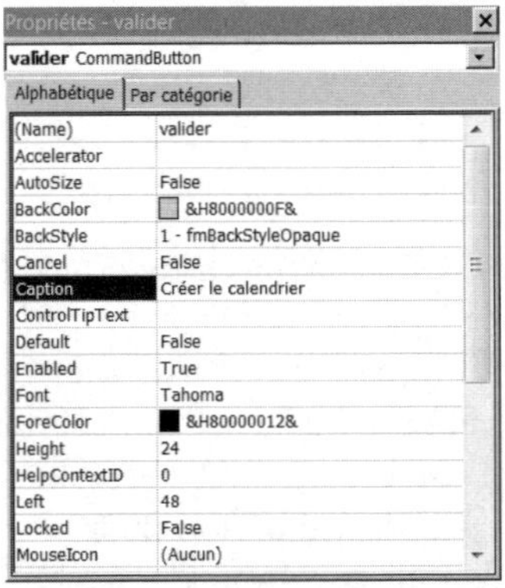

Figure 16.6 – Feuille de propriétés d'un objet CommandButton

En fait, la liste déroulante au sommet de la feuille de propriétés présente tous les objets du formulaire (y compris le formulaire lui-même) et on peut donc consulter les propriétés d'un objet particulier en le sélectionnant dans la liste. Le fait de choisir un des éléments de cette liste ou de cliquer sur un objet dans le formulaire revient au même.

Comme nous l'avons déjà remarqué, vous constaterez que les noms des contrôles sont formés à partir du nom du type de contrôle suivi d'un numéro. Il est bien évidemment possible de modifier ces noms, comme nous l'avons fait pour le nom du formulaire et, grâce à la feuille de propriétés, vous affecterez les noms **mois**, **annee** et **valider** respectivement aux contrôles ComboBox1, ComboBox2 et CommandButton1.

De plus, vous modifierez la propriété **Caption** du bouton de commande pour lui attribuer la valeur **Créer le calendrier**. Afin de mieux nous rendre compte de l'aspect visuel de notre boîte de dialogue, nous allons la tester. Pour ce faire, cliquez sur le formulaire pour le sélectionner, puis appuyez sur la touche de fonction F5 pour l'exécuter. Cela a pour effet d'afficher notre formulaire (figure 16.7).

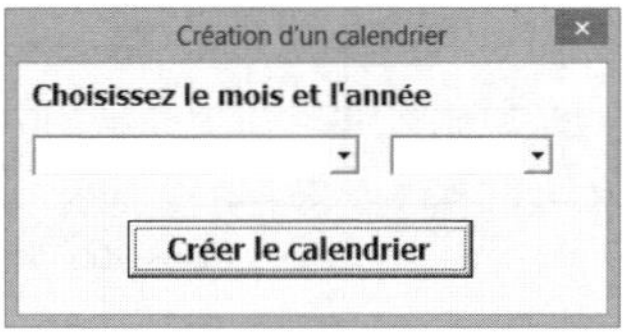

Figure 16.7 – Aspect visuel du formulaire

Bien évidemment, il ne s'agit pour l'instant que d'une coquille vide et la seule chose que vous puissiez faire avec ce formulaire est de fermer la fenêtre en cliquant dans la case de fermeture. Si vous pensez que le titre de la boîte de dialogue n'est pas assez explicite, vous pouvez éventuellement rajouter des contrôles Label affichant les libellés **Mois** et **Année**.

Il nous reste encore beaucoup de travail pour que notre programme de calendrier fonctionne.

Occupons-nous des contrôles ComboBox qui, pour l'instant, ne contiennent rien du tout. En consultant la documentation de l'objet ComboBox, on peut voir qu'il possède une méthode **Additem** qui ajoute un élément à la liste. Pour remplir notre liste avec les noms des mois, il va donc falloir écrire un programme de ce style :

```
mois.AddItem ("Janvier")
mois.AddItem ("Février")
mois.AddItem ("Mars")
mois.AddItem ("Avril")
mois.AddItem ("Mai")
mois.AddItem ("Juin")
mois.AddItem ("Juillet")
mois.AddItem ("Août")
mois.AddItem ("Septembre")
mois.AddItem ("Octobre")
mois.AddItem ("Novembre")
mois.AddItem ("Décembre")
```

Le véritable problème réside dans le fait qu'on ne sait pas très bien pour l'instant où placer ce code pour qu'il soit exécuté au bon endroit.

Nous avons déjà évoqué au chapitre 12 le rôle des **événements** dans les formulaires Access ; les événements sont aussi très importants dans la programmation des UserForm.

Le plus simple pour appréhender la notion d'événement est de donner quelques exemples. Voici la liste de quelques objets et des événements auxquels ils sont susceptibles de réagir :

Objet	Événements associés
Formulaire UserForm	Activation, initialisation, fermeture.
Contrôle ComboBox	Clic, activation, sortie.
Contrôle CommandButton	Clic, double-clic.
Contrôle Zone de texte	Modification, entrée, sortie.
Document Word	Création, fermeture, ouverture.
Feuille Excel	Activation, calcul, modification.

Quand on programme sous Windows, il faut donc prévoir les événements qui sont susceptibles de se déclencher pour un objet donné et écrire des programmes pour traiter ces événements. Un programme qui traite un événement s'appelle un **gestionnaire d'événement**. Dans le cas qui nous occupe, il va falloir, par exemple, écrire un gestionnaire d'événement pour l'événement Click du bouton de commande de notre formulaire qui sert à valider la saisie de l'utilisateur.

Il existe plusieurs méthodes pour connaître la liste des événements rattachés à un objet ; la première consiste tout simplement à consulter l'aide en ligne. Si l'on consulte la documentation de l'objet UserForm, on s'aperçoit, qu'outre la liste des propriétés et des méthodes, il existe des événements.

La deuxième méthode exploite les facilités de l'éditeur de code Visual Basic. Dans l'Explorateur de projets, faites un clic droit sur le nom du formulaire (qui se trouve dans le nœud Feuilles de l'arborescence) et sélectionnez la commande Code (vous pouvez aussi appuyer sur la touche de fonction F7). Cela affiche la fenêtre de **code du formulaire** en lieu et place de la grille de création du formulaire. Cette fenêtre comporte deux listes déroulantes : une liste qui comprend tous les objets du formulaire (y compris l'objet l'UserForm) et une liste baptisée Déclarations (figure 16.8).

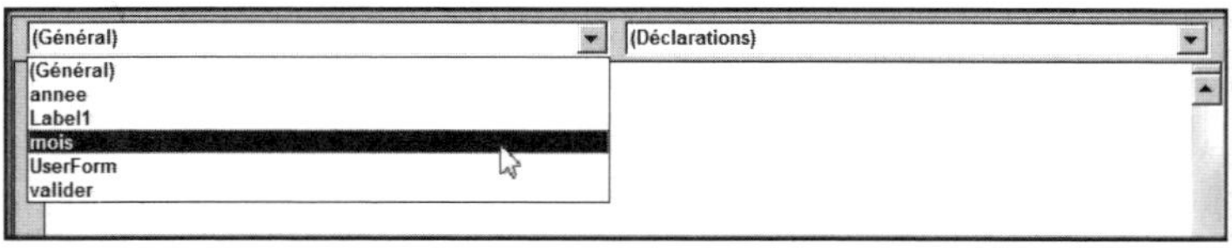

Figure 16.8 – Liste des objets du formulaire

Si l'on choisit par exemple l'objet UserForm, la liste Déclarations prend la forme illustrée à la figure 16.9.

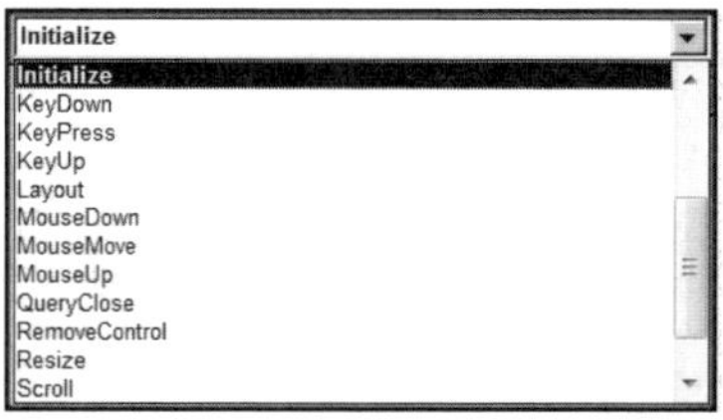

Figure 16.9 – Liste des événements rattachés à un objet

Cette liste dénombre tous les événements attachés à l'objet UserForm. Si vous sélectionnez un autre objet (mois, annee ou valider), vous constaterez que la liste Déclarations est modifiée, ce qui signifie que tous les objets n'acceptent pas les mêmes événements. Le simple fait de sélectionner un événement dans la liste Déclarations fait apparaître un squelette de procédure.

Par exemple, si l'on sélectionne l'objet **valider** et que l'on choisit l'événement **Click**, le code suivant apparaît dans l'éditeur :

```
Private Sub valider_Click()

End Sub
```

Le curseur se place entre ces deux lignes afin que vous puissiez saisir le code de la procédure. C'est donc entre ces lignes que vous devez placer le code qui sera déclenché quand l'utilisateur cliquera sur le bouton de commande **valider**. Le mot clé **Private** signifie que la procédure est interne au formulaire.

La notion d'événement doit à présent être un peu plus claire, mais il demeure cependant encore deux questions : quel événement choisir pour affecter du code à un objet, et dans quel ordre les événements se produisent-ils ?

La réponse à la première question viendra avec l'expérience et en lisant l'aide en ligne. Il ne faut cependant pas être effrayé par la multitude d'événements que peut prendre en compte un objet. Dans la plupart des cas, vous ne gérerez qu'un événement ou deux par objet ; pour reprendre l'exemple des contrôles CommandButtton, on ne se sert en général que de l'événement Click, alors que cet objet gère 13 événements.

La deuxième question est liée à la première car lorsqu'un objet comporte plusieurs événements il faut absolument connaître l'ordre dans lequel les événements se produisent pour pouvoir affecter le code à l'événement adéquat. Le plus simple pour apprivoiser les événements est encore d'écrire un programme qui démontre l'**ordre** dans lequel ils se produisent. Un tel programme est excessivement simple à écrire et vous montrera par l'exemple les événements en action. Pour ce faire, choisissez l'objet UserForm et écrivez les gestionnaires d'événement suivants :

```
Private Sub UserForm_Activate()
MsgBox "Evénement Activate déclenché"
End Sub

Private Sub UserForm_Click()
MsgBox "Evénement Click déclenché"
End Sub

Private Sub UserForm_Initialize()
MsgBox "Evénement Initialize déclenché"
End Sub

Private Sub UserForm_Terminate()
MsgBox "Evénement Terminate déclenché"
End Sub
```

Exécutez ensuite votre formulaire et vous pourrez alors constater que c'est l'événement **Initialize** qui se déclenche en premier. Lui succède immédiatement l'événement **Activate**. Si vous cliquez sur le formulaire, vous constaterez sans surprise que l'événement **Click** se déclenche. Enfin, en fermant le formulaire, vous verrez que l'événement **Terminate** se produit.

Cette démonstration nous permet de déterminer l'emplacement du code d'**initialisation** de la liste de notre ComboBox qui affiche la liste des mois. Il faut le placer dans le gestionnaire d'événement Initialize de l'objet UserForm. Cette procédure événementielle s'écrit de la manière suivante :

```
Private Sub UserForm_Initialize()
' Initialize se déclenche avant l'ouverture du formulaire
```

```
' On remplit la liste des mois
    mois.AddItem ("Janvier")
    mois.AddItem ("Février")
    mois.AddItem ("Mars")
    mois.AddItem ("Avril")
    mois.AddItem ("Mai")
    mois.AddItem ("Juin")
    mois.AddItem ("Juillet")
    mois.AddItem ("Août")
    mois.AddItem ("Septembre")
    mois.AddItem ("Octobre")
    mois.AddItem ("Novembre")
    mois.AddItem ("Décembre")
End Sub
```

Un autre problème se pose : comment récupérer dans notre programme la valeur du mois choisi par l'utilisateur ? Il n'y a pas dans ce cas de valeur de retour renvoyée par une fonction. Il faut se tourner du côté des propriétés de notre ComboBox ; la propriété **Value** contient l'élément de la liste sélectionné par l'utilisateur. Pour s'en persuader, il suffit d'écrire le gestionnaire d'événement suivant :

```
Private Sub valider_Click()
MsgBox mois.Value
End Sub
```

Après avoir sélectionné un mois dans la ComboBox, cliquez sur le bouton de commande du formulaire ; vous devriez alors voir apparaître une boîte de dialogue affichant le nom du mois que vous avez sélectionné. C'est donc la propriété Value qui va nous permettre de récupérer la **valeur** de l'élément sélectionné.

Il vous faudra créer de la même manière le contenu de la liste de la ComboBox qui sert à stocker les années. Il suffit de compléter le programme précédent par un code similaire à celui-ci :

```
annee.AddItem "2012"
annee.AddItem "2013"
annee.AddItem "2014"
annee.AddItem "2015"
annee.AddItem "2016"
annee.AddItem "2017"
```

Pour achever notre formulaire, il ne nous reste plus qu'à écrire le gestionnaire d'événement du bouton de commande. Ce dernier va récupérer les valeurs des contrôles grâce aux propriétés Value des contrôles ComboBox puis générer le calendrier correspondant aux valeurs choisies par l'utilisateur. La propriété **ListIndex** de la ComboBox permet de connaître le numéro du mois choisi, ce qui nous évite d'écrire une fonction qui transforme le nom d'un mois en numéro. Voici le listing complet de la procédure :

```
Private Sub valider_Click()
Dim premier As Variant
Dim jour As Integer
Dim nannee As Integer
Dim cmois As String
Dim nmois As Integer
jour = 1
' on récupère les valeurs des contrôles du formulaire
nannee = annee.Value
cmois = mois.Value
' calcul du nombre de jours du mois
' on stocke dans nmois le numéro du mois (janvier = 1, etc.)
If mois.ListIndex = -1 Then
' l'utilisateur n'a pas choisi de mois
' on prend le mois de janvier par défaut
nmois = 1
Else
nmois = mois.ListIndex + 1
' 0 est le premier élément de la liste
End If
Select Case nmois
Case 1, 3, 5, 7, 8, 10, 12
nbjours = 31
Case 4, 6, 9, 11
nbjours = 30
Case Else
' il s'agit du mois de février
' il faut calculer si le mois a 28 ou 29 jours
    If Day(DateSerial(nannee, 2, 28) + 1) = 29 Then
    nbjours = 29
    Else
    nbjours = 28
    End If
End Select
' Inscrit le mois et l'année
    Selection.TypeText Text:=cmois + " " + CStr(nannee)
' Centre le titre
    Selection.ParagraphFormat.Alignment = wdAlignParagraphCenter
' Saute une ligne
    Selection.TypeParagraph
    Selection.TypeParagraph
' Insère le tableau
    ActiveDocument.Tables.Add Range:=Selection.Range, _
    NumRows:=6, NumColumns:= 7 _
    DefaultTableBehavior:=wdWord9TableBehavior, _
    AutoFitBehavior:= wdAutoFitFixed
    Selection.TypeText Text:="Lundi"
    Selection.MoveRight Unit:=wdCell
    Selection.TypeText Text:="Mardi"
```

```
    Selection.MoveRight Unit:=wdCell
    Selection.TypeText Text:="Mercredi"
    Selection.MoveRight Unit:=wdCell
    Selection.TypeText Text:="Jeudi"
    Selection.MoveRight Unit:=wdCell
    Selection.TypeText Text:="Vendredi"
    Selection.MoveRight Unit:=wdCell
    Selection.TypeText Text:="Samedi"
    Selection.MoveRight Unit:=wdCell
    Selection.TypeText Text:="Dimanche"
    ' calcul du premier jour du mois et de l'année sélectionnés
    premier = Weekday("1 " & cmois & " " & Str(nannee), vbMonday)
    Selection.MoveRight Unit:=wdCell, Count:=premier
    While jour < nbjours + 1
    Selection.TypeText Text:=Str(jour)
    Selection.MoveRight Unit:=wdCell
    jour = jour + 1
    Wend
' Masque le formulaire
Calendrier.Hide
End Sub
```

À la fin du programme, la méthode **Hide** permet de fermer le formulaire. A *contrario*, on utilisera la méthode **Show** pour faire apparaître le formulaire. Il suffit d'écrire la procédure suivante pour pouvoir exécuter le formulaire :

```
Sub ImprimeCalendrier()
Calendrier.Show
End Sub
```

Notre UserForm est à présent terminé ; il est bien évidemment possible de l'améliorer et vous pouvez par exemple prévoir une valeur par défaut pour la saisie de l'année (Year(Now)).

MISE EN PRATIQUE

Afin d'appliquer ce que nous venons d'apprendre et réviser ce que nous avons déjà étudié, nous allons créer une application qui imprime le tableau d'**amortissement** d'un **prêt**.

Commençons par faire une analyse minimale de nos besoins et inventorions les données collectées en entrée et les données produites en sortie. Le programme doit demander à l'utilisateur au minimum trois informations :

- le montant du prêt,

- le taux d'intérêt,
- la durée du prêt.

Pour ce faire, nous allons bien évidemment créer un UserForm.

Une fois les informations collectées, le programme doit fournir en sortie les informations suivantes :

- le montant du prêt pour mémoire,
- le taux d'intérêt pour mémoire,
- la durée du prêt pour mémoire,
- le montant de la mensualité,
- le coût total du crédit,
- le tableau d'amortissement lui-même.

Rappelons qu'un tableau d'amortissement présente pour chaque mensualité versée la part de capital remboursé et la part d'intérêt remboursé.

Pour calculer le montant de la mensualité, nous utiliserons la fonction **Pmt** qui renvoie une valeur de type Double indiquant le montant d'une annuité basée sur des versements constants et périodiques et sur un taux d'intérêt fixe.

Pour calculer la part de capital dans chaque mensualité, nous utiliserons la fonction **PPmt** qui renvoie une valeur de type Double indiquant le remboursement du capital, pour une échéance donnée, d'une annuité basée sur des versements constants et périodiques et sur un taux d'intérêt fixe.

La part d'intérêt sera calculée par la différence entre le montant de la mensualité et le montant du capital remboursé.

Nous souhaitons que le tableau d'amortissement se présente sous cette forme :

Tableau d'amortissement

Montant emprunté : 60 000

Taux du prêt : 7 %

Nombre d'annuités : 4

Montant de la mensualité : 1 436,77

Coût du crédit : 8 964,96

N° mensualité	Mensualité	Capital	Intérêt
1	1 436,77	1 086,77	350
2	1 436,77	1 093,11	343,66
3	1 436,77	1 099,49	337,28
4	1 436,77	1 105,9	330,87

Maintenant que nous savons exactement ce que nous voulons faire, nous pouvons rédiger le pseudo-code de ce programme :

- Afficher un formulaire qui permet à l'utilisateur de saisir le montant, le taux et le nombre de mensualités du prêt.
- Créer un nouveau document.
- Écrire le titre du document.
- Sauter une ligne.
- Calculer le montant de la mensualité.
- Calculer le coût du crédit.
- Remplir les 5 lignes de renseignements sous le titre.
- Sauter une ligne.
- Insérer un tableau de 4 colonnes.
- Remplir les titres des colonnes du tableau.
- Remplir les lignes du tableau grâce à une boucle.

Toute la partie de création du document Word peut être générée automatiquement et vous allez pour ce faire utiliser l'enregistreur de macros. La liste des actions à générer est la suivante :

- Créer un nouveau document.
- Saisir « Tableau d'amortissement » et centrer.
- Sauter deux lignes et cadrer à gauche.
- Saisir « Montant emprunté : ».
- Aller à la ligne.
- Saisir « Taux du prêt : ».
- Aller à la ligne.
- Saisir « Nombre d'annuités : ».
- Aller à la ligne.
- Saisir « Montant de la mensualité : ».
- Aller à la ligne.
- Saisir « Coût du crédit : ».
- Sauter deux lignes.

- Insérer un tableau de 10 lignes et 4 colonnes.
- Saisir le titre de chaque colonne.

Si vous réalisez bien séquentiellement ces actions, le code généré doit être le suivant :

```
Documents.Add Template:="Normal", NewTemplate:=False,
DocumentType:=0
Selection.TypeText Text:="Tableau d'amortissement"
Selection.ParagraphFormat.Alignment = wdAlignParagraphCenter
Selection.TypeParagraph
Selection.TypeParagraph
Selection.ParagraphFormat.Alignment = wdAlignParagraphLeft
Selection.TypeText Text:="Montant emprunté : "
Selection.TypeParagraph
Selection.TypeText Text:="Taux du prêt : "
Selection.TypeParagraph
Selection.TypeText Text:="Nombre d'annuités : "
Selection.TypeParagraph
Selection.TypeText Text:="Montant de la mensualité : "
Selection.TypeParagraph
Selection.TypeText Text:="Coût du crédit : "
Selection.TypeParagraph
Sele[illegible]
Acti[illegible]ction.Range, _
Num[illegible]
Num[illegible]
Def[illegible]avior, _
Aut[illegible]
Selection.TypeText Text:="N° mensualité"
Selection.MoveRight Unit:=wdCell
Selection.TypeText Text:="Mensualité"
Selection.MoveRight Unit:=wdCell
Selection.TypeText Text:="Capital"
Selection.MoveRight Unit:=wdCell
Selection.TypeText Text:="Intérêt"
```

Nous allons à présent examiner ce qu'il faut modifier dans cette macro générée. On doit tout d'abord ajouter à chacun des cinq libellés (Montant emprunté, Taux du prêt, etc.) la valeur correspondante. Ensuite, il faut modifier le nombre de lignes du tableau qui est inséré ; le nombre de lignes dépend du nombre d'années du prêt et la formule de calcul est simple : (nombre d'années du prêt * 12) + 1 ligne d'en-tête. Il faut enfin remplir les cellules du tableau avec les valeurs adéquates.

Pour rendre l'application plus conviviale, une fois que l'utilisateur a saisi le montant, le taux et le nombre d'annuités du prêt, il peut cliquer sur un bouton pour afficher les résultats du calcul dans une boîte de dialogue (figure 16.10).

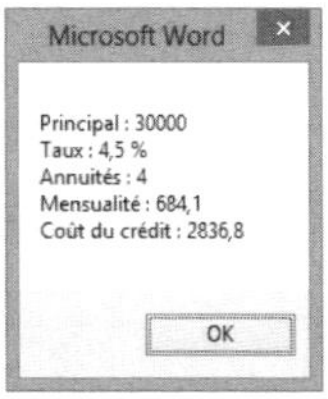

Figure 16.10 – Boîte de dialogue affichant les résultats du calcul

Si la simulation ne convient pas à l'utilisateur, ce dernier a la possibilité de modifier les données du calcul de prêt. Une fois que la simulation est satisfaisante, l'utilisateur a le choix d'imprimer ou non son tableau d'amortissement.

Création du UserForm

Sur le formulaire, créez les six contrôles suivants :

- un contrôle TextBox pour saisir le montant du prêt ;
- un contrôle TextBox pour saisir le taux du prêt (valeur par défaut à 5 %) ;
- un contrôle ComboBox pour saisir le nombre d'années ;
- un contrôle CommandButton pour calculer les résultats ;
- un contrôle CommandButton pour générer le tableau d'amortissement ;
- un contrôle CommandButton pour fermer le formulaire.

La figure 16.11 illustre l'aspect de ce formulaire.

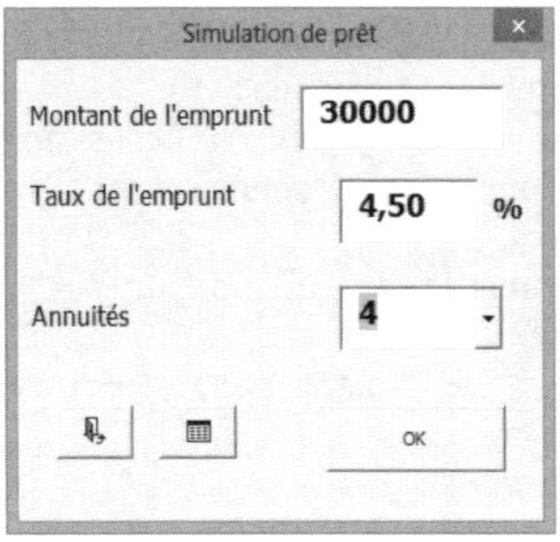

Figure 16.11 – Formulaire permettant de saisir les données du calcul de prêt

Une fois le formulaire créé, il faut écrire les gestionnaires d'événements des différents contrôles du formulaire :

```
Private Sub UserForm_Initialize()
ctaux.Text = 5
' On remplit la liste des annuités
cannuites.AddItem "1"
cannuites.AddItem "2"
cannuites.AddItem "3"
cannuites.AddItem "4"
cannuites.AddItem "5"
cannuites.AddItem "6"
cannuites.AddItem "7"
cannuites.AddItem "8"
cannuites.AddItem "9"
cannuites.AddItem "10"
cannuites.AddItem "11"
cannuites.AddItem "12"
cannuites.AddItem "13"
cannuites.AddItem "14"
cannuites.AddItem "15"
End Sub
```

On se sert de l'événement Initialize pour initialiser la valeur du taux du prêt et définir la liste déroulante du contrôle ComboBox.

Voici le code du bouton de commande qui permet de calculer la mensualité et d'afficher les résultats dans une boîte de dialogue :

```
Private Sub calculer_Click()
Dim mensualite As Double
Dim cout As Double
Dim principal As Double
Dim taux As Double
Dim annuites As Double
' on récupère les valeurs dans le formulaire
principal = CDbl(cprincipal.Value)
taux = CDbl(ctaux.Value)
annuites = CDbl(cannuites.Value)
' Calcul du montant de la mensualité
' Pour arrondir la somme à deux chiffres après la virgule
' on utilise une fonction personnalisée arrondir
mensualite = -arrondir _
(Pmt(taux / 1200, annuites * 12, principal), 2)
' calcul du coût du crédit
cout = (mensualite * 12 * annuites) - principal
' on affiche les éléments du calcul
' le montant de la mensualité
' et le coût du crédit
MsgBox ("Principal : " + CStr(principal) + vbCr + "Taux : " + _
CStr(taux) + " %" + vbCr + "Annuités : " + CStr(annuites) + _
vbCr + "Mensualité : " + CStr(mensualite) + vbCr + _
"Coût du crédit : " + CStr(cout))
End Sub
```

Comme il existe parfois des problèmes d'**arrondi** dans les fonctions intégrées de Visual Basic, nous avons programmé notre propre fonction d'arrondi dont voici le code :

```
Function arrondir(Nombre As Double, NbDecimales As Integer) _
As Double
Dim facteur As Double, intermediaire As Double
facteur = 10 ^ NbDecimales
intermediaire = Nombre * facteur + 0.5
arrondir = Int(intermediaire) / facteur
End Function
```

Le code du bouton pour fermer le formulaire est extrêmement simple :

```
Private Sub sortir_Click()
' Masque le formulaire
Emprunt.Hide
End Sub
```

Il ne nous reste plus alors qu'à programmer le bouton qui imprime le tableau d'amortissement :

```
Private Sub tableau_Click()
Dim x
Dim principal As Double
Dim taux As Double
Dim annuites As Double
' on récupère les valeurs dans le formulaire
principal = CDbl(cprincipal.Value)
taux = CDbl(ctaux.Value)
annuites = CDbl(cannuites.Value)
' on appelle la fonction d'impression du tableau d'amortissement
' à laquelle on passe les trois paramètres principaux
x = tabamort(principal, taux, annuites)
End Sub
```

Afin d'être plus générique, ce code utilise une fonction qui pourra resservir dans d'autres circonstances. Cette fonction, qui est largement commentée, ne devrait pas vous poser de problèmes de compréhension. Une grande partie de son code a été produite par le générateur de macro. Voici son listing :

```
Function tabamort(capital As Double, _
tauxemp As Double, _
nbannuites As Double) As Integer
' on calcule la mensualité
rembour = -arrondir _
(Pmt(tauxemp / 1200, nbannuites * 12, capital), 2)
```

```
' et le coût du crédit
cout = -arrondir(capital - (rembour * nbannuites * 12), 2)
' ces deux valeurs auraient pu être passées en paramètre
' on crée un nouveau document
Documents.Add Template:="Normal", NewTemplate:=False,
DocumentType:=0
' Ecriture du tableau d'amortissement
Selection.TypeText Text:="Tableau d'amortissement"
' On sélectionne le titre
Selection.HomeKey Unit:=wdLine, Extend:=wdExtend
' On le passe en corps 18
Selection.Font.Size = 18
' Et on le centre
Selection.ParagraphFormat.Alignment = wdAlignParagraphCenter
' On désélectionne le titre
Selection.EndKey Unit:=wdLine
' On saute une ligne
Selection.TypeParagraph
Selection.TypeParagraph
' On aligne le texte à gauche
Selection.ParagraphFormat.Alignment = wdAlignParagraphLeft
'On inscrit "Montant emprunté : " et le montant de l'emprunt
Selection.TypeText Text:="Montant emprunté : " + _
CStr(capital)
' on va à la ligne
Selection.TypeParagraph
Selection.TypeText Text:="Taux du prêt : " + _
CStr(tauxemp) + " %"
Selection.TypeParagraph
Selection.TypeText Text:="Nombre d'annuités : " + _
CStr(nbannuites)
Selection.TypeParagraph
Selection.TypeText Text:="Montant de la mensualité : " + _
CStr(rembour)
Selection.TypeParagraph
Selection.TypeText Text:="Coût du crédit : " + _
CStr(cout)
Selection.TypeParagraph
Selection.TypeParagraph
' on insère le tableau
' notez la formule de calcul du nombre de lignes
ActiveDocument.Tables.Add Range:=Selection.Range, _
NumRows:=(nbannuites * 12) + 1, _
NumColumns:=4, _
DefaultTableBehavior:=wdWord9TableBehavior, _
AutoFitBehavior:=wdAutoFitFixed
'on remplit l'en-tête de chaque colonne
Selection.TypeText Text:="N° mensualité"
Selection.MoveRight Unit:=wdCell
Selection.TypeText Text:="Mensualité"
Selection.MoveRight Unit:=wdCell
Selection.TypeText Text:="Capital"
Selection.MoveRight Unit:=wdCell
Selection.TypeText Text:="Intérêt"
```

```
' Une boucle For Next imprime chaque ligne
For i = 1 To nbannuites * 12
' on se déplace d'une cellule vers la droite
    Selection.MoveRight Unit:=wdCell
' on inscrit le numéro de la mensualité
    Selection.TypeText Text:=i
' on se déplace d'une cellule vers la droite
    Selection.MoveRight Unit:=wdCell
' on inscrit la valeur de la mensualité
    Selection.TypeText Text:=rembour
' on se déplace d'une cellule vers la droite
    Selection.MoveRight Unit:=wdCell
' on inscrit la part de capital
    Selection.TypeText Text:=-arrondir(PPmt _
    (tauxemp / 1200, i, nbannuites * 12, capital), 2)
' on se déplace d'une cellule vers la droite
    Selection.MoveRight Unit:=wdCell
' on inscrit la part d'intérêt
    Selection.TypeText Text:=arrondir(rembour + _
    PPmt(tauxemp / 1200, i, nbannuites * 12, capital), 2)
Next i
' on renvoie une valeur de retour
tabamort = 1
End Function
```

CONCLUSION

Les formulaires UserForm permettent de donner un aspect professionnel à votre application car vous pouvez créer des boîtes de dialogue similaires à celles que l'on trouve dans les logiciels commerciaux. Ils facilitent aussi grandement l'utilisation des programmes en optimisant la saisie et en la contrôlant. Les formulaires Access fonctionnent exactement sur le même principe que les formulaires UserForm ; ils offrent en revanche plus de propriétés, de méthodes et d'événements parce qu'ils gèrent des bases de données. Ils permettent aussi plusieurs niveaux de formulaires (un formulaire peut contenir un sous-formulaire).

La notion d'événement est essentielle quand on programme sous Windows et de très nombreux objets dans Office réagissent à des événements ; les documents Word et les feuilles de calcul Excel ne font pas exception à cette règle.

17

Gérer des fichiers texte

Quand on programme en VBA, il est assez courant d'avoir à manipuler des fichiers texte, que ce soit pour lire des informations ou bien pour produire un fichier dans un format particulier. En effet, même si les logiciels actuels savent exporter des données dans les formats courants (HTML, XML, CSV, Excel, etc.), il arrive souvent que la seule solution à un problème de transfert de fichier soit la création de ce que les informaticiens appellent une **moulinette**, c'est-à-dire une procédure qui permet la conversion des informations d'un format de fichier dans un autre format de fichier. Visual Basic possède des objets qui permettent de réaliser ce genre d'opérations très simplement.

Pour l'instant, nous n'avons manipulé que les objets des modèles d'objets des applications Office ; nous allons voir à présent qu'il existe d'autres objets qui doivent être appréhendés de manière un peu différente. Nous avons constaté précédemment qu'il existait un **type de données** baptisé **Objet** puisqu'il est en effet possible de déclarer une variable de type objet (`Dim Nomvariable As Object`). Comme nous l'avons déjà expliqué, une variable est en fait une adresse (un emplacement de la mémoire vive) qui indique le lieu de stockage des données contenues dans la variable. De la même manière, une variable objet est une adresse en mémoire qui fait référence à un objet. Mais dans le cas d'un objet, même si cela reste invisible, il faut une opération supplémentaire. En effet, pour manipuler un objet, on doit employer une instruction Set qui affecte une référence d'objet à une variable déclarée en tant qu'objet. Pour voir comment cela fonctionne, nous allons étudier un **objet de Visual Basic** qui permet de traiter des fichiers, l'objet FileSystemObject. Cet objet est intéressant parce qu'il donne accès au système de fichiers de l'ordinateur et permet toute une série d'opérations sur les fichiers telles que la copie, la création, la lecture, etc.

Astuce

Vous trouverez des informations sur cet objet en consultant l'article disponible à l'adresse :
http://msdn.microsoft.com/fr-fr/vbasic/bb892763.aspx

OBJET FILESYSTEMOBJECT

L'objet FileSystemObject permet d'accéder au système de fichiers de l'ordinateur. Grâce à cet objet, vous allez pouvoir **créer des fichiers**, les supprimer et les déplacer. Vous pourrez également gérer des répertoires. Dans le cadre de cet ouvrage, nous allons surtout nous intéresser à la faculté qu'a l'objet FileSystemObject de créer des fichiers.

Cet objet ne possède qu'une propriété, **Drives**, qui renvoie la collection de tous les lecteurs de l'ordinateur.

En revanche l'objet FileSystemObject possède de nombreuses méthodes dont le tableau 17.1 liste les principales.

Tableau 17.1 – Principales méthodes de l'objet FileSystemObject

Méthode	Description
CopyFile	Copie un fichier d'un emplacement vers un autre.
CreateFolder	Crée un dossier.
CreateTextFile	Crée un nom de fichier et renvoie un objet TextStream pouvant être utilisé pour lire ou écrire dans le fichier.
DeleteFile	Supprime un fichier.
FileExists	Renvoie la valeur True si un fichier spécifié existe, False dans le cas contraire.
MoveFile	Déplace un fichier d'un emplacement vers un autre.
OpenTextFile	Ouvre un fichier et renvoie un objet TextStream pouvant être utilisé pour lire un fichier ou y effectuer un ajout.

À la lecture de ce tableau, vous avez pu constater que plusieurs méthodes renvoient un objet TextStream. Nous allons étudier en détail cet objet qui va vous permettre de créer et de lire n'importe quel type de fichier.

OBJET TEXTSTREAM

L'objet TextStream procure un contrôle total sur les fichiers aussi bien en lecture qu'en écriture. Il ouvre ainsi la voie à toute une série d'applications qui sont extrêmement intéressantes, comme les programmes de **conversion de fichiers**. Avant de rentrer dans le vif du sujet, nous allons examiner les propriétés et les méthodes d'objet TextStream (tableau 17.2).

Tableau 17.2 – Propriétés de l'objet TextStream

Propriété	Description
AtEndOfLine	Propriété en lecture seule qui renvoie True si le pointeur de fichier est positionné immédiatement avant le marqueur de fin de ligne d'un objet TextStream, et False dans le cas contraire.
AtEndOfStream	Propriété en lecture seule qui renvoie True si le pointeur de fichier se trouve à la fin d'un objet TextStream, et False dans le cas contraire.
Column	Propriété en lecture seule qui renvoie le numéro de colonne de la position du caractère en cours dans un objet TextStream.
Line	Propriété en lecture seule qui renvoie le numéro de ligne en cours dans un objet TextStream.

Le tableau 17.3 liste les méthodes de l'objet TextStream.

Tableau 17.3 – Méthodes de l'objet TextStream

Méthode	Description
Close	Ferme un fichier texte TextStream.
Read	Lit un nombre spécifié de caractères dans un fichier TextStream et renvoie la chaîne résultante.
ReadAll	Lit la totalité d'un fichier TextStream et renvoie la chaîne résultante.
ReadLine	Lit toute une ligne (moins le caractère « nouvelle ligne ») d'un fichier TextStream et renvoie la chaîne résultante.
Skip	Omet un nombre spécifié de caractères lors de la lecture d'un fichier TextStream.
SkipLine	Omet la ligne suivante lors de la lecture d'un fichier TextStream.

Méthode	Description
Write	Écrit une chaîne spécifiée dans un fichier TextStream.
WriteBlankLines	Écrit un nombre spécifié de caractères « nouvelle ligne » dans un fichier TextStream.
WriteLine	Écrit une chaîne spécifiée et un caractère « nouvelle ligne » dans un fichier TextStream.

L'exemple suivant permet d'ouvrir un fichier en lecture et d'afficher le texte contenu dans le fichier ligne à ligne dans une boîte de dialogue :

```
Sub LectureFichier()
Dim objet As Object, fichier As Object
Set objet = CreateObject("Scripting.FileSystemObject")
Set fichier = objet.opentextfile("C:\FichierTexte.TXT")
Do While fichier.AtEndOfStream <> True
MsgBox fichier.ReadLine
Loop
fichier.Close
End Sub
```

Ce programme commence par déclarer deux variables de type objet. La fonction **CreateObject** permet d'établir une référence d'objet vers l'objet FileSystemObject et la commande **Set** assigne cette référence à la variable objet. Ensuite, la méthode **OpenTextFile** ouvre le fichier dont le nom lui est passé en paramètre et renvoie un objet TextStream qui va pouvoir être utilisé pour lire ou écrire un fichier. Cet objet TextStream est assigné, grâce à la commande Set, à notre deuxième variable objet que nous avons intitulée **fichier**. Une fois que le fichier est ouvert, on fait une boucle afin de balayer toutes les lignes du fichier. La propriété **AtEndOfStream** de l'objet TextStream renvoie la valeur True si le pointeur de fichier se trouve à la fin du fichier, et la valeur False dans le cas contraire. Cette propriété nous sert de condition de sortie de boucle (en pseudo-code, on dirait : tant que l'on n'a pas atteint la fin du fichier). La méthode **ReadLine** lit une ligne du fichier qui est ensuite affichée au sein d'une boîte MsgBox. Le fichier est enfin fermé grâce à la méthode **Close** car il est toujours recommandé de fermer ce que l'on a ouvert.

Avec l'objet FileSystemObject, il est également permis, en reprenant plus ou moins le même modèle de programme, de créer des fichiers texte. Le programme suivant crée un fichier texte contenant la liste de tous les jours de l'année en cours :

```
Sub EcritureFichier()
Dim objet As Object, fichier As Object
Dim jour As Integer, premier As Date, calendrier As String
Set objet = CreateObject("Scripting.FileSystemObject")
Set fichier = objet.CreateTextFile("C:\Textes\Calendrier.TXT", True)
jour = 1
premier = DateSerial(Year(Now), 1, 1)
Do While jour < 367
calendrier = WeekdayName(Weekday(premier, vbMonday)) + " " + _
CStr(Day(premier)) + " " + _
MonthName(Month(premier)) + " " + _
CStr(Year(premier))
fichier.WriteLine (calendrier)
jour = jour + 1
premier = premier + 1
Loop
fichier.Close
End Sub
```

Au lieu d'ouvrir le fichier, on utilise la méthode **CreateTextFile** pour créer un fichier ; on calcule ensuite la date du premier jour de l'année grâce à la fonction **DateSerial** puis à l'aide de fonctions de date, on écrit en entier la date du jour dans la variable calendrier.

À l'intérieur d'une boucle Do While, la variable calendrier est écrite dans le fichier (méthode **WriteLine**) puis on incrémente la date (stockée dans la variable premier) ainsi que la variable jour qui sert de compteur et permet de sortir de la boucle à la fin de l'année (la condition est jour < 367).

Ce petit programme produit le fichier illustré à la figure 17.1.

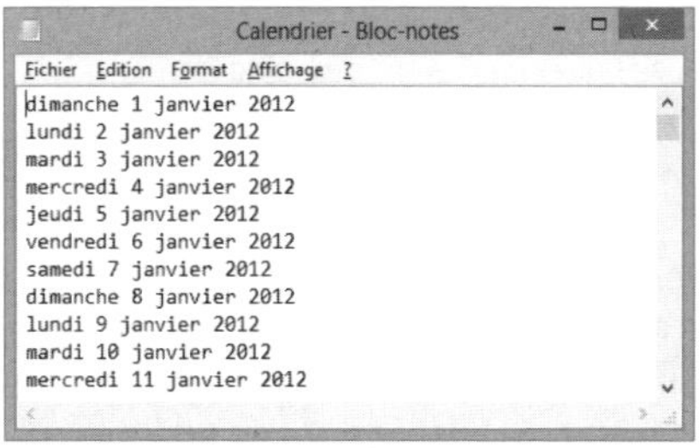

Figure 17.1 – Fichier texte créé à l'aide d'un objet TextStream

MISE EN PRATIQUE

Nous allons étudier un programme qui utilise les possibilités de l'objet TextStream pour créer des fichiers.

Création de fichiers au format CSV

La macro suivante balaye tous les courriels d'un dossier personnalisé Outlook et extrait des informations de chaque courriel pour les écrire dans un fichier au format CSV qui pourra ensuite être lu par Excel. Cette macro devra par conséquent être stockée dans Outlook.

```
Sub fichierCSV()
Dim monOlApp As Object
Dim objet As Object, Fichier As Object
Set objet = CreateObject("Scripting.FileSystemObject")
' Nom du fichier à générer
Set Fichier = objet.CreateTextFile _
("C:\Inscriptions" + Left(Date, 2) + Mid(Date, 4, 2) + _
Right(Date, 4) + ".CSV", True)
Dim ligne As String
Dim monNameSpace As NameSpace
Dim monDossier As Folder
Dim mel As MailItem
Set monOlApp = CreateObject("Outlook.Application")
Set monNameSpace = monOlApp.GetNamespace("MAPI")
' Emplacement du dossier à parcourir
Set monDossier = monNameSpace.Folders("Dossiers personnels"). _
Folders("Boîte de réception").Folders("Inscriptions")
For Each mel In monDossier.Items
ligne = mel.SenderEmailAddress + ";" + _
Str(mel.ReceivedTime) + ";" + mel.Sender
Fichier.WriteLine (ligne)
Next mel
Fichier.Close
End Sub
```

La macro commence par déclarer toute une série de variables pour manipuler les informations à traiter. Il s'agit à la fois d'objets Outlook (application, dossier, courriel) et d'objets FileSystemObject, mais également d'une variable String pour stocker la chaîne de caractères à écrire dans le fichier CSV.

Le nom du fichier à générer est daté puisqu'il est composé de la chaîne « Inscriptions » suivie de la date du jour sans les slashs. L'emplacement du dossier à parcourir est défini dans une variable de type Folder (voir le chapitre 14). Ensuite, une boucle For each parcourt la collection et, pour chaque courriel du dossier, extrait l'adresse électronique de l'expéditeur (SenderEmailAddress), l'heure de réception du courriel (ReceivedTime) et le nom de l'expéditeur (Sender). Comme nous voulons générer un fichier CSV (comma separeted value), nous insérons un point-virgule entre chacune des informations. Vous noterez également que comme nous stockons ces informations dans une chaîne de caractères, il faut convertir l'horodatage du courriel en une donnée de type String grâce à la fonction Str. L'instruction Fichier.WriteLine (ligne) écrit dans le fichier CSV les informations extraites.

Grâce à cette simple macro et à l'écriture d'une règle Outlook, il est parfaitement possible de créer un système automatique d'inscription par courrier électronique. Imaginez le système suivant : vous voulez gérer une liste d'inscription à un événement quelconque. Vous donnez comme consigne d'envoyer un courriel avec un objet déterminé (par exemple « Inscription à la formation VBA »). Une règle de message Outlook classe automatiquement les messages reçus dans le dossier personnalisé Inscriptions. À la fin de la période d'inscription, vous exécutez la macro et vous récupérez automatiquement dans un fichier Excel l'adresse électronique de l'expéditeur, le jour et l'heure de son inscription, ainsi que son nom.

CONCLUSION

La maîtrise de la création des fichiers texte à l'aide des objets FileSystemObject et TextStream vous permet de réaliser des tâches que vous pensiez sans doute impossibles. En matière de conversion de format de fichiers, vous allez pouvoir exporter des données que vous pensiez perdues à jamais. Quand on commence à explorer le domaine de la conversion de fichiers, on s'aperçoit très vite qu'on peut réaliser des prouesses sans déployer de grands moyens. Il suffit juste de laisser son imagination prendre le pouvoir. En étudiant le format de certains fichiers, il est possible de créer de toutes pièces des fichiers d'un format particulier sans posséder le logiciel correspondant. Si vous prenez la peine, par exemple, d'analyser dans le Bloc-notes, un fichier Excel enregistré au format **SYLK**, vous verrez qu'il est extrêmement facile de créer en VBA, à l'aide des objets FileSystemObject et TextStream, un fichier SYLK. Et nous ne parlons même pas des fichiers HTML et XML…

18

Déboguer un programme

Tout le monde sait à présent ce qu'est un bug tant l'informatique a pris de la place dans nos vies quotidiennes. À l'origine, ce terme ne désignait pourtant pas un problème logiciel, mais des insectes qui causaient des dégâts dans les câbles des premiers ordinateurs et les empêchaient ainsi de fonctionner. Les commissions de terminologie sont passées par là et le terme a été francisé en *bogue*, si bien que l'on débogue un logiciel quand on recherche les erreurs de programmation. On rencontre aussi les termes *débogage* (activité de déboguer) et *débogueur* (outil logiciel servant à déboguer).

Dans ce chapitre, nous allons voir comment traquer les erreurs qui peuvent se glisser dans nos programmes.

ERREURS DE PROGRAMMATION

Un bug est une erreur de programmation dans un logiciel. Nous allons voir qu'il existe différentes sortes de bugs, mais nous tenons tout d'abord à vous rassurer sur la banalité de ces erreurs. Programmer, c'est aussi accepter le fait de commettre des erreurs ; n'oubliez jamais que la programmation est à l'image de la vie : on se trompe tout le temps. Les programmes étant écrits par des humains (et même si l'on fait écrire des programmes par d'autres programmes, les générateurs de code seront quand même au bout du compte écrits par des êtres humains…), il est parfaitement normal qu'ils comportent des erreurs de la même manière que les énoncés que nous produisons à l'oral ou à l'écrit sont truffés de fautes (pourquoi croyez-vous que mon éditeur paye un relecteur ?).

Traquer les erreurs fait par conséquent partie de la vie du programmeur et il n'y a pas lieu de s'en étonner. Il existe plusieurs types d'erreurs que nous allons détailler.

Erreurs de syntaxe

Comme son nom l'indique, une erreur de syntaxe se produit quand vous n'avez pas bien appliqué les règles de grammaire du langage. Les causes sont multiples, mais en général vous avez mal orthographié un mot clé du langage si bien que VBA ne reconnaît pas ses petits ou bien vous avez tout simplement oublié une partie de la syntaxe d'une commande.

Par exemple, le programme suivant :

```
Dim varnum
varnum = InputBox("Entrez un nombre entier")
If varnum Mod 2 = 0
MsgBox ("Ce nombre est pair")
Else
MsgBox ("Ce nombre est impair")
End If
```

provoquera l'apparition d'une boîte de dialogue indiquant le type de l'erreur (figure 18.1).

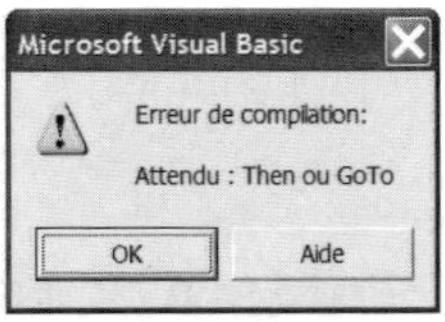

Figure 18.1 – Affichage d'une erreur de syntaxe

Dans ce cas, le message de la boîte de dialogue est suffisamment explicite pour que l'on s'aperçoive tout de suite que l'on a oublié le mot clé Then dans la commande If. De plus, lors de l'exécution du programme, la ligne litigieuse sera affichée en rouge dans l'éditeur Visual Basic, ce qui permet de localiser facilement l'erreur.

La boîte de dialogue indique qu'il s'agit d'une erreur de compilation. Cela signifie que l'erreur a été détectée avant que le programme ne soit exécuté. Quand vous lancez l'exécution d'une macro, le **compilateur** de VBA analyse le code source du programme et s'il n'y a pas d'erreur, le programme est transformé en code machine afin d'être exécuté. S'il y a une erreur, le compilateur la signale grâce à une boîte de dialogue. En fait, le compilateur, avant toute chose, s'assure de la grammaticalité de votre programme. Il joue un peu le rôle d'un correcteur d'orthographe et s'assure que vous n'avez pas oublié de mot ou bien mal orthographié une variable. Quand une erreur de syntaxe est signalée, le message d'erreur est en général suffisamment explicite pour qu'elle soit rapidement détectée puis réparée. Il suffit ensuite de sauvegarder le programme et de relancer son exécution. S'il y a d'autres erreurs de syntaxe, le compilateur les signalera à nouveau jusqu'à ce que vous les ayez toutes corrigées. Cela signifie que lorsqu'un programme s'exécute il ne comporte aucune erreur de syntaxe ; cela est une première garantie, mais vous n'êtes pas pour autant assuré que le programme fonctionne correctement.

De plus, si vous avez coché la case **Vérification automatique de la syntaxe** dans la boîte de dialogue des Options (accessible *via* Outils →Options dans l'éditeur), l'erreur sera signalée lors de la saisie du code dans l'éditeur (figure 18.2). Ainsi, l'erreur sera détectée avant l'exécution du code.

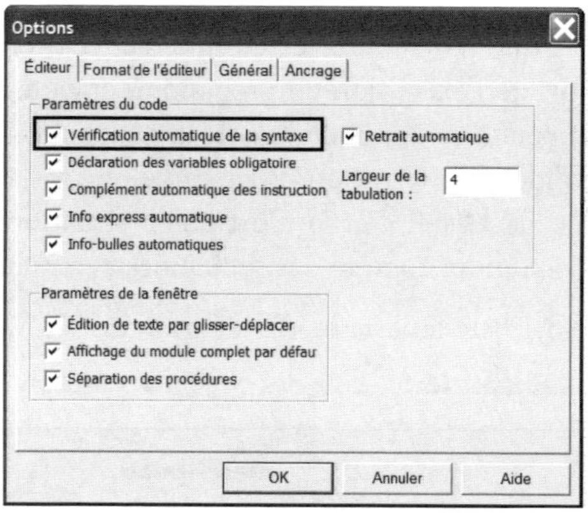

Figure 18.2 – Option de vérification automatique de la syntaxe

D'une manière générale, les erreurs de syntaxe sont très vite réparées et sont dues principalement à des erreurs d'étourderie.

Erreurs d'exécution

Les erreurs d'exécution, que l'on appelle aussi parfois erreurs runtime (*runtime* signifie exécution en anglais), se produisent, comme leur nom l'indique, pendant l'exécution d'un programme VBA. Les causes de ces erreurs peuvent être très nombreuses, mais le message qui s'affiche donne en général des renseignements sur la cause de l'erreur. Ainsi, la boîte de message qui est illustrée à la figure 18.3 indique clairement la nature de l'erreur.

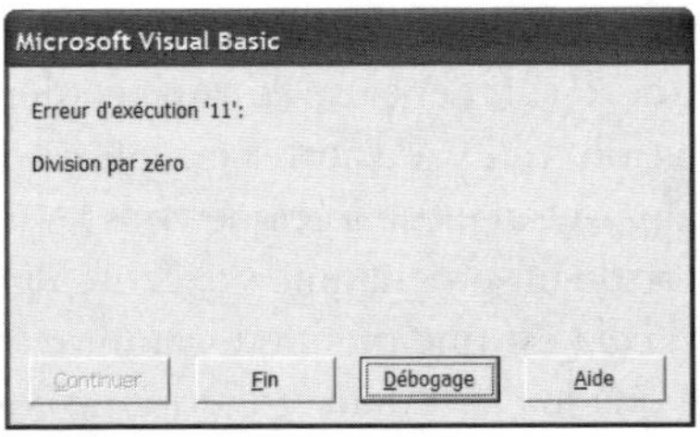

Figure 18.3 – Affichage d'une erreur d'exécution

Quand vous cliquez sur le bouton Débogage, VBA vous renvoie dans l'éditeur et surligne en jaune la ligne qui a provoqué l'erreur. En l'occurrence, il est très facile pour le programmeur de prévoir un test conditionnel qui s'assure que le diviseur n'est pas égal à zéro.

Vous noterez que par nature les erreurs d'exécution ne peuvent se détecter que lors de l'exécution du programme, même si l'erreur de division par zéro peut être éliminée lors de la conception du programme. Cela renforce l'idée que tester un programme une fois qu'il est terminé est une absolue nécessité, car ce n'est qu'en situation réelle que l'on peut vraiment se rendre compte des problèmes éventuels.

Le tableau 18.1 liste les erreurs d'exécution de VBA.

Tableau 18.1 – Liste des erreurs d'exécution

Numéro	Description
3	Return sans GoSub
5	Appel de procédure incorrect
6	Dépassement de capacité
7	Mémoire insuffisante
9	Indice en dehors de la plage
10	Ce tableau est fixe ou temporairement verrouillé
11	Division par zéro
13	Type incompatible

Numéro	Description
14	Espace de chaîne insuffisant
16	Expression trop complexe
17	Impossible d'exécuter l'opération requise
18	Interruption par l'utilisateur
20	Reprise sans erreur
28	Espace pile insuffisant
35	Sub, Function ou Property non définie
47	Trop de clients d'application pour la DLL
48	Erreur de chargement de la DLL
49	Convention d'appel de DLL incorrecte
51	Erreur interne
52	Nom ou numéro de fichier incorrect
53	Fichier introuvable
54	Mode d'accès au fichier incorrect
55	Fichier déjà ouvert
57	Erreur d'entrée/sortie de périphérique
58	Ce fichier existe déjà
59	Longueur d'enregistrement incorrecte
61	Disque plein
62	L'entrée dépasse la fin de fichier
63	Numéro d'enregistrement incorrect
67	Trop de fichiers
68	Périphérique non disponible
70	Permission refusée
71	Disque non prêt
74	Impossible de renommer avec un lecteur différent
75	Erreur dans le chemin d'accès

Numéro	Description
76	Chemin d'accès introuvable
91	Variable objet ou variable bloc With non définie
92	Boucle For non initialisée
93	Format de chaîne incorrect
94	Utilisation incorrecte de Null
97	Impossible d'appeler une procédure Friend sur un objet qui n'est pas une instance de classe de définition
98	Un appel de propriété ou de méthode ne peut pas faire référence à un objet privé ni en tant qu'argument ni en tant que valeur renvoyée
298	Impossible de charger la DLL système
320	Impossible d'utiliser des noms de périphériques de caractères dans les noms de fichiers spécifiés
321	Format de fichier incorrect
322	Impossible de créer le fichier temporaire nécessaire
325	Format incorrect dans le fichier ressource
327	La valeur de l'objet de données nommé est introuvable
328	Paramètre incorrect. Impossible d'écrire des tableaux
335	Impossible d'accéder au registre système
336	Le composant n'est pas correctement enregistré
337	Composant introuvable
338	Exécution incorrecte du composant
360	Objet déjà chargé
361	Impossible de charger ou de décharger cet objet
363	Le contrôle spécifié est introuvable
364	L'objet était déchargé
365	Impossible de décharger dans ce contexte
368	Le fichier spécifié est périmé. Ce programme requiert une version plus récente

Numéro	Description
371	L'objet spécifié ne peut être utilisé comme propriétaire de la feuille pour la méthode Show
380	Valeur de propriété incorrecte
381	Index du tableau de propriétés incorrect
382	Property Set ne peut pas être exécutée en mode exécution
383	Property Set ne peut être utilisée avec une propriété en lecture seule
385	Index de table de propriété requis
387	Property Set non autorisée
393	Property Get ne peut pas être exécutée en mode exécution
394	Property Get ne peut pas être exécutée sur une propriété en écriture seule
400	Feuille déjà affichée ; affichage modal impossible
402	Le code doit d'abord fermer la feuille modale de premier plan
419	Autorisation d'utiliser l'objet refusée
422	Propriété introuvable
423	Propriété ou méthode introuvable
424	Objet requis
425	Utilisation d'objet incorrecte
429	Un composant ne peut pas créer l'objet ou fournir une référence à cet objet
430	Cette classe ne gère pas Automation
432	Nom de fichier ou de classe non trouvé pendant une opération Automation
438	Cet objet ne gère pas cette propriété ou méthode
440	Erreur Automation
442	La connexion à la bibliothèque de types ou d'objets pour un processus distant a été perdue
443	L'objet Automation n'a pas de valeur par défaut
445	L'objet ne gère pas cette action

Numéro	Description
446	L'objet ne gère pas les arguments nommés
447	L'objet ne gère pas les paramètres régionaux en cours
448	Argument nommé introuvable
449	Argument non facultatif ou affectation de propriété incorrecte
450	Nombre d'arguments incorrect ou affectation de propriété non valide
451	Cet objet n'est pas une collection
452	Numéro incorrect
453	Fonction DLL spécifiée introuvable
454	Ressource de code introuvable
455	Erreur de verrouillage de ressource de code
457	Cette clé est déjà associée à un élément de cette collection
458	Cette variable utilise un type non géré par Visual Basic
459	Ce composant ne gère pas le jeu d'événements
460	Format de Presse-papiers incorrect
461	Méthode ou membre de données introuvable
462	Le serveur distant n'existe pas ou n'est pas disponible
463	La classe n'est pas enregistrée sur la machine locale
480	Impossible de créer une image en mode AutoRedraw
481	Image incorrecte
482	Erreur d'imprimante
483	Le gestionnaire d'imprimante ne gère pas la propriété spécifiée
484	Problème pour obtenir des informations du gestionnaire d'imprimante du système. Assurez-vous que le gestionnaire d'imprimante est installé correctement
485	Type d'image incorrect
486	Impossible d'imprimer l'image de feuille sur ce type d'imprimante
520	Impossible de vider le Presse-papiers

Numéro	Description
521	Impossible d'ouvrir le Presse-papiers
735	Impossible d'enregistrer le fichier dans un répertoire TEMP
744	Le texte recherché est introuvable
746	Remplacements trop longs
31001	Mémoire insuffisante
31004	Pas d'objet
31018	Classe non définie
31027	Impossible d'activer l'objet
31032	Impossible de créer un objet incorporé
31036	Erreur à l'enregistrement dans le fichier
31037	Erreur de chargement à partir du fichier

Erreurs de logique

Les erreurs de logique sont les plus difficiles à détecter, car aucune boîte de dialogue ne vient les signaler. Appelées également erreurs de conception, il s'agit d'erreurs qui ne font pas planter l'ordinateur, mais qui font que le programme ne fonctionne pas comme on le souhaiterait.

Parmi les exemples typiques d'erreurs de logique, on peut citer les boucles infinies ou bien les boucles dans lesquelles le programme ne rentre même pas parce que la condition d'entrée n'est jamais vraie. Il arrive que l'on trouve dans certains programmes du code totalement inutile qui ne sert strictement à rien, parce que les lignes de code en question ne sont jamais exécutées.

On se rend en général compte qu'il y a une erreur de logique parce que le programme ne fonctionne pas comme on s'y attend. Dans ces cas-là, on commence en général à relire son code et il arrive parfois que l'on détecte l'erreur. Dans certains cas malheureusement l'on a beau écarquiller les yeux, on ne voit strictement rien. Il faut alors passer à la vitesse supérieure et déboguer le programme.

DÉBOGAGE

Le débogage consiste à partir à la recherche des erreurs de programmation avec un outil spécialisé que l'on appelle débogueur. En général, on utilise un débogueur uniquement pour traquer les erreurs de logique, car la cause des erreurs de syntaxe et des erreurs d'exécution est facilement identifiable. Un débogueur agit de deux manières sur votre programme : premièrement, il en contrôle l'exécution et deuxièmement, il permet de voir ce qui se passe à l'intérieur, notamment en autorisant la visualisation de la valeur des variables à un moment donné. Cette fonctionnalité très intéressante permet souvent de comprendre pourquoi le programme ne fonctionne pas.

Par exemple, quand on se trouve dans la situation où le programme ne rentre pas dans une boucle ou bien n'arrive pas à en sortir, le débogueur va permettre de visualiser la valeur de la condition d'entrée ou de sortie de la boucle. En fait, si vous réfléchissez bien, vous pouvez parfaitement obtenir des informations sur votre programme en vous servant uniquement de la fonction **MsgBox** qui peut agir comme votre premier outil de débogage.

En effet, quand vous êtes en train d'écrire un programme dont vous n'avez pas bien déterminé l'algorithme, il peut être très intéressant de truffer son logiciel de fonctions MsgBox qui renseignent sur l'état d'une variable ou d'une expression. Rien d'ailleurs ne vous empêche de laisser ces lignes de code dans votre programme une fois qu'il est terminé et de vous contenter de les mettre en commentaire (à l'aide du caractère apostrophe) quand vous diffusez le programme. En cas de problème dans votre programme, il suffit de supprimer l'apostrophe pour remettre en route votre système personnel de débogage.

Si l'on reprend l'exemple du programme de jeu qui a été développé au chapitre 13, rien n'interdit, par exemple, de transformer le code suivant :

```
For i = 1 to longueur_mot
If mid(chaine,i,1) = mid(motif, i , 1) Then
bp = bp + 1
Else
' les caractères bien placés sont supprimés des chaînes
chainemp = chainemp + mid(chaine,i,1)
motifmp = motifmp + mid(motif,i,1)
End If
Next
```

en :

```
For i = 1 to longueur_mot
If mid(chaine,i,1) = mid(motif, i , 1) Then
bp = bp + 1
Else
' les caractères bien placés sont supprimés des chaînes
chainemp = chainemp + mid(chaine,i,1)
motifmp = motifmp + mid(motif,i,1)
End If
MsgBox CStr(bp) + vbCr +
chaine + vbCr +
motif + vbCr +
chainemp + vbCr +
motifmp
Next
```

Le résultat du code de débogage est illustré à la figure 18.4 ; à chaque tour de boucle, la fonction MsgBox affiche le contenu des variables `bp` (compteur de lettres bien placées), `chaine`, `motif`, `chainemp` et `motifmp`. Bien évidemment, ce code doit être supprimé ou mis en commentaire lors de la diffusion du programme, mais il faut reconnaître que cela permet à moindre coût d'avoir de nombreuses informations sur ce qui se passe à l'intérieur du programme. Vous pouvez ainsi très simplement vérifier que votre programme se comporte comme vous le souhaitez.

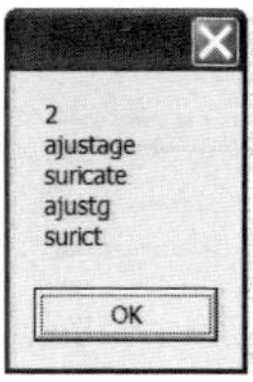

Figure 18.4 – La fonction MsgBox peut faire office de débogueur

Même si l'usage de la fonction MsgBox est très performant, il y aura cependant des situations où cet outil sera inopérant et où il faudra utiliser un débogueur.

DÉBOGUEUR

Le débogueur est un logiciel dans lequel vous allez pouvoir exécuter votre programme. Votre code s'exécutera sous le contrôle du débogueur et vous pourrez à tout moment en arrêter l'exécution pour scruter le contenu d'une variable ou bien encore tester la valeur d'une expression. L'éditeur de Visual Basic possède une fonctionnalité de débogage, si bien que vous n'avez pas besoin d'un autre logiciel pour déboguer vos macros VBA.

Lancement du débogueur

Il y a plusieurs manières de déclencher l'exécution du débogueur de l'éditeur Visual Basic. La première méthode consiste à cliquer sur le bouton **Débogage** de la boîte de dialogue qui signale une erreur et propose un débogage. Vous pouvez également lancer l'exécution de votre programme en mode pas à pas, ce qui signifie que vous exécutez une seule ligne de votre code à la fois. Vous pouvez aussi placer un point d'arrêt dans votre programme ; quand le programme rencontre le point d'arrêt, il stoppe son exécution et passe la main au débogueur. Vous pouvez enfin inclure l'instruction `Stop` dans votre programme. À la lecture de cette instruction, le programme s'arrête et passe en mode débogage.

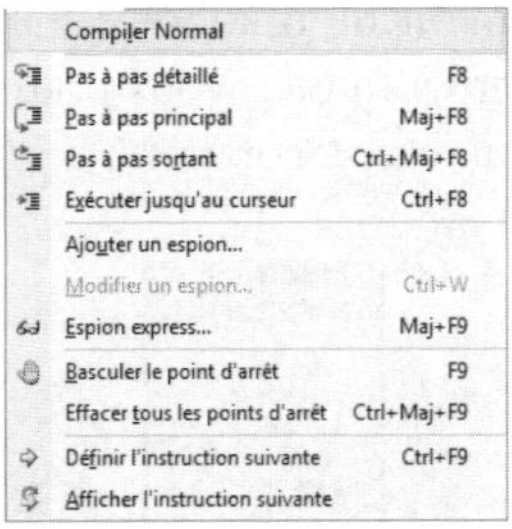

Figure 18.5 – Menu Débogage de l'éditeur Visual Basic

Quel que soit le mode de lancement du débogage que vous utilisez, vous devez bien comprendre que le débogueur permet de regarder ce qui se passe sous le capot ; en mode débogage, vous avez la possibilité de vous arrêter sur chaque ligne de code et de visualiser l'état de toutes les variables du programme.

Fonctionnement du débogueur

Pour illustrer le fonctionnement du débogueur, nous allons prendre un exemple pratique. Nous avons légèrement modifié notre programme de Mastermot qui présente désormais un fonctionnement étrange. Quand on saisit pour le premier coup une proposition, le programme affiche immédiatement la solution (figure 18.6) en prétendant que l'on n'a pas trouvé la solution en 10 coups.

Figure 18.6 – Le jeu ne permet plus de jouer qu'un seul coup

Pour tester le comportement de ce programme que nous avons nommé debugmaster, il vous suffit de l'exécuter. Vous trouverez ci-dessous l'extrait de code que nous avons modifié, les autres parties du code (tirage aléatoire du mot et fonction d'analyse de la saisie du joueur) n'ayant pas été changées :

```
coup = 1
histo = ""
Do
   Do While Len(essai) <> longueur_mot
   essai = InputBox("Saisissez un nom au singulier de " &
   longueur_mot & " lettres en minuscules" _
   + vbCr & histo, _
   "Essai n° " & coup)
   ' Analyse de la réponse
   ' on supprime les espaces éventuellement saisis
   essai = Trim(essai)
   ' on teste si le mot a la bonne longueur
      If Len(essai) <> longueur_mot Then
      MsgBox essai & " n'est pas un nom de " & longueur_mot & " caractères" _
      , vbExclamation + vbOKOnly, "Erreur de saisie !!!"
      Else
      Exit Do
      End If
   Loop
' si le mot a été trouvé
   If essai = mot Then
   MsgBox "Bravo ! Vous avez gagné en " & coup & " coups." _
   + vbCr + "Le mot à trouver était bien : " & mot _
   + vbCr + histo, , "Fin de la partie"
   vainqueur = True
   Exit Do ' on sort de la boucle principale
   Else ' analyse de la réponse
```

```
    ' on utilise une fonction pour une plus grande lisibilité
    histo = histo + essai + " : " + analyse(essai, mot,
    longueur_mot) + vbCr
    End If
coup = coup + 1
Loop Until coup = max_coups + 1
```

Si vous relisez ce programme et arrivez à trouver sur le papier où se situe le problème, c'est que vous êtes déjà devenu un bon programmeur VBA. Si tel n'est pas le cas, vous allez apprendre à utiliser le débogueur.

Dans la fenêtre de code de l'éditeur Visual Basic, la macro debugmaster étant affichée, sélectionnez la ligne `Do` qui représente le point d'entrée de la boucle principale et appuyez sur la touche F9. Vous pouvez aussi utiliser la commande **Basculer le point d'arrêt** du menu Débogage, ou bien encore cliquer dans la marge gauche de l'éditeur. La ligne que vous avez sélectionnée est surlignée en rouge et un point de la même couleur s'affiche dans la marge (figure 18.7).

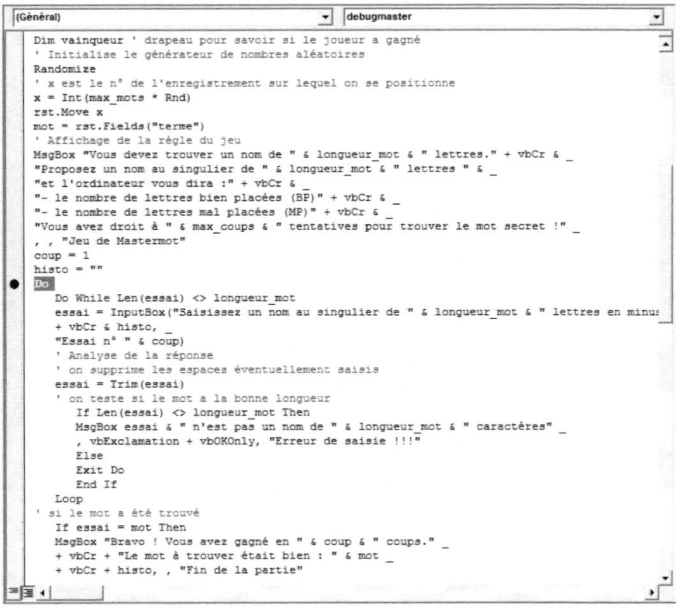

Figure 18.7 – Pose d'un point d'arrêt dans le code

Vous venez de définir un point d'arrêt. Comme son nom l'indique, un point d'arrêt va vous permettre d'arrêter l'exécution du code et nous allons voir dans un instant que cela ouvre de nombreuses perspectives.

Pour lancer l'exécution de votre macro, appuyez sur la touche F5 ou bien choisissez la commande **Exécuter Sub** du menu **Exécution**.

Vous pouvez aussi afficher la barre d'outils **Débogage** en sélectionnant la commande Affichage→Barres d'outils→Débogage.

Figure 18.8 – Barre d'outils Débogage

Cette barre d'outils reprend toutes les commandes du menu Débogage. Passez lentement au-dessus de chaque icône afin d'afficher l'info-bulle qui vous renseigne sur la fonction de chaque outil. En mode débogage, vous avez intérêt à utiliser cette barre d'outils ou les touches de fonction plutôt que les commandes du menu Débogage.

Après avoir appuyé sur F5, la macro démarre normalement et la règle du jeu s'affiche. Cliquez sur le bouton OK de la boîte MsgBox. La ligne `Do` est surlignée en jaune et le point rouge dans la marge comporte désormais une flèche jaune (figure 18.9).

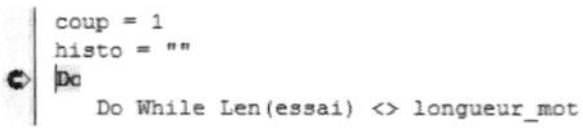

Figure 18.9 – Le point d'arrêt a stoppé l'exécution du programme

Le point d'arrêt a donc bien joué son rôle, le débogueur a suspendu l'exécution du programme et attend vos instructions.

Comme vous êtes curieux, vous aimeriez bien connaître le mot que l'ordinateur a sélectionné. Il n'y a rien de plus simple : sélectionnez l'option **Fenêtre Exécution** du menu **Affichage**. Une fenêtre s'ouvre et vous allez pouvoir y saisir des commandes. Cette fenêtre permet de connaître la valeur d'une variable ou d'une expression.

Saisissez la commande :

```
? mot
```

Le point d'interrogation est la commande pour faire afficher. Instantanément, le mot sélectionné par l'ordinateur s'affiche.

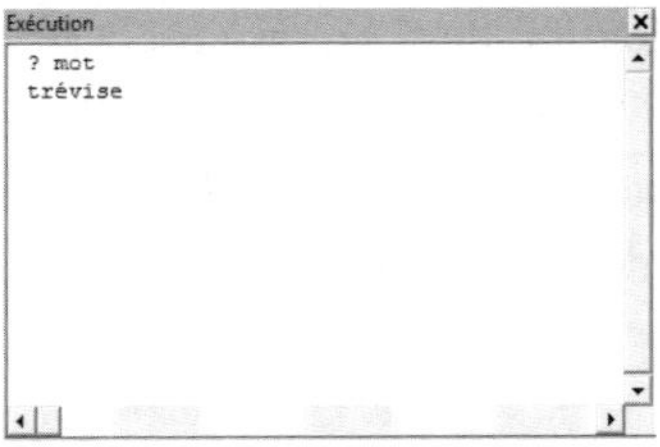

Figure 18.10 – Utilisation de la fenêtre de commande pour connaître la valeur d'une variable

À présent, il est temps de chercher à comprendre pourquoi notre macro ne se comporte pas comme prévu. Pour ce faire, nous allons utiliser le mode d'exécution pas à pas qui, comme son nom l'indique, permet d'exécuter une seule ligne de code à la fois. Ainsi, vous pouvez après l'exécution de chaque ligne de code, tester les valeurs de toutes les variables du programme et surtout visualiser le cheminement du programme.

Pour exécuter le script en **mode pas à pas**, saisissez la touche de fonction F8 ou bien choisissez la commande **Pas à pas détaillé** du menu **Débogage** (vous pouvez aussi cliquer sur l'icône dans la barre d'outils). La ligne qui suit le point d'arrêt est surlignée en jaune, puis la commande est exécutée. Appuyez à nouveau sur la touche F8. Dans la mesure où il s'agit de la fonction InputBox, la boîte de dialogue de saisie s'affiche. Saisissez un mot de 7 lettres et validez votre proposition.

```
"Vous avez droit à " & max_coups & " tentatives pour trouver le mot secret !" _
, , "Jeu de Mastermot"
coup = 1
histo = ""
Do
   Do While Len(essai) <> longueur_mot
   essai = InputBox("Saisissez un nom au singulier de " & longueur_mot & " lettres en minuscules" _
   + vbCr & histo, _
   "Essai n° " & coup)
   ' Analyse de la réponse
   ' on supprime les espaces éventuellement saisis
   essai = Trim(essai)
   ' on teste si le mot a la bonne longueur
      If Len(essai) <> longueur_mot Then
      MsgBox essai & " n'est pas un nom de " & longueur_mot & " caractères" _
      , vbExclamation + vbOKOnly, "Erreur de saisie !!!"
      Else
      Exit Do
      End If
```

Figure 18.11 – Exécution d'un script en mode pas à pas

La boîte de dialogue s'efface et vous revenez à la fenêtre d'affichage du débogueur. La ligne qui suit la fonction InputBox est surlignée en jaune et il vous faut à nouveau appuyer sur F8 pour l'exécuter. Continuez à appuyer sur F8 pour progresser dans l'exécution du programme. Si vous avez bien saisi un mot de 7 caractères, vous constatez que le programme teste la longueur de votre saisie (`If len(essai) <> longueur_mot Then`) puis passe directement sur la ligne `Exit Do` pour se positionner ensuite sur la ligne `If essai = mot Then`. Comme en général, il est assez rare de trouver le bon mot du premier coup, le code passe dans la fonction d'analyse de votre saisie.

Il vous faut alors appuyer de nombreuses fois sur la touche F8 pour que le code de la fonction s'exécute complètement. Cela est un peu fastidieux, mais prenez au moins une fois le temps d'examiner le cheminement de l'exécution des lignes de code. Quand on débute en programmation, cela est extrêmement formateur.

Après de nombreux pas de programmation, l'exécution arrive enfin sur la ligne `analyse = "BP : " & bp & " ; " & "MP : " & mp`, et vous allez pouvoir sortir de la fonction. Pendant toute l'exécution en pas à pas du code de la fonction, vous pouvez en profiter pour ouvrir la fenêtre de commande et visualiser l'état d'une variable.

Au sortir de la fonction, le débogueur s'arrête sur la ligne `coup = coup + 1`. Puis c'est au tour de la ligne `Loop Until coup = max_coups + 1` d'être évaluée et le programme remonte sur la boucle imbriquée (`Do While len(essai) <> longueur_mot`) et l'on s'attend à ce que le prochain appui sur la touche F8 nous propose une nouvelle saisie grâce à la fonction InputBox. Mais là, point de saisie ! Le programme nous propulse directement sur la ligne `If essai = mot Then`. On ne comprend pas vraiment ce qui se passe et l'on se perd en conjectures.

C'est le moment d'utiliser la fenêtre de commande et de saisir :

```
? essai
```

On s'aperçoit alors que la variable essai a gardé la valeur de l'ancienne saisie. Si l'on examine la condition d'entrée de la boucle, on s'aperçoit qu'il faut que la longueur de la variable essai soit différente de 7. Comme il est également possible d'évaluer des expressions dans la fenêtre de commande, on saisit alors :

```
? len(essai)
```

et on s'aperçoit que la longueur de notre variable est bien égale à 7, raison pour laquelle le programme ne rentre pas dans la boucle puisque la condition d'entrée n'est pas vraie.

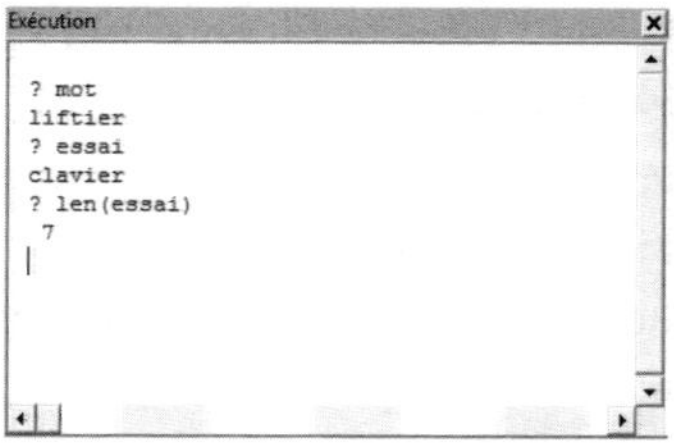

Figure 18.12 – Test d'une expression dans la fenêtre de commande

Si vous continuez à appuyer sur la touche F8, vous refaites à nouveau tout le parcours d'analyse de la réponse, mais c'est toujours la première tentative qui est évaluée.

Vous avez la possibilité d'exécuter l'appel de fonction en une seule fois. Pour ce faire, appuyez sur les touches CTRL + MAJ + F8 ou bien choisissez la commande **Pas à pas sortant** du menu Débogage. Cette option exécute les lignes restantes de la procédure en cours. La commande suivante qui est affichée est celle qui suit l'appel de procédure ou de fonction. Quand on a, comme dans notre exemple, un appel de fonction qui comporte de nombreuses lignes de code, cela permet de gagner du temps une fois que l'on a testé et validé les lignes de code de la fonction.

Pour régler notre problème, il suffit alors de réinitialiser la variable essai à la fin de la boucle, en lui affectant une chaîne vide :

```
coup = coup + 1
essai = ""
Loop Until coup = max_coups + 1
```

Cet exemple montre bien l'utilité d'un débogueur. Dans ce cas, il nous a permis de bien comprendre où se situait le problème. C'est un outil indispensable lors de la détection d'erreurs de conception, mais le débogueur se révèle également précieux pour bien comprendre le cheminement du code dans les structures de contrôle. En phase d'apprentissage d'un langage, il est très formateur d'exécuter ses programmes sous le contrôle du débogueur, même si ces derniers ne plantent pas.

Visualisation des variables dans le débogueur

Nous avons vu comment utiliser la fenêtre Exécution pour visualiser le contenu d'une variable ou d'une expression. Vous disposez également d'autres possibilités pour contrôler la valeur de vos variables.

Dans le menu Affichage, sélectionnez la commande **Fenêtre Variables locales**. Une fenêtre intitulée Variables locales s'ouvre en bas de l'éditeur (figure 18.13).

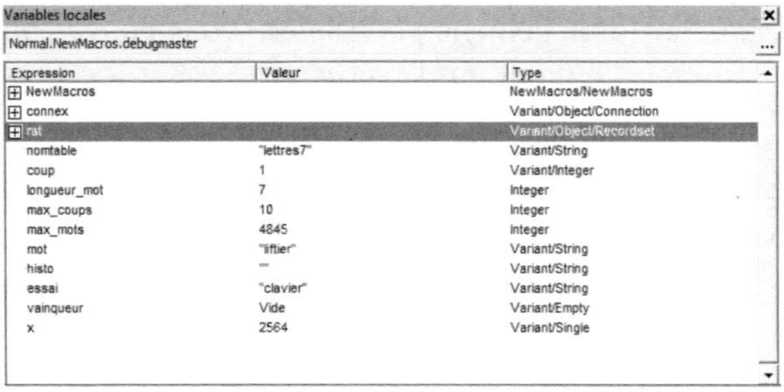

Figure 18.13 – Visualisation des variables dans la fenêtre Variables locales

Vous pouvez constater que cette fenêtre contient toutes les variables qui ont été déclarées dans le programme. La deuxième colonne indique la valeur de la variable et la troisième colonne le type de la variable.

Cette fenêtre est mise à jour en temps réel au fur et à mesure que vous progressez dans l'exécution des lignes du code. Vous pouvez ainsi surveiller la valeur d'une variable au fur et à mesure de l'avancement du programme.

Il existe également un moyen très simple de connaître la valeur d'une variable quand on est mode débogage : il suffit de passer le curseur de la souris sur le nom de la variable dans l'éditeur de code. À ce moment-là, une info-bulle apparaît et affiche le nom de variable et sa valeur (figure 8.14).

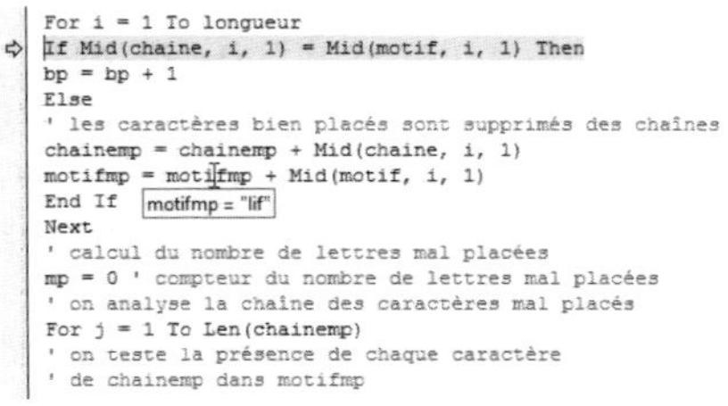

Figure 18.14 – Visualisation de la valeur d'une variable dans une info-bulle

GESTION DES ERREURS

Malgré tout le soin que vous allez apporter à votre code, il se produira quand même des erreurs, dont certaines ne sont pas vraiment de votre fait ou bien sont difficilement prévisibles. Vous pouvez minimiser les effets de ces erreurs en tentant de les gérer.

VBA possède d'ailleurs un objet, baptisé **Err**, dont le rôle est de fournir des informations sur les erreurs d'exécution qui se produisent. Utilisé en conjonction avec certaines commandes, l'objet Err permet de mieux gérer les situations délicates. Voici le schéma de principe d'une gestion d'erreur :

- Dans la partie du code qui est susceptible de provoquer une erreur d'exécution, on utilise la commande **On Error Resume Next** – en anglais, *resume* est un faux ami qui ne signifie pas résumé, mais reprendre. Cette commande permet donc, quand une erreur se produit, de l'ignorer puis de passer à la commande suivante qui est exécutée normalement.
- Grâce aux propriétés de l'objet Err, on peut avoir une idée très précise de la nature de l'erreur et on peut par conséquent adopter une conduite appropriée.
- On annule l'objet Err afin de permettre le traitement d'autres erreurs.

Parmi les traitements appropriés des erreurs, on peut citer :

- la retranscription d'un message d'erreur plus clair qui permet à l'utilisateur de régler le problème (par exemple, lecteur de disquette non prêt) ;
- la gestion de l'erreur par programmation ;
- l'accord d'une nouvelle tentative à l'utilisateur ;
- un message à l'utilisateur lui expliquant la démarche à suivre pour faire un compte rendu d'erreur (en effet, la plupart des utilisateurs ne savent pas décrire correctement les erreurs qu'ils ont rencontrées, ce qui rend le dépannage plus difficile) ;
- la journalisation de l'erreur ; comme l'utilisateur a souvent du mal à décrire un bug, le plus simple est de créer un fichier texte (à l'aide de l'objet FileSystemObject) qui décrit la nature du problème en interceptant les informations délivrées par l'objet Err. Il faut également faire figurer dans ce journal la date et l'heure où le problème s'est produit. En possession de ce fichier texte, vous serez dans de meilleures conditions pour analyser le problème.

L'exemple suivant montre comment on peut récupérer les propriétés de l'objet Err en cas d'erreur :

```
Dim varnum
varnum = InputBox("Entrez le chiffre zéro")
On Error Resume Next
MsgBox 100 / varnum
MsgBox ("Erreur N°" & CStr(Err.Number) & " " & Err.Description)
Err.Clear ' efface l'erreur
```

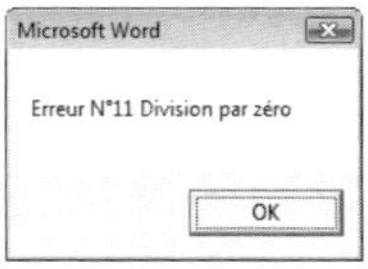

Figure 18.15 – Affichage des propriétés de l'objet Err après une erreur d'exécution

Vous noterez que les propriétés `Err.Number` et `Err.Description` renvoient des valeurs qui correspondent aux informations qui sont listées dans le tableau 18.1.

Pour blinder son programme, il est ainsi possible d'écrire des bouts de code, appelés **gestionnaire d'erreur**, qui tentent de prendre en charge les principales erreurs d'exécution qui sont susceptibles de survenir dans une macro.

CONCLUSION

Dans ce chapitre, nous avons abordé différentes techniques qui permettent de traquer efficacement les erreurs dans les programmes. Vous devez cependant garder à l'esprit que plus la conception d'un logiciel est soignée, moins les erreurs seront nombreuses. En clair, le temps que vous n'investissez pas lors de la conception d'un programme sera dépensé lors de la phase de mise au point. Moralité : l'écriture d'un logiciel prend du temps et c'est à vous de décider si vous préférez corriger les erreurs que vous avez générées à cause d'une conception bâclée.

N'oubliez pas également que la documentation de votre macro est une aide précieuse pour le débogage. Ne cédez pas à la facilité : déclarez explicitement vos variables, employez des noms significatifs et abusez des commentaires. Concevez des programmes modulaires et écrivez des fonctions chaque fois que cela est possible. Le débogage s'en trouvera simplifié.

19

Aller plus loin

Compte tenu de la taille de cet ouvrage et de la visée pédagogique qui est la nôtre, nous n'avons pas été exhaustif sur le sujet de la programmation VBA. Nous assumons délibérément ce choix car, en tant que débutant, vous avez de très nombreuses notions à assimiler et déjà beaucoup de pain sur la planche. Comme on apprend surtout la programmation en écrivant des programmes, cela signifie donc que vous devez ressaisir ou charger tous les codes de ce livre dans l'éditeur de programmes, les exécuter, comprendre comment ils fonctionnent et les modifier à votre convenance.

Mais il arrivera forcément un jour où vous buterez sur des problèmes qui n'ont pas été abordés dans ce livre, et vous ressentirez alors le besoin et l'envie d'aller plus loin dans l'apprentissage de la programmation VBA. Ce dernier chapitre vous donne des pistes de travail et des axes de recherche pour parfaire vos connaissances en la matière.

ORGANISER LES MACROS

Dans ce livre, nous avons écrit nos macros sans vraiment nous soucier de l'endroit où nous les stockions. Si vous écrivez des projets de taille modeste, vous pouvez continuer à écrire vos programmes directement dans les documents ou bien dans des modèles globaux. Si vos projets prennent de l'ampleur, vous ressentirez vite le besoin de mettre un peu d'ordre dans vos programmes. Il vous faudra alors étudier la notion de module qui permet de regrouper des procédures et des fonctions. Conjointement au concept de module, vous découvrirez la notion de

portée (*scope* en anglais) pour les procédures et les fonctions ; cette notion n'est pas toujours évidente à comprendre, mais elle se rapproche de la notion de portée que nous avons étudiée pour les variables. Pour faire simple, nous dirons que la portée d'un programme permet de délimiter son champ d'action. Les mots clés Private, Public et Static servent à définir la portée d'une procédure ou d'une fonction.

Dans un autre domaine, vous pouvez protéger vos macros en leur attribuant un mot de passe (dans l'onglet Protection de la commande Outils→Propriétés de Project de l'éditeur de programmes).

Ceci empêchera en théorie les curieux d'aller examiner le code de vos macros. Faites attention cependant à ne pas oublier ce mot de passe ; si tel était le cas, vous seriez alors dans l'obligation de faire appel aux services d'une société spécialisée dans la récupération des mots de passe. De telles sociétés de service sont présentes sur Internet (par exemple http://www.elcomsoft.com/) et le faible coût de leurs utilitaires limite donc fortement l'intérêt de la protection de vos œuvres par un mot de passe...

Word, Excel, PowerPoint et Access ont la possibilité d'exécuter des macros automatiquement au démarrage. Dans le cas de Word, si vous souhaitez, par exemple, que votre ordinateur vous salue tous les matins quand vous arrivez au bureau, il vous suffit de créer, dans le modèle global Normal.DOT, une macro nommée AUTOEXEC :

```
Sub autoexec()
MsgBox ("Bonjour Dominique !" & Chr$(13) & _
"Nous sommes le " & jour(Weekday(Date)) _
& " " & Str(Day(Date)) & " " & MonthName(Month(Date)) _
& " " & Str(Year(Date)))
End Sub
```

Les répertoires de démarrage jouent également un rôle très important dans Office et vous aurez tout intérêt à bien comprendre la manière dont ils sont conçus.

PRENDRE DE BONNES HABITUDES

Prendre de bonnes habitudes dès le départ est essentiel ; dans la mesure où vous êtes débutant en programmation, vous avez la chance de n'avoir subi encore aucune mauvaise influence et vous avez donc toutes les chances de votre côté. Mais faites attention, les mauvaises habitudes se prennent très vite et sont terriblement difficiles à abandonner. Au fil du temps, les programmeurs s'accordent souvent des dérogations aux principes canoniques, et une accumulation d'entorses aux règles les plus élémentaires peut engendrer des catastrophes. La programmation est une science rigoureuse qui tolère très mal les approximations.

Au risque de rappeler une évidence, la première habitude à prendre consiste à faire régulièrement des sauvegardes de ses programmes (les données doivent bien évidemment être aussi sauvegardées). Il peut vous paraître insultant d'énoncer de tels conseils, mais une assez longue pratique de la micro-informatique démontre que certains de nos contemporains n'obéissent pas toujours aux lois de la raison…

Le deuxième conseil a trait à la documentation des programmes. Vous devez documenter tous les programmes qui font plus de trois lignes. Cette documentation servira d'abord à vous-même ; quand vous modifierez un programme écrit quelques mois plus tôt, la documentation vous aidera à comprendre ce que vous avez voulu faire. De la même manière, si un autre programmeur doit lire un de vos programmes, la documentation lui fera gagner du temps.

La documentation d'un programme peut revêtir plusieurs formes : elle peut être interne au programme ou bien externe.

La documentation interne du programme se compose essentiellement des commentaires. Nous avons déjà insisté sur l'importance des commentaires et nous allons à présent détailler leurs règles d'écriture.

Chaque programme devrait commencer par un en-tête composé :

- du nom du programme,
- du nom du programmeur,
- de la date de création,
- de la date de dernière modification,
- de l'objet du programme.

À la fin de cet en-tête doit se trouver le bloc d'initialisation des variables. Comme nous l'avons déjà dit, chaque variable doit être déclarée explicitement. Vous devez décrire sommairement, dans un commentaire, l'objet de la variable ; de plus, vous devez choisir un nom particulièrement significatif pour vos variables. Il existe plusieurs conventions concernant l'attribution des noms aux identificateurs (variables, constantes, fonctions, procédures, etc.) ; les plus connues se nomment **notation hongroise** ou bien notation de Lezinsky. La plupart de ces conventions proposent de préfixer les variables avec un code qui identifie le type de données de la variable. Ainsi, `nAnnee` représente une variable de type numérique et `cMois` une variable de type caractère. Même si vous ne respectez pas totalement ces principes, il est important que vous adoptiez ce genre de conventions, quitte à forger votre propre système de préfixes.

Une fois les variables déclarées, vous devez commenter abondamment votre code. Un bon commentaire doit être placé au bon endroit et ne pas être trop verbeux. Il ne faut pas tomber dans l'excès inverse qui consiste à commenter chaque ligne et à écrire un roman en guise de commentaire. Un commentaire doit expliquer ce qui doit l'être et il est donc inutile de clarifier ce qui est évident. En revanche, commentez les expressions complexes, les structures de contrôle imbriquées et les appels des fonctions que vous avez écrites. Dans la mesure où un commentaire doit être bref, vous ne devez pas hésiter à écrire en style télégraphique.

Vous devez couper les lignes trop longues de manière à ce qu'elles ne dépassent pas la taille de votre écran, car il n'y a rien de plus pénible, quand on lit du code, que d'être obligé de faire défiler horizontalement l'écran.

Songez enfin à indenter vos programmes pour bien faire ressortir les structures de contrôle. Cette recommandation devient une nécessité quand vous avez des boucles ou des tests conditionnels imbriqués.

La documentation externe du programme est composée de tous les documents qui ont servi à l'analyse du programme ; il peut s'agir du cahier des charges, de copies d'écran, etc. Notez qu'il n'est sans doute pas inutile d'imprimer ses programmes ; cela constitue d'ailleurs une certaine méthode de sauvegarde. Access, enfin, a son propre outil de documentation et nous vous conseillons de l'utiliser.

Le dernier conseil que nous donnerons concerne le style de votre programmation. Recherchez la simplicité ! Décomposez les problèmes en unités simples et préférez une solution plus claire, même si son temps d'exécution est moins rapide. Écrivez des fonctions et des procédures que vous pourrez réutiliser facilement et qui rendront vos programmes modulaires.

SE DOCUMENTER

L'information a une importance capitale quand on programme. Les manuels imprimés ayant disparu des boîtes des logiciels, la majeure partie de la documentation est à présent au format électronique. Nous avons longuement insisté sur les possibilités d'aide électronique au sein de la suite Office et nous allons maintenant étudier les sources de documentation externes au logiciel. Depuis plusieurs années, il existe une source d'information qui est en passe, dans le domaine de la programmation (et aussi dans d'autres domaines...), de supplanter toutes les autres ; comme vous l'aurez deviné, il s'agit d'Internet. Ce réseau de communication a véritablement révolutionné le travail des programmeurs ; le seul inconvénient de ce nouvel outil est qu'il vaut mieux avoir quelques notions d'anglais si l'on veut en profiter, car les ressources francophones ne sont pas les plus abondantes. Internet va vous permettre une série impressionnante d'opérations pour un coût quasiment nul :

- consultation de la documentation des logiciels,
- consultation des comptes rendus de bogues des logiciels,
- téléchargement des correctifs logiciels,
- téléchargement d'exemples de code,
- recherche dans des bases de données,
- consultation des forums de discussion,
- interrogation des forums de discussion.

Développons chacun de ces points.

Microsoft a mis en ligne l'ensemble de sa documentation et le site MSDN peut être consulté à l'adresse suivante :

http://msdn.microsoft.com/fr-fr/default.aspx

MSDN est l'acronyme de *Microsoft Developer Network*. Le site MSDN constitue une base de données en ligne jamais égalée à ce jour en matière de programmation. Les documents qui la composent se chiffrent en millions de pages. Ce site web entièrement gratuit renferme une masse d'informations à forte valeur ajoutée. Il est disponible en français, mais aussi en anglais à l'adresse suivante :

http://msdn.microsoft.com/en-us/library/default.aspx

Si vous maîtrisez l'anglais, nous vous conseillons de consulter cette version car elle est beaucoup plus complète. De plus, vous êtes certain d'y trouver une documentation parfaitement à jour. Comme vous pourrez le constater, il existe de nombreux articles consacrés au développement Office.

Mais comme il est assez facile de se perdre dans cette arborescence gigantesque, Microsoft propose une page web où vous pouvez effectuer des recherches dans cette base de données. Pour effectuer une recherche, rendez-vous à l'adresse suivante :

http://search.microsoft.com/fr-FR/search.aspx

La recherche peut s'effectuer soit en anglais soit en français. Cette base de données s'interroge par mot clé ; on peut également faire des recherches avec des opérateurs booléens et restreindre l'espace de recherche à différentes bases de données.

La *Knowledge Base* (base de connaissances) est, à elle seule, une véritable mine de renseignements. Chaque article de cette base traite d'un sujet différent et vous y trouverez, presque à tous les coups, l'information que vous cherchez. Le seul inconvénient est que cette base contient des centaines de milliers d'articles, ce qui signifie que si vous ne ciblez pas bien votre recherche, votre requête sera noyée dans le bruit documentaire. Il faut donc apprendre à maîtriser ce très bel outil où vous trouverez notamment des compléments à la documentation, de très nombreux exemples de code ainsi que des articles expliquant comment remédier aux bogues de certains logiciels.

L'autre ressource majeure est le site consacré au développement sous Office dans la partie française du site web de Microsoft ; vous le trouverez à l'adresse suivante :

http://msdn.microsoft.com/fr-fr/office/default.aspx

Les autres sources d'information essentielles, accessibles aussi par le biais d'Internet, sont les forums de discussion (newsgroups en anglais). Sur les forums consacrés à la programmation VBA, vous trouverez des développeurs qui, comme vous, se posent des questions. Et le plus extraordinaire, est que vous trouverez d'autres programmeurs qui répondent à ces questions. Même si vous vous contentez de lire, sans participer activement en postant sur ces forums, la fréquentation de tels lieux vous sera profitable. Encore une fois, les forums les plus intéressants (où les développeurs répondent le plus volontiers) sont en langue anglaise.

Il faut également noter depuis quelques années l'émergence de sites web communautaires qui ont tendance à remplacer certains groupes de discussion.

Parmi ces ressources, on peut citer le Club d'entraide des développeurs francophones, qui est accessible à l'adresse suivante :

http://www.developpez.com/

Ce site possède une section consacrée au développement Office :

http://office.developpez.com/

Vous trouverez dans les compléments électroniques de cet ouvrage une liste de sites web francophones et anglophones proposant des ressources sur VBA.

DÉVELOPPER POUR OFFICE SANS VBA

Si un jour vous vous lassez de VBA et avez envie d'aller plus loin dans le développement pour Office, vous pourrez emprunter deux voies différentes. La première s'appelle VSTO qui est l'acronyme de Visual Studio Tools pour Office. Cet environnement de programmation relativement récent (la première version vraiment opérationnelle de VSTO est apparue en 2005) est plutôt destiné aux professionnels car il utilise l'environnement de développement Visual Studio. Dans ce cas de figure, les programmes Office ne sont pas écrits en VBA, mais en Visual Basic .Net ou en C# (que l'on prononce sicharpe). VSTO possède de nombreux avantages par rapport à VBA, mais sa mise en œuvre est beaucoup plus lourde, ce qui dans la pratique réserve cette technologie aux développeurs professionnels. Ceux qui sont intéressés par VSTO trouveront des informations en anglais à cette adresse :

http://msdn.microsoft.com/en-US/office/hh133430

L'autre méthode de développement pour Office 2013 est liée à la sortie de Windows 8 et de la tablette Surface. L'idée de Microsoft est d'avoir des applications Office qui tournent aussi bien sur un smartphone sous Windows Phone 8 que sur une tablette tactile sous Windows 8. Bien évidemment, cette nouvelle voie de développement est liée à l'essor du *cloud computing* et ce n'est pas un hasard si Office 2013 permet l'enregistrement direct dans SkyDrive. Ce type de développement qui vient tout juste d'apparaître est basé sur des technologies Web standard telles que HTML5, CSS et JavaScript. Pour autant, cette technologie est également destinée au marché professionnel car elle s'applique plutôt à Office 365 qui est la version en ligne d'Office pour les entreprises.

Vous trouverez des informations en anglais à cette adresse sur ce que Microsoft appelle les Office apps :

http://msdn.microsoft.com/en-us/library/jj220082.aspx

CONCLUSION

Nous espérons que ce livre aura été utile dans votre découverte de la programmation VBA. Nous souhaitons qu'il vous donne envie de poursuivre cette expérience merveilleuse et enrichissante qu'est la programmation. Souvenez-vous qu'on apprend à programmer en programmant ; dans cette optique, les exemples de code sont extrêmement importants, et vous devez donc faire tourner tous les exemples proposés dans ce livre et tenter de les modifier. La lecture de programmes écrits par d'autres développeurs est vraiment essentielle car, comme le prétendait Aristote, la première forme de l'art est l'imitation. En ce sens, Internet constitue un vivier idéal où vous pourrez trouver des millions de lignes de code qui compléteront utilement votre culture d'apprenti programmeur.

Index

A

Access
- collections 192
- formulaire 197
- objets 193

AccessObject 193
ActionSettings 257
Activate 160, 178, 180, 184, 276
ActiveCell 174
ActiveControl 199
ActiveDocument 143, 156
ActivePresentation 244
ActivePrinter 156, 244
ActiveSheet 174, 178
ActiveWindow 244
ActiveWorkbook 174
ActiveX Data Objects (ADO) 209
AddCustomList 177
Additem 273
AddNew 215
ADO 209
- Connection 213
- installation 209
- objets 211
- Recordset 214

affectation
- symbole 121
- variable 53

aide en ligne 40, 104
- collaborative 152
- modification dans Office 2013 150

algorithme 9, 222
- récursif 234

AllForms 192
AllModules 192
AllowAdditions 199
AllowDeletions 199
AllowEdits 199
AllQueries 192
AllReports 192
AllTables 192
AllViews 192
amortissement 279
analyse 8
AnimationSettings 257
Application 143, 193
- méthodes 157
- Word 155

application multilingue 157
Apply 259
ApplyFilter 195
ApplyNames 184
ApplyTemplate 246, 252
ApplyTheme 252
argument 115
- nommé 120

arrondi 285
Asc 165
ASCII 96, 124
AscW 165
AtEndOfLine 291
AtEndOfStream 291, 292
AutoCenter 199
AutoFill 184
AutoFit 184

AutoFitBehavior 145, 147
AutoResize 200
autorité de certification 44
AutoShapeType 257

B

Background 251
barre de défilement 270
base de données
    interrogation avec ADO 220
    moteur 210
Basic 10
bibliothèque d'objets 149
bissextile 90
boîte à outils 267
boîte de dialogue 156
    boutons 125
    modale 127
Boîte de réception
    sous-dossier 234
Boolean 66
boucle 95
    sortie 100
boucle infinie 98, 103, 109
    arrêt 99
bouton
    bascule 269
    de commande 270
    d'option 269
Build 156, 174, 244
BuiltInDocumentProperties 245, 247
Buttons 125
Byte 66

C

cadre 270
Calculate 177, 180, 184
CalculateFull 177
Calculation 174
CancelEvent 195
Caption 174, 244, 268, 273
caractère
    de continuation ligne 50
    de contrôle 124
Carriage Return 124
Case 91
case à cocher 269
Case Else 91
Cells 174, 179, 183
cellule
    désignation 181
    saisie 181
certificat numérique 44
chaîne de caractères
    opérateur de concaténation 58
chaîne vide 108
Charts 178
CheckBox 269
Chr 96, 165, 250
classe 149
classeur de macros personnelles 30
Clear 184
ClearContents 184
ClearFormats 184
Click 275, 276
Close 178, 195, 246, 291, 292
CloseButton 200
codage en dur 56
code
    déboguer 297
    définition 6
    formulaire 274
    générateur 249
    modification 33
    optimisation 170
    SQL 221
    stockage 243
    suppression de lignes 41
CodeData 193
collection 142, 158
    Documents 158
    indice 167
    parcourir 159

ColorScheme 251
ColorSchemes 245
Column 183, 291
ColumnDifferences 184
Columns 174, 179, 183
ColumnWidth 183
ComboBox 269
    ajouter élément 273
    initialisation 276
    valeur 277
Command 211, 217
CommandButton 270
commande 62
CommandText 217
commentaire 37
    ajout 41
compilateur 12, 298
ComputeStatistics 163
concaténation 74
    opérateur 58
condition
    logique 84
    ordre 87
Connection 211, 213
ConnectionString 213, 214
Consolidate 184
constante 55, 117, 124
    boutons 125
    VB 57
contact
    exportation dans une BD 240
Control 193
ControlBox 200
contrôle 267, 268
    ActiveX 268
    Onglet 270
Controls 192, 200
ConvertFormula 177
Copy 180, 184, 252, 259
CopyFile 290
CopyObject 195
Count 158, 183
CountryRegion 157
courrier électronique 230
    envoi 232
CR 124
CreateFolder 290
CreateNames 184
CreateObject 292
CreateTextFile 290, 293
Currency 66
CurrentData 193
CurrentProject 193, 198
CurrentProjetConnection 217
CurrentRecord 200
curseur 162, 215
    déplacement 165
CursorType 215
Cut 184, 252, 259
Cycle 200

D

DataEntry 200
DataSeries 184
Data Source 214
date
    fonction DateSerial 90, 293
Date 67, 69
    format par défaut 70
DateSerial 90, 293
débogage 297, 306
    arrêt 250
    mode pas à pas 312
débogueur 307
    exécution 308
    fonctionnement 308
Debug.Print 199, 249
Decimal 67
Déclarations
    section 77
dédoublonnage 170
DefaultFilePath 174
DefaultSaveFormat 174

DefaultTableBehavior 145
DefaultView 200
Delete 180, 184, 253, 259
DeleteFile 290
DeleteObject 195
Design 251
Dialogs 156, 174, 176
diapositive
    modèle de conception 252
    numéro 252
    thème 252
Dim 52
Dirty 200
DisplayMasterShapes 251
DoCmd 193, 194
document
    modèle 160
Document 158
    Activate 160
    collections 158
    méthodes 160
DocumentProperty 251
Documents 144
    Add 160
    Close 160
    Open 160
    Save 160
Do Loop 104
dossier
    créer 290
    Outlook 233
Double 67
Drives 290
Duplicate 253, 259

E

EDI 34
éditeur Visual Basic
    ouverture 34
    voir les constantes 128
élément facultatif 105
Else 85
ElseIf 86
Empty 108
EnableCalculation 179
encodage 9
End 183
End If 85
EndKey 166
End Sub 39
enregistrement
    ajout 215
    comptage 217
    mise à jour 216
    verrouillage 216
enregistreur de macro 14
    limitations 26
EntireColumn 183
EntireRow 183
Enum 157
énumération 157, 166
EOF 218
Err 316
erreur
    de logique 305
    dépassement de capacité 73
    de syntaxe 298
    d'exécution 299
    gestion 316
    programmation 297
    type 73
espace de noms 229
étude préalable 8
Evaluate 180
événement 202, 204, 274
    exemples 274
    gestionnaire 202, 205, 274
    ordre 276
Excel
    Application 173
    Range 181
Exit Do 109
Exit For 100
Exit Sub 187

Expand 163
Explorateur de projets 35
Explorateur d'objets 148
    recherche 150
Export 246, 253
expression 74
    caractère 75
    date 75
    logique 76
    numérique 75
Extend 167

F

False 76, 84
Faux 84
fenêtre Exécution 176, 199, 244, 249
feuille 266
    de propriétés 268
fichier
    création 290
    CSV 294
    supprimer 290
fichier texte
    conversion 291
    gestion 289
    objet TextStream 291
Fields 215
FileDialog 244
FileExists 290
FileSystemObject 290
Fill 258
FillDown 184
FillLeft 185
FillRight 185
FillUp 185
Filter 200
FilterOn 200
Find 185
FindFile 177
FindNext 185, 195
FindPrevious 185
FindRecord 195
focus 156
Folders 233, 234
FollowMasterBackground 252
fonction
    aide 116
    appel 115
    arguments 133
    choix du nom 134
    définition 114, 115
    différences avec une procédure 114
    écriture 131
    imbrication 118
    info-bulle 116
    Info paramètres 116
    paramètres facultatifs 135
    sans argument 118
    syntaxe 114
    valeur de retour 115, 117, 133
    Visual Basic 130
Fonts
    PowerPoint 245
For Each 159, 188, 199
Form 193, 197
FormatCondition 194
FormatConditions 192
Forms 192
Formula 183
formulaire 197, 265
    afficher 279
    code 274
    contrôles 268
    légende 268
    propriétés 268
For Next 95
    Step 97
    valeur compteur 101
Frame 270
FrozenColumns 200
FullName 245
Function 114

G

générateur de code 249
gestionnaire
- d'erreur 317
- d'événement 202, 205, 274

GetDefaultFolder 233
GoToControl 195
GoToPage 195, 201
GoToRecord 195
guillemet 221, 250

H

HandoutMaster 245
HasFormula 183
Height 258
Hide 279
HomeKey 167
HorizontalResolution 157
Hyperlink 194

I-J

Id 258
identificateur 60
If Then Else 84
Image 270
incrément 97
indentation 90, 104
index
- affichage des entrées 159
- suppression des entrées 159

indice 167
initialisation 70
Initialize 276
InputBox 118, 220
Insert 185
instance 149
instruction 39, 62
Integer 67
Intellisense 143, 145, 153
Interactive 174
interface utilisateur 265
International 174
interpréteur 12
Intersect 177
intitulé 269
IsEmpty 108
IsNull 107
itération 97
jeu
- programmation 222

L

Label 269
Language 157
LanguageDesignation 157
LanguageSettings 175
langue 157
Layout 252
lecteur de disque 290
Left 258
légende
- formulaire 268

LF 124
ligne
- continuation 50
- logique 50

Line 258, 291
Line Feed 124
lisibilité 50, 136
ListBox 269
liste
- programmation 203

ListIndex 277
ListNames 185
littéral 70
LockAspectRatio 258
LockType 216
Long 67
LongLong 67
LongPtr 67

M

macro 13
- accessible à partir du ruban 23
- arrêt 99
- arrêt enregistrement 17
- assignation à un raccourci clavier 19
- choix du nom 24
- enregistrement 15, 24
- enregistrement avec Excel 29
- enregistreur 14
- exécution 17
- génération de code 249
- lieu de stockage 18
- modification du code 33
- opportunité 14
- prédéfinie 25
- sur la barre d'outils Accès rapide 22
- virus 43
- visualiser le code 33

macro-commande 5
MailItem 230
MAPI 230
MAPIFolder 233
Master 252
Maximize 196
MDAC 209
membre
- objet 149

Merge 246
message
- analyse 236
- envoi à partir d'une BD 235
- exportation dans une BD 238

messagerie
- choix du compte d'envoi 232

méthode 39, 140
Mid 116
Minimize 196
mise à jour 216
modal 127
Modal 126, 200
modèle 19, 160
- de conception diapositive 252
- d'objet 39

modularité 136
module
- de classe 113
- insertion 113

Module 194
Modules 193
modulo 58, 187
mot clé 60
mot réservé 61
moulinette 289
Move 180, 201
MoveFile 290
MoveFirst 218
MoveLeft 166
MoveNext 218
MoveRight 165
MoveSize 196
MoveTo 253
MSDN 323
MsgBox 119
- Buttons 125
- débogage 306
- générateur 130
- Prompt 122

MsoLanguageID 157
multilingue 157
multipage 270

N

Name 258
- diapositive 252
- présentation 245

Names 175, 178, 179
namespace 229
NavigationButtons 200
NewMacros 36
NewRecord 201
Next 179

nommage
règles 52
Normal.dotm 18
notation hongroise 321
NotesMaster 245
Now 90
Null 107

O

Object 67
objet 139
Application 143
bibliothèque 149
classe 149
collection 142
définition 140
explorateur 148
fonction 148
hiérarchie 142
instance 149
membres 149
méthodes 143
propriétés 143
On Error Resume Next 316
onglet 270
onglet Développeur
affichage 15
OpenForm 196
OpenQuery 196
OpenReport 196
OpenTable 196
OpenTextFile 290, 292
OpenView 196
opérateur 57
logique 88
priorité 59
OperatingSystem 157, 175, 244
optimisation 170
Optional 135
OptionButton 269
Options 157
OrderBy 201
OrderByOn 201
Outlook 229
dossier 233
sous-dossier 234
OutputTo 196

P-Q

Page 194
Pages 193
PageSetup 180, 245
paramètre 115
facultatif 116, 118
valeur par défaut 136
Parse 185
Pas à pas sortant 314
Paste 180
PasteSpecial 180, 185
Path 245
PickUp 259
PictureFormat 258
Pmt 280
point d'insertion 162
déplacement 27, 165
pointeur d'insertion 146
POO 139
PopUp 201
portée 76, 320
PowerPoint
Application 243
pilotage à partir de Word 260
stockage du code 243
PPmt 280
Presentation 245
présentation
PowerPoint 245
Presentations 244, 245
Preserve 81
prêt 279
Previous 180
Printers 193
PrintOptions 246
PrintOut 178, 180, 185, 246

PrintPreview 178, 180, 185
Private 275
procédure 114
    appel 114
    différences avec
    une fonction 114
    événementielle 275
production 10
programmation
    définition 3
    erreur 297
    événementielle 202
    interapplications 260
    jeu 222
    langages 6
    niveaux 5
    orientée objets 139
    phases de conception 7
    VBA 141
programme
    arrêt 99
    déboguer 297
    éditeur 34
    modification 40
    suppression de lignes 41
projet 35, 113
Prompt 122
Properties 193, 201
propriété 140, 268
    globale 155
Protect 180
ProtectContents 180
Provider 214
Public 78
publipostage 235
Quit 157, 177, 196

R

raccourci clavier 19
    impression 22
    liste 21
Range 145, 161, 180, 181
    document entier 162
    extension 163
Read 291
ReadAll 291
ReadLine 291, 292
ReadOnly 178
Recalc 201
RecordCount 217
Recordset 211, 214
    Fields 215
récursivité 234
Redim 80
référence 210
référence relative
    enregistreur de macro 30
References 193
ReferenceStyle 175
Refresh 201
RefreshAll 178
Repaint 201
Replace 185
Report 194
Reports 193
Requery 197, 202
requête SQL 217, 221
Restore 197
Row 183
RowDifferences 186
RowHeight 183, 201
Rows 175, 180, 183
ruban
    personnalisation 23
RunCommand 197
RunMacro 197

S

Save 178, 197, 247
SaveAs 179, 181, 247
SaveCopyAs 179, 247
Saved 178, 246
ScaleHeight 259
ScaleWidth 259

Screen 194
Scripting.FileSystemObject 292
ScrollBar 270
Select 181, 186, 253, 259
Select Case 91
  plage de valeurs 92
Selection 164, 175
sélection 167
  extension 27, 28
SelectObject 197
SendKeys 177
Set 292
SetFocus 202
SetShapesDefaultProperties 259
SetWarnings 197
Shape 256
Shapes 252, 256
Sheets 175, 178
Show 279
ShowAllRecords 197
ShowStartupDialog 244
Single 67
Skip 291
SkipLine 291
Slide 251
SlideID 252
SlideIndex 252
SlideMaster 246
SlideNumber 252
SlideRange 251
Slides 246, 251
SlideShowSettings 246
SlideShowTransition 252
SlideShowWindow 246
SlideShowWindows 244
source de données 214
SpecialCells 186
SpinButton 270
SQL
  code 221
  requête 217
SQL Server 209
SQL Server 2012 Express 210
Step 97
stream 212
String 67, 71
Styles 178
Sub 37, 114
SYLK 295
symbole d'affectation 121
syntaxe 7, 105
System 157

T

table
  parcours 218
Table 186, 258
tableau 78
  déclaration 79
  déplacement 28
  dynamique 80
  éléments 80
  insertion 144
  sélection 28, 29
TabStrip 270
TemplateName 246
Terminate 276
test 10
test conditionnel 83
  imbrication 89
  plage de valeurs 87
TextBox 269
TextFrame 258
TextStream 291
TextToColumns 186
thème
  diapositive 252
ThisDocument 36
ThisOutlookSession 236
ThisWorkbook 175
TimeLine 252
title 129
Top 258
toupie 270

TransferDatabase 197
TransferSpreadsheet 197
TransferText 197
tri dichotomique 170
True 76, 84
Type 258
type de données 65
  caractère 71
  date 69
  numérique 72
  objet 289
  Variant 73

U

Undo 202
Unicode 165
Unprotect 179, 181
Until 105
  différence avec While 110
Update 216
UserForm 198, 265
UserName 175

V

Value 183, 277
variable 51
  affectation 53
  caractère 71
  déclaration 52, 77
  déclaration explicite 54
  déclaration implicite 53
  nom 52
  numérique 72
  objet 289
  type de données 65
  Variant 73
  visibilité 76
Variable
  date 69
Variant 67, 73
  Null 107
VBA 10
  histoire 10
  programmation 141
  syntaxe 49
VbaProject.OTM 236
verrouillage 216
Version 156, 175, 244
virus 43
visibilité 76
Visible 175, 180, 201, 258
Visual Basic
  aide en ligne 40
  éditeur 34
  fonctions 130
  objet 289
Vrai 84

W

Wait 177
wdStory 167
Wend 102
While 102
  différence avec Until 110
  imbrication 103
  sortie 104
While Wend 101, 103
Width 258
Windows 175, 244
  présentation 246
WindowState 244
Word
  Application 155
  Document 158
  pilotage de PowerPoint 260
  point d'insertion 162
  Range 161
  Selection 164
  sélection 167
  statistiques 163
Workbook 177
Workbooks 175
Worksheet 179, 183
Worksheets 175, 178

Write 292
WriteBlankLines 292
WriteLine 292, 293
WriteReserved 178

X-Y-Z

xlBuiltInDialog 176
Year 90
zone de liste 269
 modifiable 269
zone de texte 269

58941 - (I) - (2) - OSB 80° - ARC - JME

Achevé d'imprimer sur les presses de
Snel
Z.I. des Hauts-Sarts - Zone 3
Rue Fond des Fourches 21 – B-4041 Vottem (Herstal)
Tél +32(0)4 344 65 60 - Fax +32(0)4 286 99 61
Février 2013 – 61254

Dépôt légal : mars 2013

Imprimé en Belgique